요한
일·이·삼서

어떻게 설교할 것인가

두란노 HOW주석 시리즈 49

요한일·이·삼서 어떻게 설교할 것인가

엮은이 | 목회와신학 편집부

펴낸곳 | 두란노아카데미
등록번호 | 제302-2007-00008호
주소 | 서울시 용산구 서빙고로 65길 38 두란노빌딩

편집부 | 02-2078-3484   academy@duranno.com http://www.duranno.com
영업부 | 02-2078-3333   FAX 080-749-3705
초판1쇄발행 | 2007. 5. 21. 개정판1쇄발행 | 2009. 12. 1.   6쇄 발행 | 2021. 8. 18

ISBN 978-89-6491-099-3   04230
ISBN 978-89-6491-045-0   04230(세트)

책값은 뒤표지에 있습니다.

두란노아카데미는 두란노의 '목회 전문' 브랜드입니다.

요한
일·이·삼서
어떻게 설교할 것인가

• 목회와신학 편집부 엮음 •

두란노 **HOW** 주석

H O W
COMMENTARY
SERIES
49

두란노아카데미

설교는 목회의 생명줄입니다

설교는 목회의 생명줄입니다. 교회 공동체를 향한 하나님의 음성입니다. 그래서 목회자는 설교에 목숨을 겁니다. 하나님의 말씀을 가감 없이 전하기 위해 최선을 다합니다.

이번에 출간하게 된 「두란노 HOW주석 시리즈」는 한국 교회의 강단을 섬기는 마음으로 설교자를 위해 준비했습니다. 「목회와신학」의 별책부록 「그말씀」에 연재해온 것을 많은 목회자들의 요청으로 출간하게 된 것입니다. 특별히 2007년부터는 표지를 새롭게 하고 내용을 더 알차게 보완하는 등 시리즈의 질적 향상을 추구하였습니다. 독자 여러분의 끊임없는 관심과 격려를 부탁드립니다.

「두란노 HOW주석 시리즈」는 성경 본문에 대한 주해를 기본 바탕으로 하면서도, 설교에 결정적으로 중요한 '적용'이라는 포인트를 놓치지 않았습니다. 또한 성경의 권위를 철저히 신뢰하는 복음주의적 관점을 견지하고자 노력했습니다. 또한 성경 각 권이 해당 분야를 전공한 탁월한 국내 신학자들에 의해 집필되었습니다.

학문적 차원의 주석서와는 차별되며, 현학적인 토론을 비껴가면서도 고밀도의 본문 연구와 해석이 전제된 실제적인 적용을 중요시하였습니다.

이 점에서는 목회자뿐만 아니라 성경공부를 인도하는 평신도 지도자들에게도 매우 귀중한 지침서가 될 것입니다.

오늘날 교회에게 주어진 사명은 땅 끝까지 이르러 예수 그리스도의 복음을 전파하는 것입니다. 사도행전적 바로 그 교회를 통해 새롭게 사도행전 29장을 써나가는 것입니다. 이 시리즈를 통해 설교자의 영성이 살아나고, 한국 교회의 강단에 선포되는 말씀 위에 성령의 기름부으심이 넘치기를 바랍니다. 이 땅에 말씀의 부흥과 치유의 역사가 일어나고, 설교의 능력이 회복되어 교회의 권세와 영광이 드러나기를 기도합니다.

바쁜 가운데서도 성의를 다하여 집필에 동참해 주시고, 이번 시리즈 출간에 동의해 주신 모든 집필자들에게 이 자리를 빌어 감사의 뜻을 전합니다.

두란노서원 원장

contents

발간사

Ⅰ 배경연구

II 본문연구

I. 배경연구

1 요한일서의 구조 이해와 그 활용

구조는 없는가?

요한일서는 구조의 짜임새를 파악하기가 쉽지 않은 성경이다. 이 말은 전체적으로 단락을 나눌 수 없다는 뜻이 아니다. 서신 안에 일관성 있는 구조를 발견하기가 상당히 어렵고, 그로 인해 학자들간에도 구조에 대해서 일치된 견해를 갖지 못하고 있다는 의미다. 다드(Dodd)는 서신의 단락을 체계적인 순서로 분리하는 그 어떤 시도도 자의적이라고 단정했다.[1] 브룩(Brooke) 또한 "서신을 분석하려는 그 어떤 시도도 쓸모 없는 것이므로 버려져야 한다"[2]고 단언했다.

과연 요한일서는 단락간의 짜임새 있는 연계성, 즉 전체 구조의 체계성이 전혀 없는 서신일까? 만일 그렇다면, 그것은 저자가 서신을 기록할 때 논리의 체계성을 거의 염두에 두지 않았거나, 아니면 한 저자에 의해 쓰여진 것이 아니라 최소한 둘 이상의 저자의 작품이 혼합되었음을 뜻한다고 볼 수 있다.

그러나 전자의 경우 저자의 지적 노력이 다른 서신(예를 들어 바울서신 등)에 비해 떨어진다는 의미가 될 수도 있다. 당시 바울서신과 같은 서신이나, 또는 28장이나 되는 마태복음조차도 상당한 체계적 질서를 가지고 문학적인 구조로 짜여 있다는 점을 감안할 때, 요한일서가 짜임새 없는 서신이라고 한다면 그것은 저자의 지적 능력이 열등하기 때문이라는 오해를 불러올 수 있기 때문이다.[3] 그러나 요한서신의 저자(요한)를 그렇게 낮게 평가해야 할 이유는 없다. 그는 상당한 기간 동안 설교자로서, 스토리텔러(story-teller)로서 살아왔던 것으로 이해되고 있기 때문이다.[4]

후자의 경우, 즉 한 저자의 작품이 아닐 것이라는 견해[5]는 어떨까? 그것은 요한일서가 소위 요한에 의한 작품이 아니라, 다른 이들(예컨대 후대의 사람들)에 의해 덧붙여진 것이라고 전제하는 것이다.[6]

그런데 만일 요한일서가 후기의 요한에 의한 단일 작품인데도 앞서 논의한 대로 구조에 대한 문제가 있는 것처럼 보인다면 어떻게 이해해야 할까? 왜 서신의 구조(다른 말로, 커뮤니케이션 내용의 논리 체계)를 파악하기가 쉽지 않는가? 과연 체계적인 구조는 없는가?

구조는 있는가?

문학적 구조는 있다. 그것이 어떤 형태든 구조는 있게 되어 있다. 어떤 사람이 자기 의사를 전달하려고 할 때는 나름대로 체계적(논리적)인 틀을 가지고 말할 것이다. 그렇지 않으면 전달받는 자(listener)는 말하는 자(teller)의 뜻을 이해하는 데 상당한 어려움을 겪게 될 것이다. 특히 서신과 같이 글로 쓸 때는 더욱 그렇다.

사실 구조의 짜임새가 견고한가, 조금은 덜 그런가 하는 점은 저자의 특성(또는 스타일)과 그 당시 커뮤니케이션 상황에 따른 저자의 문학적 선택(authorial choices for communication)에 달려 있다. 그러나 짜임새가 없는 글은 대체로 인정받기 어렵다. 커뮤니케이션이 성공할 수 없기 때문이다. 즉, 독자가 쉽게 이해할 수 없기 때문이다.

공인된 문서 중에 다소 느슨한 구조의 짜임새를 가진 것이 있을 수 있다. 그러나 그렇다고 그 안에 구조가 없다고 보는 것은 받아들이기 어렵다.[7]

특히 요한일서처럼 서신의 전(全) 부분에 히브리 문학에서 볼 수 있는 병행법적인 조직이 치밀하게 구성되어 있는 것을 볼 때,[8] 요한이 전체적인 구조의 짜임새를 무시한 채 의사소통을 하는 타입의 저자는 아니라는 점을 이해할 수 있다.

그렇다면 왜 그 동안 요한일서의 구조를 파악하는 것이 어려웠는가? 다음과 같은 이유가 있다. 첫째, 주제(윤리-신앙-사랑의 세 가지)가 여러 차례 반복되었다. 언뜻 볼 때, 윤리가 강조되는 듯 하다가 사랑이, 다시 윤리와 신앙이 각각 나타나는데, 이때 그 주제의 순서나 논리(logic)에 어떤 이유가 있는 것인지 파악하기가 쉽지 않다. 그래서 학자들은 이것을 '나선형'(spiral) 구조라고 한다.[9] 세 주제가 나선형으로 서로 결집되어 전개되기 때문이다.

둘째, 단락과 단락간의 경첩 구절이 존재한다. 예를 들어 보자. 1) 2:1~2은 죄의 문제(윤리)와 관련해서나, 문학적 형식(조건문, '만일' …)으로 보나, 앞의 1:5~10과 같은 단락의 범주에 있다고 해야 한다. 그런데 이 부분의 예수 그리스도에 대한 언급이 사실상 3절 이하 부분과 연계되어 있기 때문에, 이 부분을 3절 이하의 단락에 붙여 구분하려는 시도가 있게 된다.

2) 2:28은 2:18~28(신앙)과 2:29~3:10(윤리)의 어느 부분에 포함시켜야 할지 결정하기 쉽지 않은 구절이다. 주의 재림에 대한 이슈가 3:2에 다시 나오는 데다가, 28절의 내용이 어느 쪽 주제에 포함시켜도 상관 없기 때문이다. 그런데 여기서 27~28절이 병행법으로 인해 묶인다는 점을 고려할 때[10] 이 부분을 앞의 단락에 포함시키는 것이 좋을 것으로 보인다.

3) 대표적인 경첩 구절은 3:10이다. 이 구절은 앞의 2:29~3:9(윤리)과 3:11~24(사랑)의 주제 모두를 담고 있는 구절("… 무릇 의를 행치 아니하는 자나 또는 그 형제를 사랑치 아니하는 자는 하나님께 속하지 아니하니라")이다. 이 구절을 어느 쪽에 포함시켜야 할지 내용상으로는 판단하기 어렵다. 그러나 이 부분이 3:8~10에 존재하는 병행법에 포함되어 있다는 점을 안다면 2:29~3:10로 구분하는 것이 바람직하다.[11]

셋째, 비슷한 주제 단락의 출현 횟수나 순서가 전체적으로 볼 때 짜임새가 없어 보인다. 앞에서 두 번째 제기한 경첩 부분을 이해하면서 조심스럽게 단락을 나누어도 언뜻 보기에는 분류한 단락들간의 그 어떤 특정한 체계의 짜임이 드러나 보이지 않는다.

1:1~4(서언)	1:5~2:2(윤리)	2:3~11(사랑)	2:12~17(윤리)
2:18~28(신앙)	2:29~3:10(윤리)	3:11~24(사랑)	4:1~6(신앙)
4:7~12(사랑)	4:13~15(신앙)	4:16~5:3(사랑)	5:4~12(신앙)
5:13~21(결어)			

이것을 A(윤리), B(사랑), C(신앙)로 구분해서 배열한다면 다음과 같다. 즉 '서언 - A - B - A - C - A - B - C - B - C - B - C - 결어'로 구성되어 있다. 이 경우 짜임새의 논리성이 제대로 나타나지 않는다.

단락간의 연계성을 찾고자 하는 노력은 전체 본문의 흐름을 파악하는 해석법의 핵심이 되는 과정이다. 그런데 틀의 논리성을 발견하지 못한다면 그것은 단락간에 있을 의미의 연계성을 찾기 어렵다는 뜻이 된다. 다시 말해, 왜 A, B, C부분이 각각 세 번(또는 네 번)에 걸쳐 나오는지, 또 A 다음에 B가 나올 때도 있고 C가 나올 때도 있는데 그 이유는 무엇인지, 왜 뒷부분에서는 B와 C만 주로 반복되는지 그 이유를 파악하기가 난처한 것이다. 나선형 형태의 주제 배열에 그 어떤 짜임새를 파악할 수 있는가 하는 것이 의문이다. 저자는 그 어떤 논리적인 구조를 염두에 두지 않았던 것일까?

구조를 찾기 위한 노력

대부분 글을 쓸 때 특정한 논리 구조를 염두에 두고 쓴다는 사실을 전제로 한다면, 요한일서의 구조를 파악하기가 쉽지 않다고 그 찾는 노력을 포기할 수는 없는 일이다. 그러므로 요한 시대의 문학적 방법론을 좀 더 이해하면 좀 더 적절한 답이 나오지 않을까 한다. 이렇게 생각해 보자. 고전수사학 등 당시의 문헌 이해와 관련된 지식을 갖고 요한일서를 검토해 보자.

첫째, 우선 앞서 1:1~4(서언)과 5:4~12(결어)을 구분할 수 있었던 것은 요한일서를 하나의 서신으로 이해했기 때문에 가능했다.[12] 요한일서에서 일단 서언과 결어로 나누는 일이 단락 구분에서 중요한 이유는 서신의 반복되는 주제들(윤리 - 신앙 - 사랑)이 특히 결어 부분에서 다시 반복되어 나오기 때문이다. 이 부분을 어느 특정 주제의 범주 앞에 넣기 어렵고, 넣어도 문제가 된다.

둘째, 고전수사학의 관점에서 볼 때, 요한일서는 그 형식에서 어떻게 하는 것이 더 옳은가 하는 주제를 주로 다루는 수사적 형식(deliberative)과 관련이 있다[3]. 이 형식은 다음과 같은 틀을 가지고 있다.[14]

Ⅰ. 서론(Exordium)	1. 서론(Introduction)
Ⅱ. 기술(Narration)	2. 명제(命題, Proposition)
	3. 이유(Reason)
Ⅲ. 확증(Confirmation)	4. 대조(Opposite)
	5. 유비(類比, Analogy)
	6. 예(Example)
	7. 인용(Citation)
Ⅳ. 결론(Conclusion)	8. 결론(Conclusion)

이 형식을 요한일서에 적용해 보면 다음과 같이 나타나는 것을 살펴볼 수 있다.

1. 서론	1:1~4	서론	
2. 기술	1:5	명제 1: '하나님은 빛이시라'	
3. 확증 1	1:6~3:10	대조/유비/예/인용	

4. 기술 2	3:11	명제 2: '우리가 서로 사랑하자'
5. 확증 2	3:12~5:12	대조/유비/예/인용
6. 결론	5:13~21	결론(결어)

이것을 좀 더 점검해 보자. 첫째, 1:5을 명제로 보는 데는 조금도 문제가 없다. 오히려 문장 형식이 명제의 성격에 딱 맞는다. 문제는 3:11이다. 이 구절이 명제2에 해당한다고 볼 수 있는가? 기본적으로 1:5("우리가 저에게서 듣고 너희에게 전하는 소식이 이것이니 곧 하나님은 빛이시라 그에게는 어두움이 조금도 없으시니라")과 3:11("우리가 서로 사랑할지니 이는 너희가 처음부터 들은 소식이라")은 요한일서에서 가장 유사한 형식을 가지고 있는 구절들이라 할 수 있다.[15] 삼단 논법으로 말한다면, 아래 〈표 1〉과 같이 생각해 볼 수 있다.

〈표 1〉

	대전제	소전제	결론
1:5	'하나님은 빛이시다'	(하나님과 함께 사귄다)	(빛 가운데 살자)
3:11	('하나님은 사랑이시다')	(우리는 하나님의 자녀)	'우리 서로 사랑하자'

생략된(괄호) 부분은 해당 본문 내에서 그와 같은 의미가 충분히 반영되어 있을 것이다. 1:5은 하나님은 빛이시므로 그와 사귐을 갖는 '우리'는 빛 가운데 살아야 한다는 것을, 3:11은 하나님은 사랑이시므로 그의 자녀인 '우리'는 서로 사랑해야 한다는 것을 각각 이끌어 주는 문장이라 할 수 있다. 이런 점에서 두 절은 그 이후의 단락들에 대한 동일한 기능(역할)을 가진다. 1:6~2:2이 윤리(빛과 어두움) 이슈를, 3:12~24이 사랑 이슈를 다루고 있는 단락이란 점에 주목하자.

둘째, '확증'(1, 2) 부분에 나타나는 소위 '대조', '유비', '예', '인용'이 1:6~3:10과 3:12~5:12에 각각 나타나는가? 첫 번째 부분인 1:6~3:10에서 대조의 형태는 빛과 어두움(1:6~7; 2:8~11), 겸손한 죄의 고백과 '죄 없다'는 주장(1:8~10), 진리와 거짓(1:8, 10; 2:4, 21, 27), 빛 가운데서의 사랑과 어두움에서의 미움(2:9~10), 아는 것과 눈이 가린 것(2:11, 13~14, 20, 26; 3:7), 세상 사랑과 아버지의 사랑(2:15), 의와 불법(2:29; 3:4, 7~8), 하나님의 자녀와 마귀의 자녀(3:1, 10), 대명사 '우리', '너희'와 '저희'의 사용(2:19~20)에서 나타난다.

유비와 예는 주로 하나님 자신과 관련해서 나타나는데, 하나님은 빛이시며(1:5, 7), 의로우시며(2:29; 3:7), 우리를 사랑하시며(3:1), 깨끗하시므로(3:2), 우리도 그같이 해야 한다는 것이다. 반면에 적그리스도는 독자들이 본받지 말아야 할 본이다(특히 2:18~19). 또한 적그리스도에 대한 인용이 2:18에 나온다.

두 번째 부분인 3:12~5:12에서는 사랑이 신앙의 주제와 관련해서 사용된다. 사랑과 미움, 또는 살인자(3:12~16; 4:20~21), 악에 속한 것과 진리에 속한 것(3:12, 19), 말과 혀의 사랑과 행함과 진실함의 사랑(3:18), 거짓 선지자 또는 적그리스도의 영과 하나님의 영(4:7~8), 두려움과 완전한 사랑(4:18), 사람의 증언과 하나님의 증거(5:9), 아들을 가진 자와 아들이 없는 자(5:12)가 대조적으로 표현된다.

유비와 예는 첫 번째 부분처럼 하나님과 관련해서 사용되는데, 하나님은 사랑이시며 그가 먼저 우리를 사랑하셨으므로(4:8~11, 14, 16, 19), 우리도 서로 사랑해야 한다. 반면에 가인은 하나님의 사랑에 반대되는 모델로 인용되어 있다.

이렇게 볼 때, 요한일서가 전체적으로 서론과 결론을 제외하면 크게 두 개의 단락들(1:5~3:10과 3:11~5:12)로 양분되어 있는 서신임을 부인할 수 없다. 이것은 무엇을 뜻하는가? 우리가 앞에서 구분한 단락들을 다시 배열해 보면 다음과 같다는 것이다.

- 1:1~4(서언)
- 1:5~2:2(윤리); 2:3~11(사랑); 2:12~17(윤리); 2:18~28(신앙); 2:29~3:10(윤리)

- 3:11~24(사랑); 4:1~6(신앙);
  4:7~12(사랑); 4:13~15(신앙);
  4:16~5:3(사랑); 5:4~12(신앙)
- 5:13~21(결어)

이것은 다시 [서언] - [A - B - A - C - A] - [B - C - B - C - B - C] - [결어]라는 구조로 이루어졌음을 보여 준다. 이것을 주의해서 보면 나름대로의 구조의 짜임새와 논리적 리듬을 볼 수 있을 것이다.

서신서 전반부인 1:5~3:10의 [A - B - A - C - A]는 A(윤리)를 중심으로 B(사랑)와 C(신앙)가 각각 한 차례 나타난다. 이것은 이 부분에서는 '윤리' (빛)라는 주제가 가장 중심 되는 이슈가 된다는 점과, 이 주제가 각각 한 번씩 나타나는 '사랑' 과 '신앙' 이라는 주제와 상호적인 연관을 갖고 전개되었을 가능성을 보여 준다. 실제로 이 부분의 '사랑'(2:3~11)과 '신앙' (2:18~28) 단락은 '빛' 이라는 주제와 밀접한 연관성을 가지고 나타난다.

후반부인 3:11~5:12의 [B - C - B - C - B - C] 구조는 '사랑' 이라는 주제와 '신앙' 이라는 이슈를 병행으로 배열했다. 실제의 분량에서는 3:11에서 시작하는 '사랑' 이라는 주제에 대한 언급이 좀 더 많지만 사랑과 신앙을 서로 분리시키지 않으려는 저자의 의도가 명백해 보인다. 다시 말해 형제 사랑과 신앙의 이슈를 서로 밀접히 연결해서 이해하도록 독자들에게 요구하고 있는 것이다.

전반부와 후반부 모두 세 가지의 주제가 서로 밀접하게 연계되어 나타난다는 점에서 저자의 배열 의도가 어떤 것인지 읽을 수 있다. 다만, 전반부는 '윤리' 이슈가 주도적으로, 후반부는 '사랑' 과 '신앙' 이 서로 균형 있게 강조되어 있다. 후반부에서는 '윤리' 부분이 나타나지 않지만 결국 결어 부분(5:13~21)에서 다른 두 주제와 함께 다시 나타난다.

구조의 의미를 이해하고 활용하자

첫째, 저자는 세 가지 주제를 서로 분리해서 이해하기를 원치 않는다. 그것은 두 가지 측면에서 생각해야 한다. 하나는 요한일서의 '대적자'[16] 그룹이 이 세 가지 이슈 모두에 문제를 가지고 있었을 가능성이 많다. '신앙' 면에서 그들은 예수 그리스도를 부인하는 자들(2:22; 5:1)이며, 하나님의 아들로 인정하지 않으며(2:23; 4:15; 5:10), 예수께서 육체로 오신 것을 부인하는 자들이다(4:2; 5:6~8). 그래서 그들은 '하나님의 아들을 믿지 아니하는 자'(5:11), '아들이 없는 자'(5:12), '부인하는 자'(2:22), '하나님께 속하지 아니하는 자'(4:6), 또 진리를 거스려 말하는 '거짓말하는 자'(2:22)와 '미혹케 하는 자'(2:26; 4:6)로 일컬어졌다.

이것은 그들 대적자들의 사상이 영은 선하고 육은 악하다고 보는 이원론(가현설 또는 초기 영지주의)에 근거하고 있기에 빚어진 문제로 보인다. 영을 중시하고 물질(육체)을 경시하던 이원론적 성향은 예수 그리스도의 성육신과 역사적 부활을 부인하는 것에 그치지 않고, 물질 세계에 있는 보이는 형제를 사랑하는 것이나 현세에서 빛 가운데 사는 (윤리적인) 삶에 대해서도 육체적인 것이라 여겨 그다지 중요하게 생각하지 않았을 가능성이 있다. 더 나아가 자신들만의 영지주의적 교만에 집착했을 가능성이 많다.

그들은 신적 지식을 주장하면서(1:6), 죄 자체를 가지고 있지 않다고 강조한다(1:8, 10). 죄 짓는 것에 경계를 하지 않으며(3:6~10), 사람들도 그렇게 죄에 대해 경각심을 갖지 않도록 유혹한다(3:7). 그래서 요한은 그들을 거짓말하는 사람들(1:6, 8, 10), 마귀에게 속한 자(3:8), '마귀의 자녀들'(3:10)이라 말한다.

이것은 형제 사랑의 문제에도 나타나는데, 그들은 형제를 거리낌 없이 미워하며(2:9, 11; 3:15), 하나님을 사랑한다 하면서 형제를 사랑하지 않는 모순을 범하므로 하나님을 실상 알지 못하는 자들(4:8)이다. 그래서 요한은 그들을 '거짓말하는 자'(4:20),[17] 미움으로 인해 '살인하는 자'(3:15)로 부른다.

대적자들의 이원론적 성향은 그리스도에 대한 신앙의 문제에서뿐만 아니라, 형제에 대한 태도나 윤리적 삶에 대한 관심에서 모두 요한 교회의 성경적인 기준에서 벗어나 있었다. 요한이 이 세 주제(신앙, 사랑, 윤리)를 나선형으로 반복해서 강조한 것은 이것들이 서로 분리되지 않고 대적자들이 가진 모든 문제를 드러내는 것 때문일 가능성이 많다.[18]

또 하나는, 기독 교회가 이 세 가지 주제 중 어느 것 하나도 결핍되어서는 안 된다는 것이다. 요한 그룹과 대적자 그룹의 차이는 이 세 가지 주제에서 나타났다. 윤리, 사랑, 신앙이라는 이 세 가지 이슈는 기독 교회의 핵심적인 특징이다. 어느 것 하나도 없어서는 안 될 주제다. 한 가지라도 결핍되면 그것은 바른 교회의 상이 아닌 것이다. 그리스도에 대한 바른 신앙을 가진 이가 형제 사랑을 외면할 수 없고, 하나님과 형제를 사랑하는 이가 윤리적인 삶을 포기할 수 없는 것이다.

한국 교회가 윤리와 사랑의 약점에 대해 지적을 받고 있다면 그것은 또한 신앙의 문제일 수 있다. 그리스도에 대한 바른 신앙은 결코 윤리나 사랑과 분리되지 않기 때문이다. 요한에게 그리스도를 바르게 섬기는 것은 곧 그의 계명을 지키는 일이며 빛이신 하나님을 온전히 따르는 일과 연관된다. 그러므로 신앙 부흥(갱신) 운동은 곧 윤리 운동 및 형제 사랑[19] 운동과 직결된다. 개 교회든 전체 교회든 이 세 가지 주제를 함께 거론하며 서로 분리시키지 않고 함께 강조해 나가는 것이 필요하다. 다시 말해, 어떤 한 주제도 다른 두 주제와 결코 분리되지 않는다.

둘째, 각 주제의 흐름(내적 연계성)에 대해 살펴보자. 우선 '윤리'(A)에 해당되는 단락은 모두 세 개다(1:5~2:2; 2:12~17; 2:29~3:10). A1(1:5~2:2)은 하나님과의 사귐과 빛 가운데 행하는 삶, 죄의 고백, 죄 사함이 강조된다. A2(2:12~17)는 죄 사함, 하나님에 대한 지식, 악한 자에 대한 승리, 세상과 세상적인 것에 대한 거절에 초점을 맞춘다. 반면에 A3(2:29~3:10)은 의와 죄의 대조를 통해 하나님의 자녀와 마귀의 자녀들을 구별한다. 죄를 짓는 자는 마귀에게 속했다. 그러나 의인은 하나님과 함께 거한다.

이 세 가지 단락은 서로 보완적인 성격을 가진다. 전체적으로 빛 가운데 행해야 할 것과 의로운 삶을 살아야 한다는 점을 강조한다. A1과 A2는 '죄 사함'(1:9; 2:1~2; 2:12)이라는 주제로 서로 연결된다. A1의 내용은 A2의 '하나님에 대한 긍정적인 확신'(2:12~14)과 '세상에 대한 부정적인 거절'(2:15~17)에 의해 더 보완(강화)된다. 다시 A1과 A2는 하나님의 자녀들과 마귀의 자녀들로 대별(大別)하며 '의와 죄' 중 어느 한 쪽(의로운 쪽)을 선택하도록 강력히 촉구하는 결론 부분인 A3으로 마무리된다. A1에 나왔던 '사귐'(1:6~7)이라는 이슈는 A3에서 '거함'(abiding, 3:6, 9)과 '그로부터 남'(being born from, 2:29; 3:1~2, 8~10)이라는 내용으로 다시 나타난다.

두 번째 주제인 '사랑'(B)은 모두 네 군데에서 나타난다(2:3~11; 3:11~24; 4:7~12; 4:16~5:3). B1(2:3~11)은 주로 '그의 계명'이 강조된다. '왜 지켜야 하는가'(2:3~6), '어떻게 주어졌는가'(2:7~8), '지켰는지 그렇지 않은지 어떻게 아는가'(2:9~11)이고, B2(3:11~24)는 사랑하는 자와 미워하는 자를 대조하는 부분(3:11~15)과 진실된 사랑과 그 결과를 말씀한 부분(3:16~24)으로 나타난다. B3(4:7~12)에서는 하나님이 사랑이심, 그리고 서로 사랑해야 하는 이유에 초점을 맞췄다. B4(4:16~5:3)는 하나님이 사랑이심, 온전한 사랑, 하나님 앞에서의 확신, 그리고 하나님이 먼저 사랑하심, 그의 계명, 사랑하는 자와 미워하는 자의 대조에 대한 말씀이 나타난다.

B주제도 서로 보완적인 성격을 갖는다. 전체적으로는 서로 사랑해야 할 필요성과 당위성을 강조한다. B1에 있던 '그의 계명'은 마지막 부분인 B4에서 다시 나타난다(2:3~4, 7~8; 4:21; 5:2~3). 네 단락 모두에서 사랑하는 자와 형제를 미워하는 자가 서로 대조된다. 사랑과 미움의 모델과 사랑의 구체적인 실례 등을 알려 주는 B2를 통해 B1에서 제기된 '그의 계명'을 지켰는지의 여부에 대한 사항(참고, 2:9~11)이 보다 확실해진다. B3은 B2에 이어 형제를 사랑해야 하는 이유를 더 추가해 준다. B2와 B3은 하나님의 선제(先制)적인 사랑을 함께 강조한다(3:16; 4:9~11). B3과 B4는 '하나님은 사랑이라'(4:8, 16)는 부분으로 서로 연계되는데, B4에서 사랑의 온전성(perfection of love, 4:17~18)과 그 결과로 하나님 앞에서 얻는 담대함(4:17)이라는 주제를 통해 B(사랑)부분의 종결이 이뤄진다.

세 번째 주제인 '신앙' (C)도 모두 네 개 나타난다(2:18~28; 4:1~6; 4:13~15; 5:4~12). C1(2:18~28)은 적그리스도가 어떤 존재인지를 드러내고, 부인하는 자인 '그들' 과 고백하는 자인 '우리'를 대조시킨다. C2(4:1~6)는 하나님의 영과 적그리스도의 영을 대별한다. C3(4:13~15)은 하나님과 '우리'의 상호 거주(mutual abode)가 바른 신앙의 결과로 주어졌음을 강조한다. C4는 신앙의 상급으로 주어진 승리와 생명이신 예수 그리스도의 증인(증거)들과 함께 부각된다.

C주제 단락들 역시 그 안에 서로간의 연계성을 갖는다. C1과 C2는 공통적으로 적그리스도('그들')의 정체성(identity)을 드러내 독자들('너희')에 대한 영향력을 차단하는 데 초점을 둔다. C2와 C3는 그리스도의 증인과 복음의 전수자로서의 '우리' (요한 그룹)에 대해 강조한다(4:6, 13~14). C3과 C4는 예수 그리스도에 대한 신앙의 결과(상급)에 대해 주로 초점을 둔다. C4의 증인에 대한 강조는 마지막으로 신앙의 내용에 대한 신뢰성을 보증하기 위한 것이다. C1과 C4는 서로 '영생' 이라는 공통된 이슈를 다루며(2:25; 5:11~12) 신앙의 주제에 대해 시작하고 마무리하는 단락으로서의 기능을 한다.

전체적으로 살펴보자. 각 주제의 첫 번째 단락들(A1 - 1:5~2:2; B1 - 2:3~11; C1 - 2:18~28)은 각기 그 주제에 대해 서론적인 성격을 띤다. A1(윤리)과 B1(사랑)은 저자 그룹('우리')의 진정성(authenticity)을 강조한다. 반면에 C1(신앙)은 대적자 그룹('저희')의 정체성(identity)을 드러내는 데 초점을 둔다.

각 주제들의 중간 단락들인 A2(2:12~17), B2(3:11~24), C2(4:1~6)의 공통점은 두 가지로 나타난다. 하나는 부정적인 개념으로 사용된 '세상' 이 경계의 목적으로 나타난다(2:15~17; 3:13; 4:5). 두 번째는 명령체의 권면이 나타나는데, 이는 모두 독자들이 각 주제에 대해 실제적인 행동으로 옮기게 하는 데 목적이 있다. A2에서는 독자들로 빛 가운데 살기 위해 세상적인 것을 사랑하지 말 것을 결단하게 한다(2:15). B2에서는 세상을 두려워 말고 오직 참된 사랑으로 행하도록 권고한다(3:13, 18). C2에서는 거짓 선지자들과 적그리스도들을 조심할 것을 명령한다(4:1).

마지막 단락들(A3, B4, C4)은 모두 클라이맥스의 기능을 가진다. A3(2:29~3:10)는 하나님의 자녀와 마귀의 자녀들로 나뉘는 극단적인 대조를 통해 어느 편에 설 것인지 결단하도록 한다. B4(4:16~5:3)에서 사랑의 온전성이 두 번 반복되어 나타남으로 이 주제의 완성을 이룬다. C4(5:4~12)는 아들에 대한 아버지의 증거의 말씀과 함께 영생에 대한 반복된 강조를 통해 '신앙' 주제와 관련하여 정점을 이루는 단락이다.

그러므로 해석자나 설교자는 각 단락을 해당 주제 안에서의 기능(또는 목적)에 따라 해석해야 할 것이다. '윤리'에 해당되는 단락이면 1)본문에서 강조하는 바는 무엇인지, 2) '윤리'를 주제로 하는 다른 두 단락과의 연계성을 통해 얻는 이해는 무엇인지, 3)다른 두 주제('사랑', '신앙')와 관련해서 생각해야 할 점은 어떤 것인지 각각 살펴보아야 할 것이다. 그럴 때 저자가 의도하는 말씀의 목적이 보다 명확하게 드러날 것이 분명하다.

난제에 도전한다

구조에 대한 정확한 파악과 각 단락의 연계성에 대한 적절한 이해는 요한일서의 다른 이슈의 해결에도 많은 도움을 준다.[20]

첫째, 3:6~9과 5:18은 소위 완전주의(perfectionism)[21]를 지지하는 구절인가? 이 말씀이, 어떤 사람이 조금도 죄를 짓지 않는 상태로 나아갈 수 있다는 완전주의적 성화의 가능성을 기술하는 부분인가 하는 점이다.

그러나 그렇게 보기 힘든 이유는 우선 이 부분이 성도들의 수준을 레벨로 나누고 있지 않다는 점 때문이다. 본문은 보다 성화된 자와 덜 성화된 자로 나누고 있지 않다. 단지 '죄 지을 수 없다'(3:6)라고 단정적으로 말씀한다. 또 하나는 1:7~2:2에서 저자는 이미 '죄 없다'(1:8) 또는 '죄 짓지 않았다'(1:10) 하는 이들을 거짓된 자들로 규정하고 있다는 점에 주목해야 한다. 저자는 오히려 성도에게 죄가 있음을 전제하고 있고, 그렇기 때문에 죄의 고백과 죄 사함의 필요성을 강조하고 있는 것이다(1:7, 9; 2:1~2). 그렇다면 이 구절은 어떻게 이해해야 하는가?

3:6~9이 '윤리' 주제의 마지막 단락인 C3(2:29~3:10)에 위치하고 있다는 점에 주목해야 한다. '윤리'에 대해 독자들에게 마지막 결단을 촉구하고 있는 본문이다. 독자들에게 '빛'과 '어두움' 또는 '의'와 '죄' 어느 쪽에 설 것인가를 매우 강한 어조로 결단하게 하는 말씀이다. 따라서 '백'(白) 또는 '흑'(黑)이 있을 뿐, 중간 영역은 없다. 죄를 짓는 쪽에 서거나(마귀의 자녀), 아니면 의를 행하는 쪽에 서거나(하나님의 자녀) 둘 중에 하나를 선택해야 한다. 물론 이것은 하나님의 자녀로서 빛과 의 쪽에 서 있음을 분명히 확인하게 하는 말씀이다. 그러므로 이 말씀은 죄의 자리에 머물러 있지 않게 하려는 사도의 설득에서 나온 '강조법'이라 볼 수 있다. 이런 측면은 결어 부분에 있는 5:18에서도 동일하게 나타난다. 이 말씀을 통해 독자는 '하나님께로서 나신 자'를 의지하며 범죄에 물들지 않겠다고 결단하게 될 것이다.

둘째, 1:3의 '사귐'과 5:13의 '영생' 중 어느 것이 요한일서를 대표하는 구절인가? 이 이슈에 대한 학자들의 논란은 오랫동안 계속되어 왔다.[22] 답은 의외로 간단하다. 둘 다 요한일서에서 비중 있는 목적을 가진 구절이다. 먼저 이 두 구절이 뒷 단락(1:5~2:2)과 앞 단락(5:4~12)에 각각 연결되어 있다는 점에 주목해야 한다. 1:3의 '사귐'은 1:6~7의 '사귐'과 연계되어 있고, 5:13의 '영생'은 5:11~12의 '영생' 부분과 연결되어 있다.[23] '사귐'이 '빛'(윤리, A)이라는 주제와 관련해서 전반부에서 가장 부각된 용어라면, '영생'은 '신앙'(C)이라는 후반부 주제와 관련해서 가장 중심이 되는 요한의 용어가 된다. 요한일서의 전반부가 A-B-A-C-A인 점과 후반부가 B-C-B-C-B-C인 점을 기억하자. 여기서 '사귐'은 A부분과, '영생'은 C부분과 연계된다. 이렇게 해서 1:3과 5:13은 각각 시작과 마지막의 중심 구절이 된다.

그렇다면 어느 구절이 요한일서를 대표하느냐 하는 논쟁은 큰 의미가 없을 것이다. 저자는 두 구절('사귐'과 '영생') 모두를 중요하게 강조하고 있을 뿐 아니라, 이 둘을 보완적인 입장에서 서로 연계하여 이해하도록 요구하고 있다. 이는 하나님과 '사귐'의 결과가 '영생'이기 때문이다.[24]

2 요한서신의 기록 동기와 배경

    요한서신이라 하면 대개 사람들은 먼저 사랑을 생각한다. 사랑의 사도 요한이 교회 성도들에게 서로 사랑하라고 권면한 서신이 곧 요한일·이·삼서라는 것이다. 요한서신은 쉬우면서도 간결한 문장으로 사랑을 강조한 아름다운 서신임에 틀림없다. 그토록 쉽고 평이한 단어들로 하나님의 사랑과 형제 사랑에 대해 이처럼 아름답게 서술할 수 있다는 것은 분명히 하나님께서 사도 요한에게 주신 특별한 달란트였을 것이다.

    그러나 요한서신이 막연하게 책상 앞에서 사랑을 노래한 것은 아니다. 또한 교회가 평안하고 은혜 충만할 때 기쁨에 넘쳐 읊은 시도 아니다. 오히려 사도 요한이 관할하고 있던 소아시아 지역의 교회가 큰 어려움을 겪고 난 후에 교회를 위로하고 권면하기 위해 쓰여진 편지다. 즉 요한일·이·삼서 모두 큰 고통과 갈등 가운데 쓰여진 것이다. 얼핏 보아서는 알기 어렵지만 자세히 살펴보면 이러한 복잡한 사정이 있었음을 알게 된다. 그 사정을 알고 나서 요한서신을 읽으면, 그 내용들이 새롭게 우리 앞에 다가옴을 느낄 수 있을 것이다.

    전에는 막연하게 좋고 아름답고 은혜롭다고만 느껴지던 말씀들이 구체적인 갈등과 고통 가운데 쓰여진 것을 알게 될 때, 그 말씀에 대한 우리의 생각은 더욱 깊어지고 한 단계 높은 차원에서 하나님의 말씀을 이해하게 될 것이다. 따라서 우리는 요한서신에 대해 각각 그 기록 동기와 배경을 살펴봄으로 이 서신들에 대한 이해를 돕고자 한다.

요한일서

1. 기록 동기

요한일서는 사도 요한이 말년에 소아시아에 머물고 있을 때,[1] 그 지역의 교회(들)가 큰 시련을 겪고 난 후에 기록한 편지다. 우리는 이에 대한 단서를 요한일서 2:19에서 찾을 수 있다. "저희가 우리에게서 나갔으나 우리에게 속하지 아니하였나니 만일 우리에게 속하였더면 우리와 함께 거하였으려니와 저희가 나간 것은 다 우리에게 속하지 아니함을 나타내려 함이니라." 여기서 "저희가 우리에게서 나갔다"고 한 것은, 어떤 이단적 무리들이 교회 안에 들어와서 발을 붙이고 있다가 또는 붙이려고 하다가 교회의 반대와 저항을 받아서 물러난 것을 말한다. 즉, 이 교회는 이단의 침입으로 처음에는 어려움을 겪었으나 결국 이 이단을 물리치고 승리하였다.

그래서 요한은 "청년들아 내가 너희에게 쓰는 것은 너희가 악한 자를 이기었음이니라"(2:13)고 하며 또한 "청년들아 내가 너희에게 쓴 것은 너희가 강하고 하나님의 말씀이 너희 속에 거하시고 너희가 흉악한 자를 이기었음이라"(2:14)고 칭찬하고 있다. 또한 4:4에서도 "자녀들아 너희는 하나님께 속하였고 또 저희를 이기었나니 이는 너희 안에 계신 이가 세상에 있는 이보다 크심이라"고 말한다. 곧 그들이 이단들을 물리칠 수 있었던 것은 하나님의 말씀이 그들 안에 거하였기 때문이며, 그들 안에 계신 이(예수 그리스도)가 세상에 있는 이(마귀)보다 크기 때문이라고 말한다.

부활하신 주님께서 에베소교회의 사자에게 보낸 편지에도 보면, "내가 네 행위와 수고와 네 인내를 알고 또 악한 자들을 용납지 아니한 것과 자칭 사도라 하되 아닌 자들을 시험하여 그 거짓된 것을 네가 드러낸 것과 …"(계 2:2)라고 말하고 있다. 에베소교회는 소아시아의 중심 교회로 아마도 요한일서의 수신자 교회거나 또는 비슷한 상황에 있던 교회로 생각된다. 그런데 이 에베소교회는 그 교회에 들어온 '악한 자들'을 용납지 아니하고 물리쳤다고 한다. 곧 자칭 사도라 하되 아닌 자들을 시험하여 그 거짓된 것을 드러내었다고 한다.

이런 점에서 에베소교회는 모범적인 교회였으며 칭찬받을 만한 교회였다. 그래서 사도 요한은 이들의 진리를 위한 수고와 노력을 칭찬하고 위로할 필요성을 느꼈을 것이다. 뿐만 아니라 교회 안에는 아직도 이단들의 영향이 여러모로 남아 있었을 것이다. 그래서 사도 요한은 그들의 잘못된 것을 다시 분명히 지적하고 경계하는 것이 필요하다고 느꼈을 것이다. 왜냐하면 이들이 교회에서 물러가기는 하였지만 언제 다시 교회에 들어와서 성도들을 미혹할지 모르는 상황에 있었기 때문이다. 그래서 요한은 이들에 대해 경계하고 성도들을 믿음에 견고히 서게 할 필요를 느꼈다(5:13).

나아가 교회 성도들에게 형제 사랑을 강조할 필요성 또한 느꼈을 것이다. 왜냐하면 이단과의 격한 투쟁으로 말미암아 교회 안에는 의심과 투쟁의 분위기가 조성되고 있었으며, 걸핏하면 상대방의 잘못을 꼬집고 드러내는 차가운 분위기가 형성되고 있었기 때문이다. 이로 인하여 에베소교회는 주님으로부터 "처음 사랑을 버렸다"(계 2:4)고 책망을 받았던 것이다. 따라서 사도 요한은 그의 첫째 편지에서 서로 사랑할 것을 강조하고 있으며(요일 2:10; 3:11; 4:7, 16, 21), 형제를 사랑하는 것을 통해 우리가 하나님을 사랑하는 줄을 알게 된다고 말하고 있다(3:14; 4:20).

2. 요한일서에 나타난 이단

그렇다면 소아시아의 교회에 들어온 이 이단적 무리들은 누구였을까? 사도 요한은 이들이 누구인지 구체적으로 이름을 밝히고 있지는 않지만 2:18에 보면 이들을 '적그리스도들'(안티크리스토이)이라고 말하고 있다. '적그리스도'란 말 그대로 '그리스도를 대적하는 자'를 가리킨다. 4:1에서는 이들이 '거짓 선지자들'로 불리고 있다. 그들의 가르침이 거짓이고 사람들을 미혹한다는 점에서 그들은 '거짓 선지자'며, 결국 그리스도를 부인하고 대적한다는 점에서 '적그리스도'다.

요한일서는 이들의 주장이 무엇인지에 대해 좀 더 말해 주고 있다. 즉 그들은 무엇보다도 예수께서 그리스도심을 부인하였으며(2:22; 5:1), 예수께서 하나님의 아들이심을 부인하였다(4:3, 15; 5:5). 또한 그들은 하나님의 아들 예수 그리스도께서 육체로 오신 것을 부인하였다(4:2). 이처럼 요한일서에서 말하고 있는 이단은 주로 기독론과 관련하여 잘못된 이단이었다. 그들은 또한 죄와 구원에 대해서도 잘못되게 가르친 것으로 생각된다(1:5~2:6). 그들은 하나님을 아는 지식은 중요시하면서도 실제 생활에서의 죄 문제는 가볍게 여기고 등한시하였고, 하나님을 안다고 하였지만 실제로는 어두운 데 거하며 형제를 미워하고 죄 짓는 생활을 예사로 했던 것이다.

3. 고대 교회의 증거

그러면 이 이단들은 도대체 어떤 무리들이었을까? 이들이 주장한 것을 구체적으로 좀 더 알 수는 없을까? 다행히 고대 교회의 몇몇 교부들이 이에 대해 증거해 주고 있다. 이 증거들은 신실한 교부들의 증거기 때문에 신뢰할 만하며 요한일서를 이해하는 데 큰 도움이 된다.

1) 이레니우스의 증거

2세기 중후반에 활동했던 이레니우스(Irenaeus)에 의하면, 사도 요한은 1세기 말 에베소에서 활동하고 있던 케린투스(Cerinthus)의 가르침에 대항하였다고 한다. 케린투스라는 이름은 다른 사람들에 의해 증거되고 있으며, 그는 예수와 그리스도는 다르다고 주장한 이단이었다. 이레니우스의 증거를 옮기면 다음과 같다.

> "그[케린투스]는 예수는 동정녀에게서 탄생하지 않았고 다른 사람들과 마찬가지로 요셉과 마리아의 아들로 태어났으며, 그는 (다른 사람들보다) 더 의

롭고 더 거룩하였다고 주장하였다. 그리고 세례를 받은 후 만물 위의 지극히 높은 권세로부터 그리스도가 비둘기의 모양으로 강림하였으며, 그 때 그는 알려지지 않은 아버지를 전파하고 이적들을 행하였다. 그러나 마지막에 그리스도는 예수로부터 떠나갔으며, 예수는 고난받고 부활하였다. 그러나 그리스도는 영적인 존재였기 때문에 고난으로부터 자유로웠다고 주장하였다."[2]

이처럼 케린투스는 예수와 그리스도를 체계적으로 분리한 이단이었다. 예수는 보통 사람과 같은 인간에 불과했으며, 그리스도는 세례 시에 강림한 신적 존재로 보았다. 그러나 신적 존재는 고난받을 수 없다는 그 당시의 철학 사상을 따라 그리스도는 예수께서 고난받기 직전에 떠나갔다고 주장한 것이다. 따라서 고난받은 것은 인간 예수뿐이었으며, 또한 세례받기 전까지의 존재도 인간 예수뿐이었다. 그리하여 케린투스는 하나님의 아들의 성육신을 부인하였을 뿐만 아니라 하나님의 아들이 우리를 위해 고난받으신 것도 부인하게 되었다. 이것은 곧 우리를 위한 하나님의 크신 사랑을 부인하는 것이었다(요일 3:1 참조).

또 하나 우리가 생각할 것은 케린투스는 예수님의 세례 시에 비둘기 형상으로 임한 성령을 그리스도라고 봄으로써 '그리스도'와 '성령'을 혼동하였다는 사실이다. 구약에 예언된 그리스도는 이스라엘 땅에 오셔서 자기 백성을 구원할, 하나님에 의해 기름 부음 받은 특별한 인물이었는데 비해, 케린투스는 이를 '성령'으로 오해하고 혼동하였던 것이다.

2) 히폴리투스의 증거

히폴리투스(Hippolytus)는 3세기 초반에 로마에서 활동한 교부인데, 그도 케린투스에 대해 다음과 같이 증거해 주고 있다.

"이집트의 학문을 배운 케린투스는, 세상은 첫째 하나님에 의해 창조되지 않았으며, 원능력(原能力)과 구별되며 만물 위에 뛰어난 하나님을 한 번도 안 적이 없는 능력(能力)에 의해 창조되었다고 주장하였다. 예수는 동정녀에게서 탄생하지 않았으며, 다른 모든 사람들과 마찬가지로 출생하였다. 곧 요셉과 마리아에게서 났으며, 단지 다른 사람들보다 더 의롭고 더 지혜로웠다. 세례 후에 그리스도는 원능력에게서 나와 그의 위에 비둘기 모양으로 강림하였다. 그 후에 그는 알려지지 않은 아버지를 전파하였으며 이적을 행하였다. 그러나 마지막에 그리스도는 예수를 떠났다. 예수는 고난받고 부활하였으나, 그리스도는 영적이므로 고난을 받지 않았다고 주장하였다." [3]

여기서도 우리는 케린투스가 예수와 그리스도를 날카롭게 분리한 이단임을 알 수 있다. 뿐만 아니라 그의 주장의 뿌리가 결국 이집트에서 배운 철학에 있음을 알게 해 준다. 즉 당시 철학의 체계에 따라 물질 세계는 악하다고 보고, 이 악한 세상은 하나님이 창조한 것이 아니라 그 밑의 존재인 '능력'에 의해 창조되었다고 본 것이다. 또한 예수는 한낱 인간에 불과하였다고 보았으며 동정녀 탄생을 부인하였다. 그리고 세례 시에 임한 그리스도는 영적 존재이므로 고난받지 않고 다시 떠나갔다고 주장하였다. 이처럼 케린투스 이단은 기독교 복음을 당시의 철학 구도에 그럴듯하게 끼워 맞춰서 사람들을 미혹한 이단이었음을 알 수 있다.

3) 에피파니우스의 증거
4세기 후반에 동방에서 활동한 에피파니우스(Epiphanius)도 케린투스에 대해 다음과 같이 증거해 주고 있다.

"그[케린투스]는 그리스도에 대해 카르포크라테스(Carpocrates)와 마찬가지로 참소(讒訴)하는 설명을 한다. 즉, 그는 마리아와 요셉의 씨에서 생겨났으며, 또한 세상은 천사들에 의해 만들어졌다고 한다. 케린투스의 가르침은 초기부터 이 한 가지 곧 유대교에 대한 그의 부분적인 지지를 제외하고는 그 전에 있던 카르포크라테스와 다르지 않았다. 그러나 그는 율법과 선지서들이, 비록 율법의 수여자는 세상을 만든 천사들 중의 하나이긴 하지만, 천사들에 의해 주어졌다고 주장한다. 케린투스는 아시아로 옮겨가서 거기서 그의 가르침을 시작하였다. 내가 이미 말한 바와 같이, 그 또한 세상은 첫 번째의 천상의 능력에 의해 창조되지 않았다고 가르쳤다. 그는 또한, 마리아와 요셉의 씨의 산물인 '예수'가 성장했을 때, 비둘기 형상의 성령을 의미하는 '그리스도'가 높이 계신 하나님께로부터 요단강에서 그에게 내려와 알 수 없는 아버지를 그에게와 또한 그를 통해 그의 동료들에게 계시해 주었다고 가르쳤다. 그리고 이것이 그가 능력의 일들을 행한 이유다. 즉 능력이 높은 곳에서부터 그에게로 왔다. 그러나 그의 수난 시 위로부터 온 것이 예수에게서 나와 높은 곳에 있는 영역으로 날아갔다. 예수는 고난을 받고 다시 일으킴을 받았다. 그러나 위로부터 그에게 온 그리스도는 고난받지 않고 날아갔다. 즉, 비둘기의 형상으로 강림했던 것이 날아갔다. 예수는 그리스도가 아니다."[4]

여기서도 우리는 케린투스의 가르침이 잘못된 창조론에 기초한 잘못된 기독론임을 알 수 있다. 예수와 그리스도를 구분한 것이 그의 주장의 핵심인데, 그 배경에는 신적 존재인 '그리스도'가 악한 존재인 인간이 될 수 없고 또한 고난받을 수 없다는 당대의 '이원론'이 자리잡고 있다. 또한 이러한 당대의 철학적 구도에 맞추기 위해 세례 시에 강림한 '성령'을 '그리스도'로 보는 잘못을 범하고 있는 것이다.

이러한 케린투스의 이단적 가르침이 요한일서의 배경이 되고 있다. 그러나 사도 요한이 케린투스 한 사람만을 겨냥하고 있는 것은 아니다. 왜냐하면 요한은 "많은 적그리스도들이 일어났다"고 말하고 있으며(2:18), 또한 "많은 거짓 선지자가 세상에 나왔다"고 말하고 있기 때문이다(4:1). 따라서 주님의 교회를 미혹하는 모든 사람들이 다 사도 요한이 대항하고 있는 대적들이라고 할 수 있다. 그러나 그 중심에 케린투스의 가르침이 자리잡고 있었음은 분명하다.

4. 사도 요한의 대응

이러한 잘못된 가르침에 대해 사도 요한은 무엇보다 예수가 그리스도심을(2:22; 5:1), 또한 하나님의 아들이심을 강조하고 있다(4:15; 5:5). 예수와 그리스도, 예수와 하나님의 아들은 서로 나눌 수 있는 존재가 아니다. 그리고 이 하나님의 아들 예수 그리스도께서 육체로 오신 사실을 강조하고 있다(4:3; 요이 1:7). 왜냐하면 케린투스 이단들은 신적인 존재는 악한 물질(육체)이 될 수 없다고 주장했기 때문이다.

이러한 이단들의 주장은 곧 우리를 사랑하사 우리를 건지시기 위해 이 땅에 오신 하나님의 크신 사랑을 부인하는 것이었다. 그래서 요한은 하나님께서는 우리를 사랑하셔서 독생자를 보내 주셨다는 사실을 강조하고 있다(4:9). 예수 그리스도는 우리 죄를 위한 화목제물이 되셨으며(2:2; 3:16; 4:10), 하나님의 아들 예수의 피가 우리를 모든 죄에서 깨끗케 하신다(1:7).

이 이단들은 또한 스스로 하나님에 대한 깊은 지식을 가지고 있다고 주장하지만, 형제 사랑을 소홀히 하였다(2:9; 3:13~19; 4:20). 이단들은 하나님에 대한 지식을 강조하지만 하나님의 계명에 주의를 기울이지 않았으며(2:4), 성결한 생활을 소홀히 하고(3:3), 죄를 경시하였다(1:6, 8, 10).

이에 대해 사도 요한은 형제 사랑을 반복해서 강조한다(2:7~11; 3:11; 4:7~21). "그 형제를 사랑치 아니하는 자는 하나님께 속하지 아니하며"(3:10), "보는 바 그 형제를 사랑치 아니하는 자가 보지 못하는 바 하나님을 사랑할 수가 없다"고 말한다(4:20). 사도 요한은 우리가 하나님의 계명을 지켜야 함을 누누이 강조하였다(2:3, 5, 7~11; 3:22~24; 4:21; 5:3). "우리가 그의 계명을 지키면 이로써 우리가 그를 아는(완료 시상) 줄로 안다(현재 시상)"고 말씀한다(2:3). 그러나 하나님과 사귐이 있다고 '말하고' 어두운 가운데 '행하면' 그는 거짓말하는 자요(1:6), 진리가 그 속에 없으며(2:4), 지금까지 어두운 데 있는 자요(2:8), 마귀에게 속한 자다(3:8).

따라서 하나님을 믿는 성도들은 단지 믿는다고 '말하는 것' 만으로는 부족하며, 실제 생활 가운데 '행하는 것' 으로 나타나야 한다. 이 행함의 중심이 형제 사랑이다. 물론 성도들이 모든 생활에서 완벽한 것은 아니지만, 최소한 이단들이 주장하고 행하는 것과 같은 '지식' 과 '행함' 의 이원론은 벗어나야 하며, 생활 면에서 그들보다 나은 것이 있어야 한다.

이런 맥락에서 사도 요한은 "그 안에 거하는 자마다 범죄하지 아니하나니"(3:6, 9)라고 말하고 있다. 여기서 '범죄치 아니한다' (현재 시상)는 것은 죄를 전혀 범하지 않는다는 뜻이 아니라, 세상에 속한 자들이 일상적으로 범하는 것과 같은 그런 죄들을 범하지 않는다는 뜻이다.[5] 따라서 하나님을 믿는 사람들은 그 생활이 세상 사람들과 분명히 구별되어야 한다.

요한이서

요한이서와 삼서는 전형적인 편지 형태를 띠고 있다. 발신자와 수신자가 첫머리에 언급되어 있고, 각각 구체적인 문제들을 다루고 있으며, 마지막에는 문안이 나와 있다. 요한이서와 요한삼서는 헬라어 알파벳으로 각각 1,126 글자와 1,105 글자로, 그 길이도 파피루스 한 장을 채울 정도의 분량에 해당한다.[6]

1. 발신자

요한이서와 삼서는 그 발신자를 '장로' 라 부르고 있다. 이 '장로' 가 누구를 가리키느냐에 대해서는 논란이 있는데, 전통적으로는 대개 사도 요한을 가리키는 것으로 보아 왔으나, 근래에는 사도 요한이 아닌 다른 사람으로 보는 학자들도 많다. 예를 들어 여기의 '장로' 는 사도 요한이 아닌 '장로 요한' 이라고 보는 견해다. 그러나 '장로 요한' 이라는 인물의 존재에 대

해서는 유세비우스의 「교회사」에 나오는 '파피아스 본문'(Ⅲ,39,4) 외에는
아무런 증거가 없다(참조 Schnackenburg, p. 296).

당시 아시아에 사도 요한이 아닌 다른 요한이 있었다는 가정은, 알렉산
드리아의 디오니시우스(Dionysius of Alexandria)가 말했다는 '소문'과 함께 이
파피아스 본문에 대한 유세비우스와 제롬의 '해석'에 근거하고 있을 따름
이다.[7] 디오니시우스는 에베소에 '요한'이라는 이름의 무덤이 둘 있다는 소
문을 언급하면서(Hist. Eccl. Ⅶ,25,16), 요한계시록을 쓴 요한은 사도 요한이
아닌 다른 요한이라고 주장하였다(Hist. Eccl. Ⅶ,25,1~27). 그러나 요한복음과
요한 서신들에 대해서는 디오니시우스도 사도 요한이 썼다고 분명히 말한
다(Hist. Eccl. Ⅶ,25,7). 디오니시우스가 의심한 것은 요한복음이나 요한서신
들의 저자가 아니라 요한계시록의 저자였던 것이다. 그렇다면, 디오니시우
스의 언급에 근거해서 요한서신의 저자를 사도 요한이 아닌 다른 요한으로
보려는 시도는 그만큼 약화되고 만다.

뿐만 아니라 제롬은 사도 요한이 나이 많도록 아시아에 살지 않았으며
그의 형 야고보와 함께 일찍이 유대인에 의해 죽임을 당했다(참조 행 12:2)고
주장함으로써, 요한서신의 저자가 다른 요한이라는 주장은 그 신빙성이 더
욱 약화되고 만다.[8]

이에 반해 2세기 중후반의 교부 이레네우스는 사도 요한을 요한이서의
저자라고 분명히 말한다. 그는 요한이서 11절을 인용하면서 '주의 제자 요
한'이 말했다고 한다. "주의 제자 요한은 (말한다) … 그들에게 인사하는 자
는 그들의 악한 일들에 참여함이라"(Adv. Haer. Ⅰ,16,3). 그는 또한 "예수 그리
스도께서 육체로 오심을 부인하는 미혹하는 자들이 세상에 많이 나왔으니,
이가 곧 미혹하는 자요 적그리스도니라"는 요한이서 1:7의 말씀을 인용하
면서 주의 제자 요한이 말했다고 한다(Adv. Haer. Ⅲ,16,8).

2. 수신자

요한이서의 수신자는 '택하심을 입은 부녀와 그의 자녀'라고 되어 있다

(1절). 이들이 누구인가에 대해서는 논란이 있다. 문제는 우리가 이 표현을 문자적으로 이해할 것인가 아니면 상징적인 표현으로 이해할 것인가 하는 것이다. 우선 이 표현을 문자적으로 이해하여, 요한이서는 어떤 개인 가정에 보낸 편지라고 보는 견해가 있다. 왜냐하면 개인적인 편지에서 상징적인 표현을 사용했다고 보기 어렵다는 것이다(예를 들면 S. D. F. Salmond). 한편 테오도르 찬(Theodor Zahn) 같은 학자는 여기에 우리말로 '부녀' 라고 번역된 원어 '퀴리아' (κυρία)를 고유명사로 보면서, 요한이서는 '퀴리아' 라는 이름의 여자와 그의 자녀들에게 보낸 편지라고 한다.

그러나 우리는 여기의 '택하심을 입은 부녀와 그의 자녀' 라는 표현은 주님의 교회를 나타내는 상징적 표현이라고 보는 것이 옳다고 생각한다. 우선 우리말 성경에 '부녀' 라고 번역된 헬라어 단어 '퀴리아' 는 원래 '주님의 것' 을 뜻하는 여성형 명사다. '교회' (ἐκκλησία에클레시아)는 헬라어 문법상 여성형으로 표현되는데, 여기서도 '퀴리아' 라는 여성형으로 되어 있다. 베드로전서 5:13에서도 이와 비슷한 표현이 사용되었다. 우리말 성경에는 '함께 택하심을 받은 바벨론에 있는 교회' 라고 되어 있지만, 원어를 그대로 직역하면 '바벨론에 있는 함께 택함받은 여자' 가 된다. 즉, 바벨론에 있는 교회를 '함께 택함받은 여자' (συνεκλεκτή쉬네클레크테)라고 여성형으로 표현하고 있는 것이다.

따라서 요한이서에 있는 '택함받은 주님의 것' 이라는 표현도 '주님의 교회' 를 나타내는 것으로 보는 것이 자연스럽다. 그렇다면 여기의 '택함받은 부녀' 라는 표현은 어떤 지역에 있는 개교회를 전체적으로 부르는 명칭이요, '그의 자녀' 란 표현은 그 교회 구성원 개개인을 부르는 명칭으로 이해할 수 있다.[9]

3. 기록 동기

사도 요한은 이 편지에서 서로 사랑할 것을 권면하고 있으며(4~6절), 자신의 임박한 방문을 예고하고 있다(12절). 그러나 요한이서를 쓰게 된 주된 동기는 당시의 미혹하는 자를 경계하기 위함이었다. 7절에 보면 "미혹하는 자가 많이 세상에 나왔나니 이는 예수 그리스도께서 육체로 임하심을 부인하는 자라 이것이 미혹하는 자요 적그리스도니"라고 말하고 있다. 여기 미혹하는 자는 '예수 그리스도께서 육체로 임하심을 부인하는 자' 란 표현을 볼 때 요한일서의 이단과 동일한 것으로 생각된다(참조 요일 4:2).

그런데 여기에 '육체로 임하심' 이란 표현에서 '임하신다, 오신다'(에르코 메논)는 단어가 현재 분사로 되어 있다. 이 분사의 시상이 '현재' 인 것에 대해 학자들은 여러 가지로 해석한다. 그레이다누스는 이것을 예수님의 마지막 날 재림(再臨)을 가리키는 것으로 이해한다. 곧 마지막 심판 날에 예수께서 육체로 나타나실 것을 말한 것으로 본다.[10]

그러나 여기서 갑자기 예수님의 재림을 말한 것으로 보는 것은 납득하기 어렵다. 왜냐하면 요한일서에서 말하는 이단은 예수님의 성육신에 대해 잘못 가르친 이단이기 때문이다(요일 4:2; 5:6).[11] 그러나 이에 대한 하워드 마샬의 설명 곧 "예수 그리스도께서 육체로 오셨고 아직도 존재하셨다"(Jesus Christ had come and still existed 'in flesh')는 것(p. 70) 또한 받아들이기 어렵다. 이것은 요한일서 4:2의 '완료 시상' 에 대한 설명은 될 수 있어도 요한이서 1:7의 '현재 시상' 에 대한 설명은 될 수 없다.

여기서 우리는 헬라어의 시상에 대해 약간의 설명이 필요함을 느낀다. 이것은 조금 복잡할지 모르지만 신약성경 이해에 대단히 중요할 뿐만 아니라 많은 주석가들이 아직도 분명히 인식하지 못하고 있는 실정이기 때문이다. 헬라어의 '현재 시상'(present aspect)은 영어나 독일어와 같은 서구 언어에서처럼 현재 시점에 일어나는 동작 곧 '현재 시제' 를 가리키는 것이 아니라 '지속적인 동작' 을 가리킨다는 것은 이제 웬만한 목회자들은 다 알고 있다. 물론 반복적인 동작, 습관적인 동작도 이 지속적인 동작의 범주에 포함된다.

그러나 현재 시상은 이뿐만 아니라 또한 '그러한 종류의 동작 또는 어떤 주어진 목적을 지향하는 동작'(this kind of activity or activity tending to a given end)을 가리킬 때도 사용된다.[12] 달리 말하자면, 현재 시상은 어떤 동작이 꼭 지속적이냐 단회적이냐를 따지지 않고 어떤 부류의 동작을 가리킬 때도 사용된다는 것이다. 이것은 특히 분사가 관사와 함께 사용될 때에는 더욱 분명해진다. 즉 '관사 + 현재 분사'는 꼭 지속적인, 반복적인 동작을 하는 자라고 볼 필요가 없이, 그런 유의 동작을 하는 사람을 가리킨다. 예를 들어 '호 에르코메노스'라는 표현은 현재에 또는 지속적으로, 반복적으로 오는 사람을 가리키는 것이 아니라 그냥 '오는 사람', '오시는 이'를 가리키는 것이다. 그래서 이것은 복음서에서 어떤 특정한 사람(메시아)을 가리키는 하나의 관용적 표현이 되었다(요 1:15, 27; 3:31; 6:14; 11:27).

하나 더 설명하자면, '세례 요한'을 가리키는 명칭으로서는 '세례자 요한'(요안네스 호 밥티스테스)과 더불어 '세례 주는 자 요한'(요안네스 호 밥티존)이 많이 사용되고 있다. 여기서 '관사 + 현재 분사'로 표현된 '세례 주는 자'란 표현은 세례 요한을 가리키는 '일종의 준고유명사'(a sort of quasi-proper name) 역할을 하고 있다.[13] 그래서 심지어 세례 요한이 죽고 난 후에도 헤롯왕은 '세례 주는 자 요한'이 다시 살아났다고 말하고 있다(막 6:14).

여기서 '세례 주는'이라는 현재 분사를 '지금도 주고 있는'이라는 의미로 이해하거나 또는 '지속적으로 주고 있는'이라는 의미로 이해해서는 안되며, 세례 요한을 가리키는 하나의 고착화된 칭호로 이해해야 한다. 이와 비슷한 맥락에서 현재 시상은 또한 어떤 '일반적인 원리'나 '진리'를 나타낼 때 사용되기도 한다. 이 경우의 현재 시상은 시간과는 관계없고 시간을 초월해서 적용되는 진리를 나타낸다(참조 롬 7:14).

이러한 이해를 바탕으로 요한이서 1:7의 '예수 그리스도께서 육체로 오심을 부인하는 자'란 문장에서 '오심'이 현재 분사로 되어 있는 것은 '현재 오신다'거나 '지속적으로 오신다'는 의미가 아니라, 예수 그리스도께서 '육체로 오심'의 사실(事實) 또는 진리(眞理)를 강조하는 것이다. 곧 예수 그리스도께서 '어떤 역사적 시점에' 성육신하셨다는 것보다 '성육신 사실 자체'에 더 큰 초점을 두고 말하는 것이다. 즉, 이들은 예수 그리스도의 '성육

신 사실'을 부인하는 이단들이었던 것이다. 쉬나켄부르크가 요한이서 1:7
의 '육체로 오심'(Kommen im Fleisch)은 '항상 의미 있는 표현'(eine für immer
bedeutsame Aussage)이라고 한 것도(Die Johannesbriefe, p. 313 n.2) 필자가 설명
한 것과 동일한 내용을 설명한 것이다.

　이처럼 사도 요한은 예수 그리스도께서 육체로 오심을 부인하는 이단이
찾아오거든 "그를 집에 들이지도 말고 인사도 말라"(10절)고 한다. 왜냐하면
"그에게 인사하는 자는 그 악한 일에 참여하는 자"(11절)가 되기 때문이다.
이것은 오늘날도 마찬가지다. 예수 그리스도를 부인하는 이단들이 찾아와
서 같이 이야기를 좀 하자고 할 때 최선의 대책은 문도 열어 주지 말고 인
사도 하지 않는 것이다. 왜냐하면 그들과 함께 이야기하고 논쟁하다 보면,
그들의 교묘한 말에 현혹될 위험성이 크기 때문이다. 그들과 토론해서 이
기겠다거나 잘 설득해서 돌이키겠다고 하는 것은 순진하고 어리석은 생각
이다. 이단들은 마귀의 직접적인 하수인이 되어 고의적으로 예수 그리스도
를 부인하고 복음을 왜곡하는 자들이기 때문에 그들이 회개하고 돌이킨다
는 것은 극히 어려운 일이다. 따라서 사도 요한이 가르쳐 준 대로, 그들을
집에 들이지도 말고 인사도 하지 않는 것이 이들에 대한 최선의 대책이다.

요한삼서

　요한이서가 어떤 한 교회에 보낸 편지라면 요한삼서는 어떤 개인에게
보낸 편지다. 곧 '장로'가 '사랑하는 가이오'에게 보낸 편지다. 신약성경에
는 여러 명의 가이오가 나타난다. 마게도냐 사람 가이오도 있고(행 19:29), 더
베 사람 가이오도 있고(행 20:4), 고린도 사람 가이오도 있다(롬 16:23; 참조 고전
1:14). 요한삼서에 나타나는 가이오는 이들 중의 한 사람인지 아니면 또다른
가이오인지는 알 수 없다. 지리적으로 보아 요한삼서의 가이오는 소아시아
에 있는 어느 교회의 신실한 성도로 생각된다. 그는 진리 안에서 행하는 자

(3절) 곧 순회 전도하는 형제들을 영접하고 그들에게 사랑을 실천한 자였다 (5~8절). 그래서 사도 요한이 '진리 안에서' 사랑한다고 말한 자였다(1절).

1. 기록 동기

그런데 사도 요한이 그에게 편지를 쓰게 된 직접적인 계기는 '디오드레베' 라는 사람 때문이었다. 그는 으뜸 되기를 좋아하여 사도 요한과 그의 사람들을 접대하지 아니하였다(9절). 뿐만 아니라 그들을 망령되이 폄론(貶論)하였으며, 그것도 부족하여 형제들을 접대하고자 하는 자를 금하여 교회에서 내쫓았다(10절). 사도 요한은 디오드레베의 이런 악한 행위를 경계하고 본받지 말도록 권면하기 위해 가이오에게 이 편지를 쓴 것이다. 한편 '네메드리오' 는 착한 사람이라고 증거하고(12절), 또한 자신이 속히 방문할 것을 예고하고 있다(13~14절).

2. 장로와 디오드레베 사이의 갈등

그러면 요한삼서에 나타나는 '장로' 와 '디오드레베' 사이의 갈등은 어떤 성격의 것이었을까? 어떤 이유로 그들이 대립하였던 것일까? 이에 대해서는 여러 이론들이 제시되었는데, 간단히 살펴보면 다음과 같다.[14]

1) 교회정치적 갈등으로 보는 견해

아돌프 폰 하르낙(Adolf von Harnack)은 이 문제에 대해 일종의 교회정치적 해석을 시도하였다.[15] 그는 요한삼서의 '장로' 를 파피아스가 말하는 '장로 요한' 으로 보면서, 이 장로가 소아시아 지방 전체를 하나의 교회로 묶으려는 시도를 했다는 것이다. 이를 위해 장로는 중앙집권적인(patriarchalische) 강력한 선교 조직체를 만들었다고 한다. 그러자 소아시아에 있던 한 개교회가 반발하여 독립적인(monarchische) 감독직을 주장하였는데, 그 첫 번째 감독이 디오드레베라는 것이다.

그러나 그 당시에 중앙집권적인 선교 조직체가 존재했다는 어떠한 증거도 없다. 그리고 이 편지의 저자인 '장로'(전통적인 견해로는 사도 요한)가 자신의 세력을 확장할 목적으로 선교 활동을 했다는 것은 사도의 순수성을 훼손하는 것이요 선교를 자신의 이기적인 목적을 위한 수단으로 전락시키는 것이 된다. 뿐만 아니라 디오드레베가 감독이었다는 것도 본문에는 전혀 나타나 있지 않다.

2) 교리적 마찰로 보는 견해

한편, 장로와 디오드레베 사이의 갈등을 정통과 이단 사이의 마찰로 보는 견해들이 있다. 발터 바우어(Walter Bauer)는 1934년에 출판된 그의 학위 논문에서 이러한 견해를 피력하였다.[16] 그는 요한이서와 요한삼서의 저자는 동일하다고 보면서 요한이서에 나오는 이단의 대표적 인물이 디오드레베라고 주장하였다. 그리고 요한삼서의 '진리'는 이단 논쟁과 관련된 것이라고 보았다.

그러나 이 견해 또한 많은 문제점을 가지고 있다. 요한삼서는 이단에 대해 말하고 있지 않다. 디오드레베의 잘못된 가르침에 대해서는 한 마디도 없고 오직 그의 잘못된 행동에 대해 말하고 있을 따름이다. 요한삼서에서의 '진리'란 용어는 이단 논쟁과 관련하여 사용된 것이 아니라 나그네를 접대하며 형제를 사랑하는 것을 가리켜 '진리 안에서' 행한다고 말하고 있다. 또는 가이오에 대해서도 '진리 안에서' 사랑한다고 말하고 있다. 따라서 요한삼서의 배경을 요한이서와 같은 것으로 보기는 어렵다.

다른 한편, 에른스트 케제만(Ernst Käsemann)은 대담하게도 디오드레베가 정통이고 장로는 이단이라고 주장하였다.[17] 그는 방어적 입장에 있는 사람은 '장로'로서, 그가 영지주의적 견해를 가지고 있었기 때문에 장로직에서 해임되었을 것이라고 주장하였다. 따라서 요한삼서의 저자는 사도가 아니며 디오드레베가 속해 있던 교회의 한 장로였다고 주장하였다.

이러한 케제만의 주장을 우리가 받아들일 수 없음은 분명하다.[18] 여기서 장로가 해임되었다는 증거는 어디에도 없다. 또한 장로의 견해가 이단적이었다는 주장도 성립될 수 없다. 만약 그러했다면 어떻게 요한삼서가 정경에 포함될 수 있었겠는가? 우리는 요한삼서에서 장로의 견해가 잘못이라는 어떠한 증거도 찾을 수 없다. 또한 요한삼서에는 교리적 차이에 대한 증거도 찾을 수 없다. 그리고 디오드레베가 장로를 출교했다는 말도 본문에는 없다.

3) 공동체 내적 마찰로 보는 견해

독일 뮌스터의 옌스 태거(Jens. W. Taeger)는 장로와 디오드레베 사이의 갈등은 교리적 마찰이 아니라 요한 공동체 안의 마찰이라고 보았다.[19] 장로는 디오드레베보다 늦게 들어온 신입자였으며, 따라서 약한 위치에 있었다. 사도 요한을 추종하였으며, 요한 공동체의 정통성을 유지하기 위해 자신의 영향력을 확대하려고 하였다. 그러자 요한 공동체 안의 또다른 추종자인 디오드레베의 저항을 받게 되었다고 주장하였다.

그러나 이러한 견해도 케제만의 견해와 마찬가지로 본문의 상황을 뒤집는 것이다. 장로가 디오드레베보다 늦게 들어온 신입자라는 증거는 본문 어디에도 없다. 그리고 장로가 약한 위치에 있었고 디오드레베는 강한 위치에 있었다는 것도 받아들이기 어렵다. 오히려 장로는 당당한 권위를 가지고 말하고 있다(10절).

뿐만 아니라 여기의 '장로'를 사도 요한이 아닌 요한 공동체 안의 한 추종자로 보는 것은 고대 교회의 일반적인 입장과 상치된다. 요한삼서가 정경으로 인정되고 정경에 포함되었다는 사실은 곧 장로의 입장이 옳으며 디오드레베가 잘못되었다는 것을 증거하는 것이다.

4) 선교 정책상의 갈등으로 보는 견해

어떤 사람들은 장로와 디오드레베 사이의 갈등을 선교 정책상의 갈등으로 보려고 한다. 그 이유로 먼저 장로와 디오드레베 둘 다 강한 성격의 소유자라고 말한다. 요한삼서의 저자는 자신을 '장로'라고 말하고 있으며, 디오드레베는 '으뜸 되기를 좋아하는 자' 라고 소개한다. 이들은 교회의 선교 노선에 대한 의견이 서로 달랐다. 장로는 이방인 선교를 지향하였으나(7절), 디오드레베는 이방인 선교를 반대하였다. 이로 보건대 디오드레베는 유대 인이었을 가능성이 높다고 본다. 즉 '디오드레베' 라는 이름은 히브리어 이름인 '그달랴' 의 헬라식 이름이었을 가능성이 있다. 으뜸 되기를 좋아하는 디오드레베는 수직적 선교 방식 곧 정착 선교를 주장했을 가능성이 있고 유대주의적 신앙에 붙잡혀 있었으며 지역성을 강조했다고 한다.

위 견해는 비록 재미있기는 하나 문제점이 없는 것은 아니다. 먼저 장로 와 디오드레베를 양비론적(兩非論的)으로 본다는 것이다. 둘 다 강한 성격의 소유자라고 한다. 그러나 '장로' 라는 칭호를 사용한 것이 곧 장로의 성격이 강하다는 것을 나타낸다는 해석은 문제가 있다. 뿐만 아니라 이 견해에 의 하면 디오드레베의 잘못이 미화되고 희석된다. 즉 두 사람 사이의 갈등은 단지 선교 정책 또는 선교 노선의 차이에서 비롯된 것에 불과하다.

뿐만 아니라 디오드레베를 유대인으로 보는 것도 하나의 추측에 불과하 며 증거가 없다. '디오드레베' 란 이름에서 '디오' 는 제우스신을 가리키는 데, 이방신의 이름을 자기 이름에 갖다 붙인다는 것은 유대인으로서는 쉽 지 않은 것이었다고 봐야 할 것이다. 어쨌든 디오드레베가 유대인이었다거 나 정착 선교를 주장했다는 것은 추측에 불과하며 증거가 없다.

5) 필자의 견해

요한삼서의 장로와 디오드레베 사이의 갈등의 핵심은 본문이 말하는 대 로 윤리적인 성격의 것으로 보는 것이 옳다고 생각한다. 즉, 디오드레베의 윤리에 문제가 있었다는 것이다. 여기서 '윤리' 라 함은 그의 행함 전체를 두고 말하는 것인데, 이것은 그의 내면적 상태와도 밀접히 관련되어 있다.

먼저 디오드레베는 '으뜸 되기를 좋아하는'(필로프로튜온) 자라고 한다(9 절). 으뜸 되기를 좋아하는 것은 인간이 빠지기 쉬운 죄악 된 욕구다(참조 막 10:44). 그는 장로의 지도와 간섭을 싫어하였으며, 자기가 교회에서 으뜸이 되어 주관하기를 좋아했다. 이것이 요한삼서의 문제의 근본이며 핵심이다. 이러한 잘못된 내면적 동기로 말미암아 디오드레베는 형제에 대한 '사랑'을 실천하지 아니하였다. 즉, 그는 사도 요한이 보낸 자들을 접대하지 않았다(9절).

형제 사랑은 가장 중요한 기독교 윤리에 속한다. 초대 교회가 이해한 사랑은 주로 가난한 자를 구제하는 것과 손님을 접대하는 것이었다(갈 2:10; 롬 12:13; 히 13:1~2; 약 2:14~17; 요일 3:17~18 등). 특히 복음을 전하는 나그네를 접대하는 것은 기독교인의 가장 기본적인 의무에 속하는 것이었다. 요한삼서는 이러한 맥락에서 형제를 접대하고 나그네를 영접하는 것이 옳음을 말하며(5~8절), 이렇게 행하는 것을 가리켜 '진리 안에서 행한다'고 말하고 있는 것이다(3절).

따라서 장로와 디오드레베 사이의 차이는 교리의 차이나 선교 노선의 차이가 아니라, 사랑을 실천하느냐 실천하지 않느냐 하는 것 곧 진리 안에서 행하느냐 행하지 않느냐의 차이였던 것이다. 뿐만 아니라 디오드레베는 장로와 그의 동료들을 악한 말로 폄론하였으며, 형제들을 접대치도 아니하고 도리어 접대하려던 자들을 내어쫓았다(10절). 이것은 디오드레베의 행위가 악하였음을 말해 준다. 그의 교리는 비록 정통이었을지라도 그의 행동, 그의 윤리는 잘못되고 악한 것이었다. 그래서 장로는 이러한 "악한 것을 본받지 말라"(11절)고 말한다.

맺는 말

이상에서 우리는 요한서신이 1세기말의 구체적인 상황 가운데 쓰여진 편지들임을 살펴보았다. 요한일·이·삼서는 그 당시 소아시아 지역의 교회들이 처해 있던 구체적인 어려움과 갈등들 가운데 쓰여진 것이다. 그러므로 이 편지들이 주고 있는 교훈은 그저 책상 앞에서 기록한 좋은 말들이 아니다. 형제를 서로 사랑하라는 교훈이 좋은 말이니까 하는 것이 아니라, 진리를 소유하고 있다고 주장하는 이단들이 실제 생활에서는 사랑이 없고 죄 가운데 살아가는 모습을 바라보는 가운데 주신 교훈이다. 따라서 형제를 사랑하는 것은 해도 좋고 하지 않아도 좋은 선택 사항이 아니라 우리 성도들을 이단과 구별짓는 주요한 특징이요 시금석이었던 것이다.

그러면 오늘날 우리 한국 교회는 형제 사랑에 대해 어떻게 생각하고 있는가? 막연히 좋은 말로 생각하고 가끔 한번씩 기타 반주에 맞추어 사랑 노래만 부르면 다 된 줄로 생각하고 있지는 않는가? 또는 옆 사람에게 "사랑합니다"라고 말만 하면 의무를 다 한 줄로 생각하고 있지는 않는가? 그러나 사도 요한은 "우리가 말과 혀로만 사랑하지 말고 오직 행함과 진실함으로 하자"(요일 3:18)고 말한다. 행함과 진실함으로 나타나는 사랑이 우리 가운데 얼마나 있는가 하는 것이 한국 교회의 진짜 문제다.

교회 안의 많은 갈등과 분열이 사실은 형제를 사랑하지 못하기 때문에 발생하고 있다. 물론 이단이나 이단적 가르침은 단호히 배격해야 하지만, 그런 것이 아닌 경우 우리에게 형제를 용납하고 사랑할 것이 요구되고 있다. 교회 안에서 '으뜸 되기를 좋아하는' 한두 사람 때문에 고통받는 교회가 얼마나 많은가? 그러므로 우리는 자신의 이기적 욕구를 자제하고 공동체의 유익을 앞세우는 자세가 필요하다. 그리고 형제 사랑은 하면 좋은 '선택 사항' 이 아니라 반드시 해야만 하는 '의무 사항' 임을 기억해야겠다. 그러나 이것은 말처럼 쉬운 것이 아니기 때문에 우리는 주님 앞에 나와서 도움을 청할 수밖에 없다. 나 자신의 이기적인 욕구와 부패한 본성을 주님 앞에 내려놓고 십자가에 못 박을 때에야 비로소 우리는 진정한 사랑을 실천할 수 있기 때문이다.

3 요한서신과 요한 공동체

서론

요한의 편지를 받은 수신자들의 역사적 정황을 아는 것은 요한서신의 이해에 많은 도움을 준다. 우리가 문장을 이해하려고 할 때 그 문장이 속한 문맥을 이해하는 일은 반드시 필요한 과정이다. 구소련의 KGB요원은 한 정치범의 집에서 발견한 편지 내용 중 'I love you'라는 문장을 가지고 그가 반역죄를 범했다고 처형할 수 있었다. 그들은 '너'(you)라는 단어가 구소련의 적인 미국을 나타낸다고 우겼기 때문이다. 그들은 그 문장을 문맥에서 떼어내서 자신들이 원하는 의미를 억지로 부여했던 것이다.

이처럼 문장을 문맥 속에서 이해하는 일은 절대적으로 필요한 일이다. 그러므로 요한서신을 그 문맥 속에서 이해하는 일도 절대적인 중요성을 갖는다고 할 수 있다. 요한서신을 문맥 속에서 이해하지 않을 때 해석자는 얼마든지 아전인수식의 해석을 할 수 있기 때문이다. 그렇다면 요한서신의 문맥은 무엇인가? 우리는 역사적, 종교적, 사회적, 언어적 문맥 등을 생각할 수 있다. 필자는 여기서 요한서신의 수신자들이 처한 역사적 정황들을 살펴보려 한다.

요한 공동체

흔히 학자들은 요한의 수신자들이 처한 역사적 정황을 재구성할 때 '요한 공동체'라는 용어를 사용한다. 신학적으로 이 용어는 요한이 목회했던 교회에서 요한의 가르침을 받아들이고 그 전통을 이어가던 신자들의 모임을 지칭할 때 쓰인다. 어떤 학자는 사도 요한이 요한서신을 쓴 것이 아니라 요한 공동체가 요한서신을 썼을 것이라는 주장을 펴기도 한다. 이 견해를 따르는 자들은 요한서신에서 저자가 자기를 사도라 칭하지 않고 장로라고 칭한 데서 그 이유를 찾는다(요이 1:1; 요삼 1:1). 뿐만 아니라 이들은 성령론, 종말론 등에서 요한서신이 요한복음과 다르다고 이해하며 이에 따라 요한복음과 요한서신은 역사적으로 다른 정황 속에서 다른 저자들에 의해 쓰여졌다고 생각한다.

그러나 비록 우리가 요한 공동체가 요한의 가르침과 교리를 전수하던 제자들이었다는 가설을 받아들인다 해도 사도 요한이 아닌 요한 공동체가 요한복음이나 요한서신을 썼을 것이라는 가설을 따를 필요는 없다. 클레멘트나 이레니우스 등과 같은 초대 교회 지도자들의 증거를 볼 때 요한의 문헌들은 사도 요한의 저작이었음이 분명하고, 요한복음과 서신들간에 저작적 통일성이 분명하기 때문이다.

그렇다면 요한 공동체는 요한문헌에 기여한 바가 전혀 없는 것일까? 아마도 요한의 제자들은 요한문헌을 다음 세대로 전수하는 데 기여했을 것이다. 그들은 이 문헌이 쓰여질 당시 사도 요한과 함께 예수님의 가르침을 믿고 지켜 나가는 데 큰 열심이 있던 자들이었음이 분명하다(요일 1:5). 요한 공동체는 어떤 신학자들의 주장과 같이 분파주의적인 종파를 이루고 있지 않았고 다른 교회들, 즉 마태의 교회나 마가의 교회와 같이 그리스도 예수의 교회의 한 지교회로서 그리스도의 가르침이 이단들에 의해 훼손되지 않도록 하는 데 큰 기여를 했음이 분명하다. 따라서 본인은 요한 공동체라는 용어를 사용할 때 이 용어가 사도 요한이 요한문헌의 저자임을 부정하는 데 쓰이지 않기를 제안한다.

그리고 이 용어를 사용함으로써 요한문헌에서 표현된 신앙이 요한 공동체만의 것이었고 초대 교회의 다른 지교회에서는 아직 받아들여진 것이 아니었다는 주장에 반대한다. 요한 공동체가 더욱 발전된 기독론을 믿고 있었고 다른 교회로부터 격리된 한 종파였다는 주장은 요한문헌을 잘 이해하지 못함은 물론 공관복음의 기록론에 대한 몰이해로 말미암은 것이다. 비록 요한문헌이 요한 공동체로부터 전수되었다 하더라도 그것이 마태 공동체나 마가 공동체에 의해 받아들여지고 읽혀졌던 것이 분명하다. 이것은 요한문헌이 요한 공동체만을 위해 쓰여진 것이 아니라 초대 교회의 여러 교회에서 두루 읽혀지기 위해 쓰여졌다는 사실에 근거한다. 또한 거꾸로 요한 공동체도 마가복음이나 다른 공관복음을 알고 있었다는 흔적을 요한복음에서 찾아볼 수 있다. 이것은 사도들의 교회가 서로 분리되어 존재하던 종파들이 아니라 서로 사람의 왕래나 서신을 통해 유기적인 관계를 유지하고 있었다는 사실과 상통한다.

요한서신에서 가장 중심 되는 가르침은 '예수님은 하나님의 아들이시다'는 것이다. 이것은 요한복음의 가르침에 바탕을 두고 있다. 요한문헌에 표현된 이 기독론도 요한 공동체만의 독자적인 교리가 아니었다. 그것은 초대 교회 전체가 믿던 기독론이었다. 이러한 이해 속에 요한 공동체가 가지고 있던 기독론을 이해하는 것은 그 공동체가 처한 정황을 이해하는 데 도움이 된다.

요한서신의 기독론

요한은 그리스도를 "태초부터 있는 생명의 말씀"(요일 1:1)이라고 설명한다. 요한은 그분을 눈으로 보았고 손으로 만졌다고 말함으로써 인간으로 오신 그리스도를 감각기관을 통해 경험했다고 말한다. 그는 "우리"라는 1

인칭 복수를 사용함으로써 공동체의 일원들도 이 증거를 공유하고 있다는 사실을 드러낸다.

요한일서 1:1은 요한복음 1:1~5에 나타난 말씀과 상통한다. 육신이 되신 그분은 빛이시다(요 1:4~5). 그 빛이 어두운 세상 속에 오신 것이다. 요한일서도 하나님은 빛이시라고 기술한다(요일 1:5). 여기서 우리는 요한복음의 로고스(말씀) 기독론과 요한서신의 기독론이 상통하고 있음을 알 수 있다. 즉 예수는 태초에 하나님과 함께 계셨던 말씀이셨고 그 말씀이 인간이 되셔서 우리에게 오셨다는 것이다. 요한일서 1:7에 사용된 "그 아들 예수의 피"라는 구절은 바로 인간으로 오신 예수님의 인성을 가리킨다. 예수님은 십자가에서 피를 흘리신 인간이셨다. 이는 요한복음 19:34의 옆구리를 창에 찔리신 예수님께서 물과 피를 쏟으셨다는 구절과 상통한다. 예수님은 말씀이셨다가 완전한 인간으로 오셨고 또 십자가에서 실제로 고통을 당하신 것이다.

이러한 표현들이 영지주의자들에 대한 반박을 담고 있다고 보는 견해가 있다. 구속자 신화를 믿던 영지주의자들은 전생의 구속자가 세상에 와서 그의 택자들을 악의 세력에서 구원하고 다시 자기가 왔던 곳으로 돌아간다는 신화를 가지고 있었다. 이들은 예수님이 완전한 인간으로 오셨다는 것을 부정했다. 이 설에 의하면 십자가에 달린 예수님은 실제 고통을 당하신 것이 아니다. 그는 인간의 모습을 가졌을 뿐 실제 인간이 아니었기 때문이다.

그러나 우리는 영지주의가 1세기에는 존재하지 않던 철학이었음에 주의해야 한다. 1세기에 존재하지도 않던 철학을 반박하기 위해서 요한이 예수님의 인성을 특히 강조해야 할 이유는 없었다. 차라리 예수님의 피를 유월절 어린양의 피로 설명하기 위해서 "피"에 대해 말씀하고 있다고 보는 것이 타당하다. 이 생각이 타당한 이유는 요한일서 1:7에서 예수님의 피와 속죄함을 연관시키고 있다는 데 있다. "저는 우리 죄를 위한 화목 제물"이시다. 화목제라는 표현은 요한일서 4:10에 다시 사용되었다.

예수님의 피는 인성에 대한 암시임을 부정할 수 없다. 그러나 그보다 더 직접적 의미는 바로 예수님의 피가 구약의 유월절에 대제사장이 백성들의 죄를 씻기 위해 제단에 뿌렸던 양의 피를 대신한다는 것이다. 피 없이는 죄 사함이 없다. 이제 예수님께서 우리 죄를 씻기 위한 화목제물이 되셨다. 이 말씀은 화목제물이 되신 예수님을 통하지 않고는 마지막 날 아무도 아버지 께 담대히 나아갈 자가 없다는 것을 의미한다. 그렇다면 이것은 모세의 율법에 근거한 유대주의적 속죄개념에 대한 논박이다.

하나님께서는 아들인 예수님을 화목제물로 보내셨다(요일 4:10). 이 구절은 우리가 위에서 본 기독론을 두 가지 측면에서 종합하고 있다. 첫째, 예수님의 본처는 하늘이었다. 그분은 하늘에서 내려온 분이셨다. 요한일서 1:2은 예수님께서 아버지와 함께 계시다가 우리에게 나타낸 바 되셨다는 표현을 사용한다. 아버지와 함께 계신 때는 그의 탄생 전이다. 우리에게 나타내신 것은 그의 탄생 이후다. 이것은 예수님을 하늘에서 내려오신 분으로 표현한 요한복음의 기독론과 상통한다(요 3:31).

요한복음 6장은 예수님을 하늘에서 내려온 떡이라고 표현한다. 이것은 하늘에서 내려온 생명을 가리키는 말로서 누구든지 이 떡을 먹으면 영원히 배고프지 않는 생명을 얻는 것이다. 선지자들도 하나님으로부터 보냄을 받았다. 그러나 그들은 하늘에서 직접 내려오지는 않았다. 세례요한은 요한 복음 3장에서 바로 이 차이점에 대해 말했던 것이다. 자신은 땅에서 온 자지만 예수님은 하늘로서 오신 하나님의 아들이시다(요 3:31). 이 표현은 요한 복음에서 인자라는 표현으로 대표되는데, 인자는 바로 다니엘 7:13에서 나타난, 하나님의 나라를 다스리게 될 왕을 가리킨다. 하나님의 아들, 바로 하나님 존전에 계시던 그 인자가 이 땅에 인간으로 오신 것이다. 이 점에서 우리는 요한 공동체가 그리스도의 성육신을 믿고 있었다는 사실을 분명히 알 수 있다.

도세티스트(docetists)들은 영의 세계와 육의 세계의 접촉을 믿지 않았다. 더욱이 신이 인간의 육을 입고 탄생할 수는 없는 일이다. 어떤 학자들은 도

세티스트들이 예수님의 강림(incarnation)은 믿었으나 그 인성을 부정했다고 말한다. 즉 그들은 예수님의 신성을 강조한 나머지 인성을 믿지 않았으며 요한은 이를 반박하기 위해 서신을 썼고 그 결과 요한서신에서 예수님의 인성을 강조하고 있다는 것이다. 이 주장은 학계에 널리 받아들여져 온 것이 사실이다. 그리고 많은 사람들이 아직도 이 견해를 따른다.

그렇다면 요한서신이 예수님의 피를 강조하고 인성을 강조한 것이 과연 도세티스트들에 대한 논박이었을까, 아니면 예수님의 피가 화목제물임을 부정한 유대주의를 믿는 당시 이단들에 대한 논박이었을까? 먼저 우리는 위의 논리에 존재하는 근본적인 모순을 살펴볼 필요가 있다. 즉 도세티스트들은 예수님이 육체로 오신 것을 부정하고 있었다(요일 4:2~3). 이는 곧 주께서 그리스도심을 부정하는 것과 같은 의미다(요일 2:22). 즉 이는 예수님을 부인하는 일이다(요일 4:3). 이것이 예수님이 하나님의 아들이심을 부인하는 것이 아니고 무엇인가(요일 5:10). 예수님이 하나님 품에서 오신 것을 부정하는 것이며 곧 예수님의 성육신을 부정하는 것이다. 종합적으로 그들은 예수님의 하늘로부터의 강림 자체를 부정했던 것이다. 그러므로 예수님의 강림은 믿었는데 그 인성을 믿지 않았다는 것은 성립될 수 없는 개념이며, 이 것은 강림과 인성의 불가분의 관계를 인식하지 못하고 요한서신을 이해한 결과 생긴 오해다.

우리는 요한서신에 예수님의 인성을 강조하는 구절보다 예수님의 강림을 강조하는 구절이 더 많다는 사실을 위의 관점에서 이해할 필요가 있다(예를 들어 요일 4:2~3, 9, 10, 14). 사실 강림은 곧 인성을 전제하는 것이다. 그렇다면 그들은 예수님이 하나님께서 보내신 아들 곧 그리스도라는 사실을 부정했던 자들이었으며(요일 2:22), 이는 그들이 도세티스트였다기보다 예수님의 신성 자체를 부인하던 자들이었음을 보여 준다.

하나님께서 그 아들을 화목제물로 보내셨다는 구절의 두 번째 기독론적 의미는 죄 사함의 유일한 길이 예수 그리스도께 있다는 것이다. 이 말씀은 예수님이 하나님의 아들이심을 부정하면서 하나님과의 사귐에 이를 수는 없다는 것이다(요일 1:3). 하나님과의 사귐은 곧 구원론적 측면에서 이해될 수 있는 구절이며 궁극적으로 예수를 통한 종말적 구원을 의미하고 있다. 이와같이 그리스도의 성육신은 그 목적이 하나님께 난 자들을 구원하기 위해서였다. 하나님의 아들 예수는 "우리의 죄를 없이하려고"(요일 3:5) 이 세상에 강림하신 것이며 자신을 스스로 화목제물로 바침으로써 우리를 살리신 것이다. 따라서 예수님을 부정하는 것은 죄 사함의 길 자체를 부정하는 것이며 이는 곧 사망에 이르는 죄를 짓는 것이다(요일 5:16).

여기서 우리는 앞서 말한 대로 요한이 당시에 싸우던 적그리스도들의 본질적인 문제가 그들이 예수께서 십자가의 죽으심을 통해 이루신 구속을 믿지 않는 것이었음을 알 수 있다. 아마 그들은 예수님께서 요한복음 8:44에서 마귀의 자손이라고 꾸짖으신 "예수님을 믿었던 유대인들"과 관계 있었는지도 모른다(물론 직접적 관계는 없었을 것이다. 그러나 요한복음과 요한서신의 기록 당시의 정황이 비슷했을 것으로 본다면 요한이 복음서와 서신서를 기록할 당시에 영적으로 맞서 있던 이단들을 염두에 두고 이 사건을 기록했을 가능성을 배제할 수 없다). 이들은 자신들이 아브라함의 자손임을 자부하고 있었는데, 그들의 문제는 죄 사함이 예수님의 구속으로 말미암은 것이 아니라 혈통에 근거한 것으로 오해한 것이었다.

마지막으로 우리가 간과하지 말아야 할 점은 예수님을 하나님의 아들로 믿는 것은 불가피하게 신자의 윤리적 삶을 수반한다는 점이다. 하나님께로서 난 자들은 그 아들 예수를 믿으며 또 예수를 구주로 믿는 자들을 사랑한다(요일 3:23). 이들은 가인과 같이 형제를 미워하지 않고 사랑한다(요일 3:12). 그 사랑은 말에 그치는 사랑이 아니라 형제들을 위하여 목숨까지도 버리는 사랑이다(요일 3:18 이하). 그것은 실질적인 사랑이며 물질적으로 궁핍한 형제를 보고 도와주는 사랑이다. 이는 그리스도의 십자가의 사랑을 본받아 살기 때문에 가능하다(요일 3:16). 즉 그들 안에는 성령을 통해서 그리스도가 함께 거하고 계시는 것이다(요일 3:24). 그러나 요한 공동체는 사랑만을 경험한 것이 아니다. 그들은 동시에 미움의 대상이었다(요일 2:9~11; 3:13~15;

4:20). 그들은 위기를 믿음으로 이겨나가는 훈련을 받고 있었다(요일 5:4).

요한 공동체의 위기

요한 공동체의 위기는 박해와 관련이 있다. 이는 도미티안 황제의 박해와 관계가 있었을 것이다. 요한일서 4:18에 나타난 "두려움"이란 단어가 요한 공동체가 핍박을 통과하고 있음을 시사한다.

신약에서 두려움이란 단어는 흔히 죽음에 대한 두려움을 나타내는 데 사용되고 있는데, 히브리서 2:15에 나타난 두려움(포보스)이란 단어가 그 한 예다. 바울도 갈라디아서 6:12에서 할례파들이 할례를 강요하는 이유가 그리스도의 십자가 때문에 초래되는 핍박을 면하려는 데 있다고 말씀한다. 핍박기에는 신자들이 죽음에 대한 두려움 때문에 그리스도를 부인하는 위험에 직면한다. 이때 그리스도가 구속의 유일한 길이라는 구속론을 부인하는 것은 곧 그리스도가 하나님의 아들이시라는 믿음을 버리는 것과 같다. 이때 그리스도를 고백하는 신자들과 부인하는 자들간의 갈등이 표면화된다. 필자는 이러한 상황 속에서 요한 공동체가 분열의 아픔을 겪지 않았나 생각한다.

요한일서 2:19은 "저희가 우리에게서 나갔"다고 말씀한다. 나갔다는 것은 잠시 교회를 떠난 것이 아니고 완전히 결별한 것을 의미한다. 3인칭 복수인 "저희"는 요한 공동체를 대적한 사람들이 집단이었음을 나타낸다. "나갔다"는 헬라 동사는 요한복음 13:30에서 쓰인 "나갔다"는 표현과 똑같다. 유다는 최후의 만찬 도중 예수님께서 주시는 떡을 받아먹고 자신이 계획한 일을 실행하기 위해서 그 자리를 떠나 밤 속으로 자취를 감추었다. 밤은 요한복음에서 불신앙, 세상, 사탄의 영역을 상징한다. 이러한 배경에서 필자는 "나갔다"는 동사가 배교를 묘사하는 표현이라고 생각한다. 배교자들이 교회를 떠나는 장소적 이동을 의미하는 표현은 이 동사 외에도 비슷한 동사들이 많이 있다.

공관복음의 씨 뿌리는 자의 비유에서 돌밭에 뿌린 씨는 환난이나 핍박의 때에 넘어진다(스칸달리조)고 하는 표현이 바로 그 한 예다(마 13:21). 즉 이 비유에서 묘사되듯이 신자들은 자신들이 믿는 예수 때문에 핍박이 오면 예수를 부인하고 더 이상 교회에 나오지 않는다는 의미가 있다. 누가복음 8:13도 똑같은 씨 뿌리는 자의 비유를 소개하면서 돌밭에 뿌린 씨를 설명하고 있다. 돌밭에 뿌린 씨는 배교자들을 상징하는데 이들은 예수님을 주라 고백하는 신자들과 사귐을 계속하지 않는다는 장소적 의미를 내포한 동사(아피스타마이)를 사용하고 있다. 히브리서 10:25은 핍박기에 예수님을 믿는 자로 드러나는 것이 두려워 예배에 나오기를 꺼리는 자들에 대한 묘사를 담고 있다.

이러한 성경신학적 문맥 속에서 요한일서 2:19의 "나갔다"는 동사의 의미를 이해할 때 그것은 그들이 요한 공동체로부터 장소적 의미에서 떠났다는 것을 나타낸다. 그리고 그 직접적인 이유는 그리스도의 십자가로 인한 핍박을 면하려는 데 있었다. 그것은 요한 공동체가 가진 기독론을 전면 부정하는 것이었기에 요한은 그들을 적그리스도라고 부른다. 저희는 진리에 거하지 않고 거짓에 거하는 자들이었다. 그들의 거짓말은 "예수께서 그리스도이심을 부인하는"(요일 2:22) 것이었다. 저들은 아들을 부인함으로써 저희 속에 아버지가 없음을 나타내었다.

요한은 저들이 나간 것은 "다 우리에게 속하지 아니함을 나타내려 함"(요일 2:19)이라고 말한다. 이는 처음부터 저들이 "우리에게" 속하지 않았음을 나타낸다는 것이다. 즉 비록 저들이 일시적으로 요한 교회의 일원이었지만 사실상 처음부터 그리스도 교회의 일원은 아니었다는 말이다. 이와 반대로 요한 공동체는 "거룩하신 자에게서 기름 부음을 받은 자"들이었다. 요한 공동체는 예수를 시인하는 자들이었으며 그로 인해 아버지와 함께 거하는 자들이었다(요일 4:15). 그러나 요한 공동체를 떠난 자들은 아들을 부인하며 성령님이 저희에게 거하시지 않았다. 그들은 세상에 속한 자들이었다(요일 4:5).

요한일서 2:19에서 묘사된 공동체를 떠난 자들과 4:1에 기술된 세상에 나온 많은 거짓 선지자는 상관이 있는가? 그들은 여러 가지 면에서 공통점이 있었다. 먼저, 적그리스도들은 요한 공동체를 떠났고 그들이 떠난 곳은 하나님과의 사귐이 없는 교회 밖이었다. 즉 그들은 세상으로 떠나간 것이다. 요한일서 4:1에 묘사된 많은 거짓 선지자들의 무대도 세상이다. 둘째, 그들은 그리스도께서 육체로 오신 것을 부인하는 자들이다. 그들은 아들을 부인함으로 하나님께 속하지 않은 점에서 공통적이다(요일 2:22; 4:2~3). 셋째, 그들은 형제를 사랑하지 않았다(요일 3:10; 4:20). 이로써 하나님에 대한 사랑이 없음을 나타내고 있다.

이 공통점들을 바탕으로 우리는 요한 공동체를 떠난 적그리스도들이 바로 세상에 나간 많은 거짓 선지자들과 동일한 무리들이었음을 알 수 있다. 요한은 분명히 그 거짓 선지자들을 적그리스도라고 지칭하고 있다(요일 4:3). 그들은 예수 그리스도를 부인할 뿐만 아니라 거짓 선지자의 일을 하고 있었다. 그들은 거짓을 말함으로써 아직도 요한의 가르침을 따르던 제자들을 미혹하고 그들이 진리의 길에서 떠나도록 이단활동을 하고 있었던 것이다. 요한은 이 상황에 대해 경계하고 있다(요일 2:26~27).

요한서신은 요한 공동체와 거짓 선지자들의 대립이 그들의 결별 이후에도 계속되고 있으며 그 영적 싸움이 치열하게 이루어지고 있었음을 보여준다. 그 거짓 선지자들은 자기들의 교회를 이루고 있었던 것 같다. 그리고 그들을 이단적 기독론을 가르치던 "많은" 거짓 선지자들이라고 한 점으로 미루어 볼 때 요한 공동체보다 숫적 우위에 있었던 것으로 보인다. 이 상황에서 적그리스도 집단의 지도자들은 요한의 사도적 권위와 그 가르침을 따르지 않고 있었다. 요한삼서에 언급된 디오드레베는 바로 요한을 대적하는 지도자의 한 사람으로 생각할 수 있다.

여기서 우리는 요한이 그들의 미혹으로부터 제자들을 보호하는 데 자신의 사도적 권위나 지위에 의지하지 않고 있음에 주의해야 한다. 요한은 그 제자들이 받은 성령의 기름부음과 그 내적 증거에 호소하고 있다. 누구든지 성령을 받은 자는 예수님을 하나님의 아들로 시인하기 때문에 더 이상의 증거가 필요하지 않고 저들이 거짓 선지자임을 분명히 알게 된다는 것이다. 바로 이 점에 요한 교회론의 특징이 있다. 그는 교회의 조직이나 권위를 공관복음이나 바울서신만큼 분명히 다루지 않는다. 그러나 적그리스도로부터 위협받는 위기를 극복하는 데 결정적인 힘을 발휘하는 것은 믿음에 있으며 그 믿음은 곧 교회의 조직이나 권위를 통해서가 아니라 성령의 증거를 통해서 지켜질 수 있다는 것이다.

요한 공동체와 적그리스도들의 대립은 미움으로 집약된다. 요한일서 3:13에서 요한은 이렇게 권면한다. "형제들아 세상이 너희를 미워하거든 이상히 여기지 말라." '세상'(코스모스)은 하나님의 창조물로서 원래 아름다운 곳이다. 하나님은 세상을 사랑하셔서 독생자 예수를 보내셨다(요 3:16). 그러나 요한문헌에서 세상은 보통 부정적 의미를 내포한다. 누구든지 세상을 사랑하면 아버지의 사랑이 그 속에 있지 않다(요일 2:15). 이 세상은 곧 적그리스도들이 나간 곳이며, 그곳은 미혹의 영이 속한 곳(요일 4:6)이다. 그러므로 세상은 예수님을 시인하는 자들을 사랑할 리 없다. 오히려 그들을 미워한다.

따라서 요한 공동체는 세상으로부터 미움을 받을 때 그것을 이상히 여길 필요가 없다. 하나님께 속하지 않은 자들이 하나님께 속한 자들을 미워하는 것은 당연하며 이것은 옛적부터 있어온 일이다. 요한은 가인이 아벨을 미워하여 죽인 사건을 예로 들고 있다(요일 3:12). 유다서에서도 가인은 고라 자손이나 발람과 같은 배교자의 한 사람으로 제시된다(유 1:11). 즉 미움은 배교자들의 한 특징으로 볼 수 있다.

예수님께서도 이 미움의 주제에 대해서 가르치신 적이 있다. 요한복음 15:18에서 예수님은 "세상이 너희를 미워하면 너희보다 먼저 나를 미워한 줄을 알라"고 말씀하셨다. 세상이 그리스도의 제자들을 미워하는 것은 저희가 세상에 속하지 않기 때문이다. 예수님께서 저들이 핍박을 받기 전에 미리 이 말씀을 하신 것은 저들이 출회를 당하고 죽임을 당할 때 배교하지 않도록 하기 위함이었다(요 16:1~4).

요한 문헌에서 미움의 주제와 마귀는 항상 관련되어 있다. 마귀는 처음부터 살인한 자요 거짓의 아비다(요 8:44). 요한서신도 마귀를 처음부터 범죄한 자로 묘사한다(요일 3:8). 그러므로 마귀의 자녀들이 가진 특징은 저들이 형제를 미워하는 것이다(요일 3:10). 여기서 요한은 예수님을 고백하는 자들이 당하는 미움이 종말론적인 현상임을 인식하고 있다(요일 2:18). 즉 그 미움은 그리스도로 인한 미움이다. 적그리스도들의 특징은 참신자들을 미워하는 것이며 그 미움 뒤에는 예수님을 대적하는 마귀의 역사가 존재하는 것이다. 마귀의 범죄함은 하나님의 아들 예수 그리스도를 대적하는 데 있다. 성도들이 미움과 핍박을 받을 때 그 뒤에 마귀의 역사가 있다는 것을 알아야 한다. 그리고 그리스도에 대한 신앙고백을 끝까지 지킴으로써 영적 전투에서 승리해야 한다.

요한서신에 나타난 미움의 주제와 마귀의 주제는 적그리스도로 인한 위기의 정도가 심각했음을 보여 준다. 요한복음 6:70에서 예수님께서는 가룟 유다를 마귀라고 부르셨다. 그리고 요한은 이 주제를 예수님에 대한 그의 배반과 연결시키고 있다. 이것은 요한복음 13장에서 마귀가 예수님을 팔려는 생각을 가룟 유다의 마음에 넣었던 것과(요 13:2) 가룟 유다가 예수님께서 주시는 떡을 받아먹자 사단이 그의 속에 들어간 것을 묘사한 데서 더 분명해지고 있다(요 13:27). 그리고 가룟 유다는 최후만찬석상을 떠나고 곧 이어 예수님께서는 제자들에게 서로 사랑하라는 새 계명을 주셨다. 사랑하는 자는 이로써 저가 예수님의 제자임을 나타낸다(요 13:34~35). 그러나 가룟 유다는 예수님을 죽이려는 제사장들에게 예수님을 넘겨 준 살인모의자로 나타나고 있는 것이다.

요한일서 3:12에서 가인이 아벨을 죽였다는 표현은 요한 공동체의 신자들을 핍박에 넘겨 주던 적그리스도들의 미움과 배반이란 관점에서 이해할 수 있다. 요한일서 3:15의 "살인하는 자"(안트로폭토노스)라는 단어는 이 주제를 더 강조하고 있다. 그리고 바로 그 다음 구절의 "우리도 형제들을 위하여 목숨을 버리는 것이 마땅하"다는 구절은 순교를 요구하는 상황에 직면한 요한 공동체가 처한 위기를 말해 주고 있다고 볼 수 있다. 이는 요한복음 16:1~4에 나타난 주제와 직접적으로 상통한다. 주님께서는 제자들이 미움을 받고 회당에서 쫓겨나고 순교당할 것을 미리 아시고 배교하지 말 것을 경고하셨다. 미움이나 순교의 주제에서 요한복음과 서신간의 이 밀접한 관계는 바로 예수님께서 죽으심 전에 경고하셨던 미래에 올 상황을 바로 요한 공동체가 통과하고 있었다는 것을 암시한다.

그러나 요한서신 기록 당시의 상황이 신자들이 회당에서 출교 당할 때인지는 분명하지 않다. 거짓 선지자들이 요한 공동체에서 나간 것은 이미 요한 공동체가 회당과는 별도의 회중을 형성하고 있었던 사실을 말해 주기 때문이다. 만일 요한복음 기록의 정황을 신자들이 회당에서 출교 당했던 시기로 본다면 요한서신의 기록은 그 이후의 시기로 보는 것이 자연스러우며 로마제국이 그리스도인들을 전면적으로 박해할 때로 보는 것이 좋을 것 같다.

구원의 확신을 가진 새 언약의 공동체

요한 공동체는 적그리스도들의 종교 집단과는 다르다. 요한 공동체는 예수님을 하나님께서 보내신 아들로 믿는다. 예수님은 태초에 말씀으로 계셨고 택자들을 구원하기 위해 인간으로 오셨다. 그리고 그들을 위해서 십자가에서 죽으시고 다시 살아나셨다. 제사장적 구속을 이루신 예수님을 가진 그들은 생명을 가지고 있다. 요한은 제자들이 이 구원의 확신을 가진 자들이라는 사실을 알려 주기 위해 이 서신을 쓴다고 말하고 있다(요일 5:13). 예수님을 가진 자는 생명이 있다는 말씀은(요일 5:12) 예수님을 화목제물로 묘사한 요한일서 2:2과 직접적으로 상통한다. 이제 죄의 용서는 더 이상 염소와 송아지의 피를 제단에 뿌림으로써 이루어지지 않는다. 예수님께서 그

흠 없으신 피를 십자가에서 흘리심으로써 단번에 구속을 이루신 것이다(요 일 1:7; 5:6, 8). 예수님의 피는 죄의 용서를 받고 하나님께 담대히 나아가는 유일한 길이다. 따라서 요한 공동체는 종말에 하나님께 담대히 나아갈 수 있는 확신을 가진 새 언약의 공동체다.

요한은 이 종말적 구원의 은혜가 이미 현재 이루어진 것으로 표현한다. 우리는 요한일서 2:1에 사용된 주동사의 현재시제에 주목해야 한다. 요한 공동체는 현재 보혜사(파라클레이토스)이신 그리스도를 가진 자들로 묘사되고 있다. 현재 죄의 용서를 구하는 그들의 기도는 현재 응답을 받는다(요일 3: 22). 자신을 화목제물로 하나님께 드리시고 우리와 하나님의 관계를 화목케 하신 것은 과거의 사건만이 아니라 현재적으로도 나타난다. 현재 계속되는 죄의 용서는 계속되는 죄의 고백과 짝을 이루는 개념이다. 이것은 새 언약 의 공동체가 누리는 종말적 구속의 현재화라고 볼 수 있다.

하나님과의 현재적 사귐의 한 형태는 요한 공동체가 행하던 중보기도의 능력에 나타나고 있다. 즉 요한일서 5:14에서 요한은 "그를 향하여 우리의 가진 바 담대한 것이 이것이니 그의 뜻대로 무엇을 구하면 들으심이라"고 말씀한다. 이 말씀의 해석은 무엇이든지 기도한 대로 응답을 가능하게 한 다는 기독론적 관점을 간과하지 말아야 한다. 이 구절은 요한복음 16:23~26의 내용에 상응하는 구절이다. 이 관점에서 요한일서 5:14을 해 석할 때 우리는 요한일서 5:13의 기독론이 요한일서 5:14에 나타난 기도응 답의 의미에 전제되어 있다고 보아야 한다. 즉 이 구절의 요점은 기도응답 보다 기도를 예수님의 이름으로 드린다는 데 있는 것이다.

요한 공동체의 형제들은 사망에 이르지 않는 죄를 지을 수도 있다. 그리 고 서로 죄 용서를 위해 기도할 때 그 기도는 그리스도로 인해 언제든지 응 답받는 특권을 누린다. 그러나 요한 공동체를 핍박에 건네 준 적그리스도 들은 예수님을 부인함으로 이러한 은택을 누리지 못한다. 그들은 사망에 이르는 죄를 범한 자들이다(요일 5:16). 그들은 예수님이 하나님의 아들이심 을 부인하고 그 십자가의 구속의 피를 부인함으로써 속죄의 길마저 완전히 부인했다.

　이러한 상황에서 그들을 위해 드리는 기도를 하나님께서 들으실 리가 없다. 요한은 그들을 위해 중보기도하는 것을 금하지는 않는다. 그러나 분명하게 중보기도 하라고 권하지도 않는다. 더 정확히 표현해서 요한은 성도가 배교자들을 위해 중보기도 하라고 하지는 않는다는 말씀이다. 이것이 당연한 것은 이들의 죄는 세례받은 후 예수님을 부인하는 죄에 해당하기 때문이다. 그리스도의 은혜의 능력을 한 번 맛보고도 그리스도를 부인하는 자는 회개케 할 수 없다(히 6:4~6). 히브리서 10:26 이하에 보면 이런 자들에게는 속죄하는 제사가 없다고 단호하게 경고한다. 바울서신을 통해 보면 이들은 구약의 모세의 세례에 참여한 후 그 불신앙으로 광야에서 멸망한 첫 언약에 참여한 자들과 같다고 볼 수 있다(고전 10:1~5).

　여기서 우리는 요한서신에 나타난 반배교적 주제를 확인하게 된다. 그리스도를 부인한 자들을 위해 하는 중보기도에 대해 응답의 확신이 없는 것은 그들이 아버지 하나님 앞에서 대언하시는 대언자 예수를 부인했기 때문이다(요일 2:1). 그리스도를 부인하는 것은 심판날에 심판을 받는 것은 물론 현재에도 죄 용서의 은총을 누릴 수 없게 한다. 예수님을 부인하는 것은 계명을 어기는 것인데(요일 2:3~4) 요한서신에서는 이를 바로 '그' 죄라고 표현한다(요일 3:4). 요한은 자신의 공동체에게 '그' 죄를 범치 않도록 이 서신을 썼다(요일 2:1). 그리고 마지막 구절에서 다시 강조하고 있다. "자녀들아 너희 자신을 지켜 우상에서 멀리하라"(요일 5:21).

　참 하나님이시요 영생이신 그리스도를 부인하는 것은 우상숭배와 같다(요일 5:20). 만일 요한 공동체에서 나간 적그리스도들이 그리스도를 하나님으로 고백하는 것을 우상숭배라고 공격했다면 "우상에서 멀리하라"고 한 요한의 훈계는 그 공동체가 진정한 구원의 확신을 가진 새 언약의 공동체라는 사실을 결론적으로 강조하고 있다고 볼 수 있다. 만일 그 적그리스도들이 염소와 송아지의 피를 통한 구속을 믿던 유대주의자들이었다면 "우상에서 멀리하라"고 한 표현은 요한의 공동체가 한편으로 예수 그리스도의

흘리신 피의 구속의 능력을 믿으며 다른 한편으로 그 "마귀의 자녀"들의
"거짓말"에 미혹되지 않도록 하는 가장 효과적인 언어였을 것이다.

4 요한서신과 요한문서들의 관계성과 의미

　이 글은 요한서신들이 요한문서들 속에서 갖는 의미와 그 관계에 초점을 맞추고 있다. 요한문서들이라 함은 신약성경의 요한복음, 요한일서, 요한이서, 요한삼서, 요한계시록을 통칭하여 부르는 것으로, 이 다섯 문서들이 요한이라는 이름과 관련이 있기 때문이다. 이 요한문서들간의 관계성은 계속적으로 학문적인 관심을 끄는 주제로 학자들의 관심이 되어 왔으나, 아직도 학문적인 의견의 일치를 보지 못하고 있는 상태다.[1] 특히 요한문서들간의 관계성을 주제로 삼을 때 피할 수 없는 것은 이 성경 문서들의 저자 문제다. 그러므로 이 글에서는 첫째, 요한문서들의 저자에 관하여 살펴볼 것이며, 둘째, 요한서신들이 요한문서들 속에서 갖는 의미와 관계성을 언급한 후, 마지막으로 요한서신들의 특징을 요한문서들과의 관계 속에서 고찰하려고 한다.

　먼저 본론으로 들어가기 전에 미리 언급해 두어야 할 것은, 첫째, 이 주제가 담고 있는 내용이 방대하고 복잡하여 깊이 있게 다루기 위해서는 하나의 방대한 논문이 요구된다는 사실이다. 둘째, 요한문서 전체를 하나의 렌즈로 보려는 시도 자체가 저자 및 각 문서들의 특성과 관련해서 고려해 볼 때 어불성설한 것일 수 있다는 점이다. 셋째, 그러나 그렇다고 이런 주제를 회피한다면 그것 자체가 또한 요한문서들이 갖고 있을 수 있는 관계의 가능성을 처음부터 폐기하는 결과를 가져올 수 있다는 점이다. 그러므로 이런 한계점들과 긴장을 인식하면서 이 글에서는 다만 문제 제기와 이 주제와 관련된 몇 가지 건설적인 제안을 하는 것으로 만족할 것이다.

요한문서들의 저자

요한문서들은 누가 기록하였는가? 이 문서들은 동일한 한 사람에 의하여 기록되었는가? 만일 그렇다면 그는 누구인가? 요한문서들의 저자 문제는 이 문서들을 연구하는 사람들에게 아직도 풀기 어려운 숙제로 남아 있고, 그러므로 학자들의 논쟁은 오늘날도 계속되고 있다.

먼저 요한복음은 저자를 "예수께서 사랑하시던 제자"(the beloved disciple) 로 소개하고 있다(21:20, 24~25), 자신을 사도라고 지칭하지 않는다. 더욱이 그 이름을 명확하게 밝히지 않고 익명으로 자신을 드러낸다. 요한일서 역시 자신의 이름을 명확하게 소개하지 않고 있어서 익명의 서신으로 남아 있는 형편이다. 또한 요한이서(1절)와 요한삼서(1절)는 자신을 장로(the elder)로 소개하면서 서신을 시작할 뿐 사도라고 명확하게 자신의 직분을 밝히지 않고 있다. 또 요한계시록에서는 저자가 자신의 이름을 요한(1:2, 4, 9; 22:8)이라고 거듭 소개하고 있으나 자신을 사도라고 언급하지는 않는다. 그러므로 요한서신들의 저자가 사도 요한이라는 주장은 심한 도전을 받고 있다.

그러나 전통적인 견해에 의하면 요한문서들을 쓴 저자는 사도 요한이다. 이것은 이레니우스(Irenaeus, 약 130~200 CE)에 의해 처음 주장되었고, 그 이후로 이것이 교회의 전통으로 받아들여져 오늘날까지 내려오고 있다. 즉 이레니우스는 요한복음의 저자가 에베소에 살던 사도 요한이라 주장했다. 그는 "예수께서 사랑하시던 제자"를 사도 요한으로 인식했다.[2] 그리고 또한 요한일서와 요한이서 및 요한계시록의 저자를 주의 제자 곧 요한이라고 하였다.[3]

그러나 이처럼 요한문서들에 대한 사도 요한의 저작권이 이미 교회 안에서 널리 받아들여지고 있었지만, 로마의 가이우스(Gaius, 3세기 초 인물)는 요한복음과 요한계시록에 대한 사도 요한의 저작권을 부인하였다.[4] 또한 오리겐(Origen)의 제자였고 후에 알렉산드리아 학파의 수장(首長)이 된 디오니시우스(Dionysius, 200~265 CE)도 요한 사도가 요한계시록의 저자라는 주장에 반대하였다. 유세비우스(Eusebius, 260~340 CE)는 요한계시록의 저자를 사도 요한이 아닌 장로 요한으로 보았고, 요한계시록 및 요한이서와 요한삼서를 저자가 의문시되는 책으로 분류하였다.[5] 그러나 제롬은 요한서신들의 저자를 사도 요한이라고 주장하였다.[6]

이와 같이 요한문서들의 저자에 대한 갑론을박은 오늘날까지 계속되고 있지만, 교회의 전통을 따라 요한문서들을 사도 요한의 저작으로 보는 것이 일반적인 학자들의 견해다. 그러므로 요한복음에서 저자가 자신을 예수께서 사랑하시던 제자라고 밝히고 있는데, 이런 표현은 사도 요한의 별칭으로 이해하는 것이 옳은 것 같다. 또한 요한복음과 신학적 유사성을 나타내고 있는 요한일서의 저자는 복음서의 저자와 동일한 인물로 이해할 수 있다. 또한 요한이서와 요한삼서의 저자가 자신을 장로라고 부른 것은 베드로가 자신을 자칭 장로라고 부른 것처럼(벧전 5:1) 연장자의 입장에서 영적 연소자들을 향하여 부르게 된 요한 사도의 칭호라고 이해할 수 있다.[7] 마지막으로 요한계시록의 저자로 자신을 소개한 요한은 스스로를 가리켜 예수 그리스도의 종이라고 묘사하고 있는데(계 1:1) 이는 자신의 사도 직분에 대한 요한의 완곡한 표현으로 이해할 수 있을 것이다. 결국 요한문서들은 동일 저자인 사도 요한에 의하여 기록되어졌다고 생각할 수 있다.

요한서신들이 요한문서들 속에서 갖고 있는 의미와 관계

만일 앞에서 언급한 요한서신들의 저자가 동일 인물인 사도 요한이 맞다면, 요한문서들간의 역사적, 문학적, 신학적 관계들은 매우 자연스러운

결과일 것이다. 그렇다면 요한서신들은 요한문서들과 어떤 관계가 있는
가? 그리고 그것이 주는 의미는 무엇인가? 최소한 다음 두 가지 면에서 그
관계와 의미를 살펴볼 수 있을 것이다.

첫째, 역사적 기록 순서로 볼 때 요한서신들은 요한계시록과 복음서가
집필된 이후에 쓰여진 것으로 보여지며, 이런 시간적 차이 때문에 요한계
시록과 복음서의 신학적 분위기가 요한서신들 속에 반영될 수 있었던 것으
로 보인다. 사실 요한서신들이 요한계시록과 복음서 이전에, 또는 같은 시
기에 기록되었다는 주장을 뒷받침해 줄 근거는 희박하다. 다만 요한의 말
년에 있었던 도미티아누스(Domitianus, 51~96 CE) 박해나 트라야누스(Traianus,
53~117 CE) 박해에 관한 언급이 요한서신에 나타나지 않은 것으로 보아 대
체로 요한서신은 복음서나 요한계시록 이후, 요한의 말년에 쓰여졌다고 보
는 것이 가장 유력하다.[8] 그러므로 요한문서들의 기록 순서는 요한계시록
이 최초로 집필되었고, 그 다음에 요한복음, 그리고 요한일서와 요한이서,
요한삼서가 차례대로 쓰여졌다고 보여지며, 이런 순서에는 일반적으로 동
의한다.[9]

이러한 요한문서들의 역사적 기록 순서 속에서 우리는 이 문서들의 역
사적 배경이 되는 요한 공동체의 이해가 필요하다. 즉 요한문서들이 요한
공동체를 위하여 기록되어졌다는 이해 속에서 이 다섯 문서들을 함께 이해
하려는 노력이 필요한 것이다.[10] 지금까지는 요한 공동체를 고립된 이단적
색채를 가진 공동체로 보아 왔는데, 이것은 당시의 정황을 잘 이해하지 못
한 가운데 내려진 성급한 결론으로 보여진다. 특히 문화사회적 상황으로
보아 요한 공동체는 고립될 수 없었고, 다른 공동체와 관계를 갖고 있었던
흔적이 여러 부분에서 나타나기 때문이다.

최근 리처드 보컴(Richard Bauckham)은 복음서가 어느 특정 공동체를 위하
여 쓰여졌다기보다는 모든 그리스도인을 위하여 기록되었다는 주장을 통
해 복음서의 수신자인 각 복음서 공동체의 존재를 의심하고 있지만 아직은
설득력이 없어서 많은 공감을 얻지 못하고 있는 형편이다.[11] 만일 요한문서

들이 요한 공동체를 위하여 쓰여졌다면, 요한계시록을 시작으로 복음서와 요한서신들 속에서 요한 공동체의 역사적 정황을 수집하여 당시 요한 공동체의 상황을 이해할 수 있을 것이다. 이런 면에서 요한서신들은 좀 더 구체적인 면에서 요한 공동체의 내면을 들여다볼 수 있는 창문의 역할을 한다고 말할 수 있다. 다시 말해, 이런 역사적 시간의 차이 속에서 요한서신이 쓰여지던 시기에는 요한 공동체 내의 신앙과 윤리적 적용에 대한 이해가 부족하고, 이단적으로 기울어진 부류도 있었던 것을 볼 수 있다. 이런 면에서 요한서신들을 보다 잘 이해하기 위하여 요한계시록의 일곱 교회에 보내진 서신의 내용을 살펴볼 가치는 충분하다.

둘째, 요한서신들 속에는 복음서나 요한계시록과 공통되는 사상체계와 내용, 어휘가 풍부하게 사용되고 있다.[12] 특히 요한복음과 요한서신들의 밀접한 관계는 사상과 언어적인 측면에서 요한계시록보다 더욱 밀접한 관계가 있음이 분명하다. 더욱이 요한서신들 가운데 요한일서와 복음서의 관계는 이미 많은 연구를 통하여 일반적인 공감대를 형성하고 있다.

요한일서에는 요한복음에 관하여 언급하고 있는 것처럼 보이는 부분들이 있다. 예를 들면, 요한일서에 기독론적인 면에서나 윤리적인 면에서 빗나간 사람들이 나타나는데 이들은 자신들이 죄가 없다고 거짓 주장을 한다 (요일 1:6, 8, 10). 이것은 아마도 요한복음에서 죄는 불신자의 표시(요 8:31~47)라고 한 복음서의 선언을 자신들의 상황에 잘못 적용한 결과로 보여진다. 또 하나님을 아는 것, 예수 안에 거함, 빛 가운데 행함 등은 요한복음의 언어를 직접 인용한 것으로 보여진다(요일 2:4, 6, 9). 요한복음 14:28에서 "아버지는 나보다 크심이니라"는 구절에 근거하여 예수의 인성을 과장하는 사람들을 향하여 요한일서에서는 예수는 거룩하고 선재(先在)하시며 순결하시고 마지막 때에 영광 중에 재림하실 것을 말한다(요일 2:13~14, 20, 28, 29; 3:2 3, 5, 7; 5:20). 또한 요한복음 10:25~38을 근거로 예수의 신성을 강조했던 사람들에게 요한일서는 예수의 인성을 강조한다(요일 1:7; 2:2; 3:5; 4:2, 9, 10). 결국 요한일서에서 요한은 예수의 신성과 인성을 동시에 강조한다.

이와 같이 요한일서는 요한복음의 사상과 어휘를 자주 사용하지만 그렇다고 요한일서를 요한복음에 대한 일종의 주석 형태로 볼 수는 없다. 또한 요한일서를 요한복음에 대한 '후서' 정도로 생각해서도 안 될 것이다. 다만 해석학적 관점에서 복음서와 요한일서는 밀접한 관계가 있음을 간과하지 말아야 한다. 특히 복음서의 본문을 직접 인용한 부분(요일 2:3; 3:11; 4:1~6)에서 해석학적 관계를 생각해 보아야 할 것이다.

요한서신들과 요한계시록과의 관계 속에서는 그 관계의 정당성을 말하기가 쉽지 않은 것이 사실이지만, 요한계시록이 단순히 묵시 문학적인 성격만 갖고 있지 않고 서신과 예언서의 성격을 함께 갖고 있는 종합적 문학 형식을 띠고 있음을 기억할 때, 요한서신들을 쓰기까지의 역사적 상황을 요한계시록을 통해 살펴보는 것도 유익할 것이다.[13] 특히 소아시아 일곱 교회들에게 보낸 서신들을 중심으로 요한서신의 내용을 비교 검토할 필요가 있다.

요한문서들의 관계 속에서 본 요한서신들의 특징

요한서신들과 요한문서들과의 관계 속에서 요한서신들의 내용과 특징을 간단히 고찰해 볼 필요가 있을 것이다. 요한서신들은 문자 그대로 서신의 형태를 띠고 있는데, 이 점을 간과하지 말아야 한다. 그리고 요한서신들은 주로 신실한 자들을 향한 사도의 호소라고 요약할 수 있다. 즉 사도 요한은 요한 공동체의 믿음을 강화시키고 복음에 굳게 머물러 있을 것을 권면하며 이 공동체 안의 참된 신자들이 하나로 연합할 것을 촉구한다.

1. 요한일서
요한일서의 경우 그 당시 서신의 일반적인 형태에서 벗어나 처음 인사와 마지막 인사 등이 결여되어 있기에 혹자는 요한일서를 서신의 형식으로 보지 않고 소책자로 보는 경우도 있다. 그러나 분명한 것은 요한일서가 오늘날의 연구보고서(예를 들면, 이단 연구서)와 같은 논문형식의 서한이며 그것은 요한복음적인 관점에서 쓰여졌음을 기억할 필요가 있다. 다시 말해 요한일서는 서신이지만 특수한 목적을 갖고 있는 서신으로, 요한 공동체 안에서 분열을 일으키는 기독론적이고 윤리적인 문제들에 대하여 교훈을 주며, 신학적인 변론을 위하여 기록된 것이다.

요한일서의 이런 목적을 위하여 사도는 그의 독자들에게 예수의 인격을 올바로 인식하도록 촉구하면서 특히 기독교 윤리에 합당하게 행하라고 권면한다. 즉, 요한은 자신의 독자들에게 하나님의 자녀로서 빛 가운데 행하라고 촉구한다. 이런 면은 요한일서 1:5~2:29과 3:1~5:13에 잘 반영되어 있다.[14] 다시 말해 요한일서에서는 믿음과 행위, 기독론과 윤리가 저자의 관심 대상이다. 요한복음과 관련하여 요한일서의 특징 중 하나는 신론의 문제인데, 요한복음(10:30; 14:16)에서 그려진 예수의 모습, 즉 예수는 아버지와 성령과 하나님이시라는 증거에 기초하여 요한일서에서 아버지와 아들과 성령의 모습을 묘사한다. 또한 요한복음 14~17장의 예수의 고별사와 요한일서와의 빈번한 접촉점은 두 문서의 명백한 관련성을 시사한다.[14]

2. 요한이서와 요한삼서

요한일서와 비교해 볼 때 요한이서와 요한삼서는 서신의 성격을 가지고 있음은 너무도 분명하다. 더욱이 이 서신들은 구체적이고 상세한 그리고 실제적인 내용을 담고 있다. 특히 요한이서의 경우 한 개인이 한 기독교 공동체에게, 요한삼서는 한 개인이 다른 개인에게 보낸 편지로 세부적인 사항들을 언급하고 있다. 이 두 서신은 신약성경에서 가장 짧은 서신들이다. 요한이서는 245단어, 요한삼서는 219단어로, 두 서신의 길이가 거의 비슷하다.[16] 이 서신들은 당시 표준 크기의 파피루스 한 장에 쓰여질 수 있는 길이다.

특히 요한이서에서는 이단 사상의 증가에 대한 경계를 언급하고, 요한삼서에서는 요한 공동체를 어지럽히는 생각과 행동을 책망하여 이것을 바로 잡으려는 긴박감에서 서신을 쓰고 있음을 알 수 있다.[17] 요한이서의 신학 사상은 요한일서와 매우 유사한데, 예를 들면, 요한일서에서 빛 가운데 행하고 하나님의 자녀로 살기 위한 조건들이 요한이서에 그대로 반영되고 있다. 다만 10~12절만 새로운 내용이라고 할 수 있다. 요한이서와 요한삼서는 '장로', '적그리스도' 등의 단어를 비롯하여 진리와 사랑을 강조한 점, 먹과 붓으로 쓰기를 원치 않는다고 한 점 등이 매우 유사하다(요이 1:12; 요삼 1:13).

그러나 물론 상이한 점들도 있는데, 그것은 요한이서에 당시의 그리스도인들이 즐겨 사용했던 인사의 형식이 있고(3절), 다른 신약 서신들의 형태와 비슷한 점이다. 그러나 요한삼서는 세속적인 서한법과 유사한 점들이 보인다.[18] 또한 요한이서는 개인적이기는 하나 어떤 공동체에 보내진 것이고, 요한삼서는 가이오라는(1절) 개인에게 보낸 서신이라는 점이 다르다.

끝으로, 진리와 계시의 전달이라는 면에서 요한문서들 가운데 요한복음은 그리스도의 생애를 통하여 진리를 증거하며 교훈하고 있고, 요한계시록은 종말론적인 면에서 그 당시 교회가 처한 형편을 요한이 받은 그리스도의 계시를 통해서 보여 주고 있다. 그리고 요한서신들은 앞에서 언급한 것 같이 교회 생활 속에 구체적으로 드러나는 문제들을 실제적인 면에서, 즉 윤리적인 면에서 교훈하므로 그리스도의 진리를 계시하고 있다. 이런 점에서 요한문서들은 상호 보충적이라고 할 수 있고, 그래서 서로 연결하면서 이해하는 것이 필요하다고 생각된다.

결론

요한서신들이 요한문서들 속에서 갖는 의미와 그 관계를 통하여 다음과 같은 유익을 얻을 수 있을 것이다. 첫째, 요한문서들이 동일한 저자인 사도 요한에 의하여 기록되어졌다는 사실은 요한문서들과의 관계를 통하여 요한서신들을 이해할 수 있는 가능성을 보여 준다. 둘째, 요한서신들이 요한문서들 속에서 갖는 의미와 관계성을 통하여 요한서신들이 시간적으로 요한복음과 요한계시록보다 늦게 기록된 서신임을 고려할 때 요한신학의 내용들이 보다 깊이 서신들 속에 나타나 있음을 유추할 수 있고, 요한복음과 요한계시록을 통하여 요한서신의 이해를 더욱 풍성히 할 수 있는 가능성을 제시한다. 셋째, 요한문서들 속에 반영된 요한 공동체의 문제를 요한서신들 속에서는 좀 더 구체적으로 그 공동체의 내부 문제들을 밝혀 줌으로써 당시 요한 공동체의 정황을 알게 해 준다. 또한 이러한 사실은 오늘날 현대교회에서 발생할 수 있는, 당시의 상황과 비슷한 사건들을 사전에 방지할 수 있도록 교훈을 준다.

그러므로 이런 면에서 요한서신들은 요한복음과 요한계시록과의 관계 속에서 읽혀져야 함을 시사한다. 특히 요한서신들이 요한문서들 가운데 가장 늦게 기록되었다는 사실은 요한문서들 사이의 상호관계성의 이해를 위하여 요한서신을 이해하는 것이 하나의 열쇠가 될 수 있음을 암시한다.

5 설교적 관점에서 요한서신 읽기

서론

요한서신들은 성경을 해석하고 설교하는 이들에게 도전을 주는 책이다. 이 서신서들은 해석상의 문제와 역사적 문제들을 가지고 있지만, 그 신학적이고 윤리적인 메시지는 오늘날 현대 교회들에게 아주 심오하고도 중요하다. 그러므로 오늘의 설교가들은 요한서신들을 해석할 때 심오한 신학적·윤리적 진리와 개인과 교회의 어려운 구체적 상황 사이의 상호작용에 대하여 관심을 가져야 하며, 이 서신서들이 다루고 있는 상황과 문제들에 주의를 기울여야만 한다. 왜냐하면 요한서신들은 초기 기독교가 교회의 하나 됨과 완전성을 보존하려는 투쟁의 면모를 우리에게 보여 주고 있기 때문이다.

사실 초대 교회는 결코 하나의 행복에 찬 대가족이 아니었다. 거기에는 분열과 다툼, 고발과 정죄, 그리고 세력 다툼이 있었다. 물론 요한의 서신들은 초대 교회의 이런 흉한 측면만을 드러내는 것은 아니다. 오히려 이런 부정적인 모습 속에서 초대 교인들이 자신들의 정체성을 규정하려고 몸부림치는 모습을 보여 준다. 무엇이 기독교 신앙에 절대적인 것인가? 사람들은 그리스도에 관해 어떤 것을 믿어야 하는지, 혹은 거기에 다른 모든 것을 거짓으로 만드는 참된 견해가 있는지? 다른 말로 하면 요한서신들은 유일하고 참된 정통 신학을 수립하고 확립하기 위한 초대 교회의 투쟁을 우리에게 보여 준다.

요한서신들은 바로 이런 문제들을 가지고 씨름하는 초대 교회의 분투를 생동감 있게 보여 주고 있으며, 그 당시 초대 교회 구성원들의 고뇌에 찬 눈과 아픈 가슴을 가지고 그 문제점들을 볼 수 있게 해 주고, 아울러서 1세기 말엽 교회가 성숙해 가는 과정에서 겪는 아픔을 목격할 수 있게 해 준다. 그리고 요한서신들은 그리스도께 속한 모든 교회들이 주님께서 다시 오시는 그날까지 이 동일한 과제에 참여하도록 초청하고 있다. 그리고 종국에는 모든 세대의 독자들이 진정한 구세주이신 예수 그리스도에게로 돌아오도록 부르고 있다.

요한일서

요한일서의 목적은 예수 그리스도가 참 하나님이요 영생이신 것과(5:20), 아들이 있는 자에게는 영생이 있는 것을 알리려는 데 있다(5:11, 13). 그리고 이 목적은 요한복음의 목적과 일맥상통하다(요 20:31). 사실 요한복음과 요한일서는 그 내용이나 사상, 언어 그리고 문체 등에서 현저한 공통점을 가지고 있다. 예를 들어 그리스도의 성육신(요일 4:2; 요 1:14), 그리스도는 생명이시요 진리이심(요일 1:2; 요 5:26), 빛과 어두움(요일 2:9; 요 12:35), 독생자를 보내신 하나님의 사랑(요일 4:9; 요 3:16), 사랑의 계명(요일 3:23; 요 13:34), 신자가 하나님 안에 거하는 것(요일 2:24; 요 6:56) 등 수없이 많다. 그래서 비록 요한일서 안에 사도 요한이 저자임을 말해 주는 직접적인 구절은 없으나 이런 많은 내용들로 미루어 보아 다수의 학자들(어거스틴, 칼빈, 벵겔 등)은 사도 요한이 본서의 저자임을 인정한다.

그러나 요한일서의 저자가 사도 요한이든지 장로 요한이든지간에 보다 더 중요한 것은 이러한 많은 유사점으로 미루어 보건대 요한일서가 요한복음을 배경으로 해석되어야 한다는 사실이다. 그리고 그 구성에서도 요한일서와 요한복음은 명백한 대비가 보여진다는 사실에 주목해야 한다. 그러므로 요한일서를 해석할 때 요한복음과의 관계성 속에서 해석하는 것은 아주 중요하다고 할 수 있다.

아무튼 우리는 요한일서에서 중요한 기독교 신학과 윤리의 핵심적인 주제들을 볼 수 있다. 그 핵심적인 주제들 가운데 가장 중요한 것은 예수 그리스도의 인성이다(2:7; 4:2 등). 요한일서는 공동체 내의 분열에 대해서 심각하게 지적하고 있는데(2:19), 요한 공동체는 이설(異說)로부터 위협을 받았을 뿐만 아니라 내부적으로도 분열을 겪고 있었다. 특히 그들은 이단의 공격으로 심한 갈등을 겪게 되었는데, 그 이단은 헬라 철학의 영향을 받아 영과 육을 분리하여 생각하는 이원론적 사상에 근거한 영지주의자들이었다.

영지주의는 이원론에 입각하여 예수 그리스도의 성육신을 부인하고, 구원은 육체와 상관없으며, 육체는 다만 악하고 천한 것이라고 생각하여 육체의 타락과 죄악에는 아랑곳하지 않는 도덕률 폐기론으로 기독교 윤리를 파괴하려는 이단 사상이었다. 그러므로 요한일서는 이런 이단 사상에 대항하여 신인 양성을 가지신 예수 그리스도께서 우리의 구주가 되신다는 정통적인 그리스도론을 확립시킬 뿐만 아니라, 그리스도에 대한 바른 지식을 성도들에게 심어 주어 그들로 하여금 진리 되신 그리스도를 통하여 하나님과 참되고 살아 있는 교제를 갖게 하기 위하여 쓰여졌다.

1 서론: 듣고, 보고, 만진 것(1:1~4)

요한일서의 서론에 해당하는 본문은 서신서 전체의 서론으로서, 예수 그리스도가 신인 양성을 가진 참된 우리의 주님이 되신다는 사실을 분명하게 선포한다. 즉 그리스도의 선재성(1a절), 성육신(1, 3a절), 계시성(2절), 그리고 중보성(3b절) 등을 언급하면서 "말씀이 육신이 되어 우리 가운데 거하신"(요 1:14) 예수 그리스도를 강조하고 있다. 말씀이 육신이 되었다는 것은 예수 그리스도가 정말 인간이었고, 실제로 육체를 갖고 있었다는 것을 뜻한다. 여기서 우리는 요한일서가 특별히 관심을 갖고 있는 것은 바로 말씀이 육신이 되어 우리 가운데 거하신다는 개념이라는 사실을 발견한다. 또 서신서의 서론이 요한복음의 서론(1:1~18)과 깊은 관계를 맺고 있음을 알게 된다. 그런데 한 가지 차이점은 복음서에 비해서 서신서는 예수의 육신의 실체를 강조하고 있다는 사실이다. 요한일서에 의하면 예수는 듣고 볼 수 있었을 뿐만 아니라 만질 수 있는 존재였다.

그러므로 설교자는 본문을 설교할 때 성육신의 의미에 대해서 집중적으로 전달할 수 있어야 한다. 그리스도의 신성과 인성 사이에서 오는 긴장은 초대 교회 안에서뿐만 아니라 오늘 현대 교회 안에서도 계속되고 있는 위협이기도 하다. 예를 들어 예수의 신성이 지나치게 강조되고 고양되는 곳에서는 예수님의 인성이 상실되거나 위협을 받는다. 그러나 신약성경에 따르면 예수는 참 인간이었고, 그래서 우리 인생들이 겪는 동일한 유혹과 위험에 처했었다(히 4:15). 예수님의 인성은 가장(假裝)이 아니었다. 그분의 죽음은 이 인성에 대한 웅변적인 증언이었다.

2. 본론(1:5~5:13)

1) 참된 교제의 모습(1:5~2:17)

① 하나님과의 교제(1:5~10): 용서의 좋은 소식

서론에서 요한은 생명의 말씀이 예수 안에서 성육신 되었음을 선언하였다. 그리고 이제 서신서의 본론으로 들어가면서 요한은 바로 그 예수가 전해 주었으며 그의 동료 전도자들이 선포했던 메시지를 전한다. 그리고 그 메시지의 첫 선언은 "하나님은 빛"이시라는 것이다. 하나님이 빛이시라는 개념은 하나님께는 어둠과 죽음이 없다는 뜻이다. 여기서 하나님의 구원의 복음이 빛으로서의 하나님을 선포하는 것이라고 말하는 것은 예수가 인류의 빛과 생명으로 오신 것(요 1:4)에 대한 분명한 암시기도 하다.

그 다음에 요한은 곧바로 윤리적이며 실천적인 방향으로 선회하는데, 어둠의 이미지와 함께 교제(코이노니아)의 개념을 제시한다. 여기서의 교제는 물론 하나님과의 교제다. 그리고 이 교제는 예수의 희생적 죽음이 가능케 한 교제다(7절). 요한은 예수 그리스도의 죽음을 피의 제사로 인식하고 있으며 이는 신약성경의 여러 곳에 나타나고 있는 사상이기도 하다(막 14:24; 고전 11:25; 롬 3:25; 엡 1:7; 히 9:11~14 등 참조). 죄를 위한 예수의 희생은 죄가 인간에게 만연한 병적인 특성임을 전제하고 있다. 그러므로 죄를 부인하는 것은 우리 자신을 속이는 것일 뿐만 아니라(8절), 하나님을 거짓말쟁이로 만듦으로(10절) 구원의 경륜을 도려내는 것이다.

결국 본문을 설교할 때 설교자는 그리스도의 죽음이 죄의 문제에 대한 답으로 주어졌다는 전통적인 기독교 신앙에 대해서 전하지 않으면 안 된다. 본문이 주는 메시지는 분명하다. 그것은 예수 그리스도의 십자가의 죽음과 피 흘림이 바로 우리의 죄를 용서하시고 구원해 주신다는 것이다.

② 그리스도와의 교제(2:1~6): 그가 행하는 것처럼 행하기

이 단락은 예수의 역사에 대한 언급으로 시작하여 윤리적 권고로 끝을 맺는다. 먼저 요한은 여기서 다시 예수의 죽음을 통한 희생제사적인 죄의 처리를 말한다(1~2절). 그는 우리와 온 세상을 위한 화목제물(2절)이다. 그분은 하나님 아버지 앞에서 우리의 대언자(파라클레토스)시며, 의로우신(디카이오스)분이시다. 여기서 대언자는 복음서에서 성령님으로 번역된 '파라클레토스'의 번역이며(요 14:16), 그 뜻은 "옆에 있도록 부르심을 입은 자"다. 즉 이 말은 예수 그리스도가 희생제물로서 죽은 후에 천국으로 들림을 받아 하나님 앞에서 우리 모두를 중재하고 계신다는 뜻이다. 그리고 예수는 미쁘시고 의로우사 우리의 죄를 사하시는 분이시다. 여기서 예수님을 의로운 자로 묘사하는 것은 요한복음 17:25의 메아리며, 이는 그를 따르는 자들이 어떠해야 하는가(요일 3:7)를 암시한다고 볼 수 있다.

그렇다면 그를 믿고 따르는 자들은 어떤 삶을 살아야 하는가? 요한은 이 문제와 관련하여 "안다"라는 단어로 설명한다. 예수를 우리가 안다는 것은 무엇을 의미하는가? 우리가 예수님을 안다는 것을 어떻게 알 수 있는가?

그것은 우리가 예수의 계명에 순종함으로써 확신할 수 있다. 복음서에는 그리스도의 계명에 순종하는 것이 그와의 교제에 핵심이 된다는 점을 이미 여러 번 강조하고 있다(요 14:15~17, 21, 23~24). 그러므로 순종함 없이 예수를 안다고 하는 것은 허울 좋은 자기주장일 뿐 아니라 사특한 거짓말이다(4절).

여기서 그의 계명(4절)은 사랑하라는 계명이다. 그러므로 예수 그리스도를 안다는 것은 다른 사람들을 사랑하며 사는 것이고, 빛 가운데 걷는 것이다. 그리고 미워하는 것은 어둠 가운데 남아 있는 것이다(2:9, 11). 그러므로 요한이 뜻하는 바, 예수가 행하시는 대로 자기도 행하면서 예수 안에 거한다는 것(6절)은 당연히 사랑 안에서 행하는 것이다.

그러므로 설교자는 본문을 설교할 때 다음과 같은 질문들을 던져야 한다. 당신은 예수 그리스도를 알고 있다는 것을 확신하는가? 그렇다면 당신은 그의 계명을 준수하고 있는가? 당신은 그가 행하신 대로 행하고 있는가? 예수가 행하신 것처럼 행한다는 것은 무조건적으로 제한 없이 사랑한다는 것을 의미한다. 즉 참된 믿음은 선행으로 자신을 표현한다는 사실이다.

③ 형제와의 교제(2:7~11): 근본적인 가르침

요한은 이곳에서 낯설지 않은 계명에 대해서 쓰고 있다. 요한복음을 알고 있는 사람들은 이 계명을 알 것이다(요 13:34). 즉 그것은 바로 형제 사랑의 계명이다. 그런데 여기서 문제가 되는 것은 요한이 말하고 있는 사랑의 대상이 누구인가 하는 것이다. 많은 학자들은 요한의 언어와 그의 의도가 이 사랑의 계명을 그 공동체에 집중시키려 했다는 점을 지적한다. 즉 요한일서에서는 이웃 사랑, 특히 원수 사랑에 대해서는 명령하고 있지 않다는 사실이다.

이렇게 신자들 사이의 관계를 규정하는 다소 협소한 요한의 사랑관은 아마도 그 당시의 적대적인 환경 가운데서 느끼는 공동체와 저자의 고립감과 연관이 있을 것이다. 요한일서에서의 대립과 긴장은 상당히 극한적이어서 요한은 그의 적대자들을 적그리스도라고까지 규정하고 있는데(2:18), 이 대립은 분명히 교회 내에서, 즉 예수를 그리스도라고 고백하는 사람들의 공동체 내에서 발생하고 있는 것이다. 물론 제자들이나 교회 밖의 사람들에 대한 사랑이 원칙상 배제된 것은 아니다. 그러나 요한일서는 단지 내부에 있는 사람들 사이의 사랑에 우선권을 부여하고 있는 것이다.

이런 면에서 볼 때 요한일서를 통해서 알게 되는 것은 아마 교회 내에 그들의 동료들에게 사랑보다는 미움을 가진 사람들이 있었던 것 같다(2:9, 11; 3:15; 4:20). 요한은 이 사람들이 누구인가를 구체적으로 명시하지는 않으나, 아마도 그의 반대자들을 염두해 두고 있는 것 같다. 또한 그들은 거짓된 교리를 주창하던 적그리스도(2:18)거나 거짓 선지자들이었을 것이다.

그러므로 본문을 설교할 때 설교자들은 당연히 기독교 윤리의 핵심을 이루고 있는 사랑의 계명에 대하여 다루어야 한다. 그러나 요한이 여기서 말하고 있는 사랑은 다소 설명이 요구된다. 그러므로 이 본문을 다룰 때 설교자는 이런 질문들을 던질 수 있어야 한다. 사랑이 호혜적이거나 상호간에 주고받는 것이 가능한 공동체 안에 한정되어야 할 것인가? 그렇다면 사랑스럽지 못한 이들, 즉 우리의 사랑을 다시 돌려보내지 않을 이들, 또는 우리가 인정할 수 없는 방식으로 행동하고 사고하는 이들에 대한 사랑은 어떻게 생각해야 할 것인가?

④ 세상을 사랑치 말 것(2:12~17): 갈망과 의지의 방향 정하기

이 단락의 주제는 한마디로 하나님과 세상 사이의 양극화 또는 적대감이라고 할 수 있다. 요한은 여기서 죄를 사함받고, 예수와 성부를 알고, 악한 자를 이기며, 강하고, 하나님의 말씀이 그 속에 거하는 사람들은 세상에 대한 사랑을 거부할 수 있다고 말한다. 그리고 본문에 나오는 요한의 세속에 대한 정죄(15~17절)는 일종의 그리스도인의 경건에 대한 '마그나 카르타'(*Magna Carta*)라고 할 수 있다. 여기서 '세상'은 세상이 불러일으키는 탐심과 욕망을 염두해 두고 묘사되고 있다. 육신의 정욕, 안목의 정욕, 이생의 자랑이 그것들이다. 그리고 이것들은 '섹스, 돈, 권력'으로 번역해도 큰

잘못이 아닐 것이다.

여기서 설교자들이 조심해야 할 것은 요한이 세상 그 자체를 부인하고 있는 것은 아니라는 사실이다. 문제는 물질적, 정신적, 영적인 것들을 인간이 궁극적으로 갈망하는 대상의 위치에 놓는 자세며, 그래서 피조물을 조물주보다 더 경배하고 섬기려고 하는 자세(롬 1:25)다.

그러므로 본문을 설교할 때 설교자가 던져야 할 근본적인 질문은 그리스도인이 절제하거나 정죄해야 할 특정행위에 있는 것이 아니라, 그 갈망과 의지의 방향이 어디를 향하고 있는지에 대해 주어져야 한다. 올바르게 방향 지어진 의지는 하나님을 믿고 순종하기를 갈망하며, 우리와 하나님 사이를 가로막는 것이 있다면 설사 그것이 감각에 좋아 보인다고 해도 그 유혹을 단호하게 거절한다. 그러나 세상을 향해 방향 지어진 의지는 결국 우리로 하여금 한시적인 세상의 것들을 섬기고 따르게 만든다.

2) 적그리스도에 대한 경계(2:18~29): 거짓 교리 앞에서의 확실성

앞에서 참된 교제라는 중요한 개념을 다루면서 하나님과의 교제와 그리스도와의 교제, 그리고 성도와의 교제를 다룬 후, 결론적으로 세상을 따르는 것을 경계한 요한은 이제 본 서신의 중요한 주제 가운데 하나인 적그리스도에 대해서 구체적으로 다루기 시작한다.

여기서 적그리스도는 누구를 말하는가? 그들은 공동체의 교제권을 떠난 분리주의자들로서 요한의 반대자들이다(19절). 그들은 예수가 육신으로 오신 것을 부인하는 자들이었으며(요일 4:3; 요이 1:7), 성도들을 "미혹하는 자들"(26절)로서 요한의 가르침에 대해서 의문을 제기한 자들이다. 여기서 이슈가 되고 있는 것은 예수의 육신성, 즉 인성(人性)이며, 반대자들은 바로 이것을 부인하거나 고백을 거부하는 자들이다. 결국 그들은 예수가 그리스도인 것을 부인하는 자들이었다.

예수의 인성을 부인하던 고대 기독교 이단은 가현설(Docetism)이라고 불렀는데, 이는 그들이 예수가 인간인 것처럼 보이기만 했다고 주장하였기 때문이다. 이에 대해서 요한은 인간 예수가 그리스도시요, 하나님의 아들이었음을 다시 한 번 분명하게 주장한다. 그리고 처음 그리스도를 구주로 영접할 때 믿은 바 구원의 진리에 굳게 머물라고 말한다(24절). 또한 진리의 영이신 성령 하나님을 온전히 의뢰하여 그의 인도하심을 받고 인간적인 지혜와 지식으로 가르치는 자들의 교훈을 경계할 것을 언급한다(27~29절).

결국 설교자들은 본문을 설교할 때 이단의 정체와 그들을 어떻게 대처할 것인가에 대하여 메시지의 중심을 잡아야 할 것이다. 이단은 참 교회에서 떨어져 나간 자들이므로 그 겉모습만 보아서는 참 성도들과 구별이 안된다. 따라서 설교자들은 오직 하나님의 말씀에 대한 정확하고 체계적인 지식을 통하여 분별할 수 있도록 성도들을 가르쳐야 하며, 종교 다원주의로 인하여 예수 그리스도의 계시의 유일성이 부인되고 있는 오늘의 상황 속에서 예수 그리스도가 우리의 구주 되심을 더욱 분명하게 선포할 수 있어야 한다.

참고로 요한서신에 나타나 있는 적그리스도인들의 모습은 다음과 같다.

- 사랑을 행하지 않는다(2:9~11; 4:20~21).
- 그리스도의 인성을 부인한다(2:22; 4:2~3; 5:5~6).
- 교회의 신앙과 다른 신앙을 가지고 갈등을 일으키는 세력들과 연대한다 (2:15~16; 4:5~6).
- 악의 무기며(3:8), 심지어 말세의 적그리스도다(2:18~23). 왜냐하면 그들은 모교회의 가르침을 따르지 않기 때문이다(4:6).
- 하나님을 알고 사랑한다고 주장하며 신앙을 실천한다고 주장하지만, 사실상 그렇게 하지 않는다(1:6; 2:9).
- 사망에 이르는 죄를 범했으며(5:16), 그럼에도 그들은 죄로부터 해방되었다고 주장한다(1:6~10; 3:3~6).
- 도덕적 제한 없이 무도덕한 삶을 산다(3:4~10).

3) 하나님과 교제하는 성도의 특징(3:1~4:21): 사랑

① 하나님의 자녀와 죄의 문제(3:1~12): 의를 선택하라

이 부분은 크게 두 부분으로 나누어지는데, 요한은 먼저 하나님의 자녀가 되는 것의 의미를 상고한다(1~3절). 우리가 하나님의 자녀가 된다는 것은 하나님의 사랑의 결과다. 그러므로 하나님의 사랑이 우선이다. 우리는 저항할 수 없는 하나님의 사랑을 통해서 그분의 자녀가 되었다. 그리고 주님께서 다시 오실 때 우리의 진정한 모습이 어떻게 될 것인지를 알게 된다(3절). 이것은 성도들의 궁극적인 소망이기도 하다. 결국 이 단락에서 요한은 먼저 이 세상에서의 그리스도인의 삶은 하나님 사랑에 대한 응답이요 소망 가운데서의 정결(준비)임을 강조하고 있다.

그리고 두 번째 부분(4~12)에서 요한은 죄의 성격과 기원에 대해서 말한다. 죄는 상태다. 요한은 그것을 불법이라고 설명한다(4절). 그 불법은 말세에 나타나 만연할 악이나 불의를 지칭한다. 즉 불법은 적그리스도들이 나타나는 시대의 특징이다.

여기서 요한은 죄와 예수 사이의 대립관계를 설정한다. 그리고 인간은 양자 중 한 쪽에 머무르게 되어 있다. 일단 죄로부터 자유를 얻으면 신자는 실로 하나님을 위해서 살아야 하며, 죄로부터 자유로운 상태에 머물러야 한다. 그리스도가 의로우신 것처럼 의를 택하든지, 아니면 처음부터 죄를 지은 마귀의 운명인 죄를 택하든지 둘 중의 하나일 뿐이다. 그러므로 죄를 짓는 사람은 마귀로부터 왔거나, 마귀의 자녀라고 말할 수 있다(8절). 마귀는 언제나 악한 존재였다(요 8:44 참조). 그러므로 죄를 선택하는 일은 예수께서 멸하기 위하여 오신 마귀의 편을 드는 것이다. 그러나 하나님께로 난 자는 누구든지(9절) 믿음과 사랑 안에 거하고 기도와 감사의 영 안에 거할 때 죄를 짓지 아니하며 죄를 지을 수도 없게 된다.

결국 이 단락의 주제는 하나님의 자녀와 마귀의 자녀들을 구분하는 것이다. 마귀의 자녀들-분리주의자들, 적그리스도, 미혹케 하는 자들-은 그들의 엄청난 외적 범죄를 통해서 드러난다. 즉 그들이 행하고 있는 여러 가지 범죄가 그들이 하나님의 자녀가 아니라 마귀의 자녀들임을 반증하고 있다는 것이다. 그리고 그 대표적인 예로서 가인의 이야기를 한다(12절).

그러므로 설교자는 이 단락을 설교할 때 먼저 하나님의 자녀 신분이 되는 의미에 대해서 강조해야 할 것이며, 그 다음에 죄의 심각성에 대해서도 주의를 기울여야 한다. 요한은 그의 반대자들에게서 도덕적 해이함과, 무도한 죄악성을 지니고 있으면서도 자신들이 하나님으로부터 났으므로 죄를 짓지 않는다고 주장하는 뻔뻔함을 지적하고 있다. 오늘도 우리는 "하나님께로서 난 자의 범죄 불가"라는 미명 아래 모든 종류의 못된 일을 행하고 있는 Church-Goer들의 모습 속에서 현대판 적그리스도들을 보고 있지 않는가?

② 다시 한 번 사랑의 계명으로(3:13~24): 사랑은 행동이다

요한은 이 단락에서 다시 한 번 사랑의 계명으로 돌아갈 것을 강조한다. 사랑이 없는 곳에는 미움이 존재한다. 앞에서 보았듯이 가인은 미움으로 형제를 살해했다. 형제에 대한 사랑의 반대는 살인으로 이끄는 미움이다(15절). 그러므로 세상이 예수의 사랑하시는 공동체를 미워하는 것은 그다지 놀라운 일이 아니다(13절). 예수는 이미 그의 제자들에게 그 미움에 대해 경고한 바 있다(요 15:18~20).

그러나 주님의 희생적인 사랑을 받은 그리스도의 공동체는 미움을 사랑으로 대한다. 요한은 여기서 예수의 죽음을 사랑의 모델로 언급한다(16절). 그래서 복음서에 있는 예수 자신의 말을 메아리치게 한다(요 15:12~13). 그래서 미워하는 사람들은 가인의 경우와 같이 살인자들이 되지만, 사랑하는 자들은 예수를 좇아서 생명을 주는 사람들이 된다. 가인의 이야기는 미움과 죽음으로 이끌고, 예수의 이야기는 사랑과 생명으로 이끈다.

그리고 그 사랑의 진실성은 구체적으로 다른 사람을 돕는 것으로 증명된다(17~18절). 말이나 혀로만 하는 사랑은 전혀 사랑이 아니다(마 7:16~20; 약 1:22; 2:16 참조). 요한은 동료 신자들을 향한 사랑의 행동으로 뒷받침되지 않는 말뿐인 사랑을 거부한다. 어려움 가운데 있는 형제와 자매를 위해 실질적으로 무엇인가를 하지 않는 것은 그들을 향해 자신의 마음을 닫는 것이기 때문이다.

그러므로 설교자는 본문을 가지고 설교할 때 우리가 서로 사랑해야 할 필연적인 이유로서 예수 그리스도의 희생적인 사랑이 우리에게 먼저 주어졌음을 강조하고(13~16절), 그 사랑의 구체적인 방법은 행함과 진실함으로(17~20절) 할 것을 강조해야 할 것이다. 사랑은 어떤 종류의 감정이 아니다. 사랑은 삶과 행동이다. 오늘날 우리가 살고 있는 이 세계는 바로 이 사랑의 결핍으로 인하여 신음하고 있다. 오늘 우리에게는 얼마나 많은 가인의 이야기가 들려오고 있는가? 사랑의 결여는 미움으로 나타나고, 미움은 자신을 살인으로 표현한다. 그리고 살인은 살인으로 복수하게 됨으로 가인의 악순환은 계속된다. 이런 세상 속에서 참된 그리스도인들은 가인의 이야기를 거부하고 예수의 사랑을 행동으로 전해야 하지 않겠는가!

③참된 교제를 위한 영 분별(4:1~6): 영들을 시험하라

이 부분은 일종의 삽입 부분인데, 성도들이 행할 사랑의 실천은, 육체를 경시하고 신령한 지식에 대한 사랑만을 주장하는 영지주의 이단 사설과 같은 그릇된 교리가 아닌, 그리스도의 복음에 근거한 참 진리 위에서 이루어져야 함을 교훈하고 있다. 그러므로 이 부분은 신학적으로 아주 중요한 부분이다. 요한은 이곳에서 영들을 시험할 것을 요구하고 있는데(1절), 이는 많은 거짓 선지자들이 세상에 왔기 때문이라고 말한다. 그런데 문제는 그 거짓 선지자들이 성령의 영감을 받았다고 주장한다는 데 있었다.

그러므로 요한은 그 영들을 시험해야 하는데, 요한이 제시한 기준은 바로 신학적이고 고백적인 기준이다(2절). 즉 예수 그리스도가 육신으로 왔다는 고백은 타당하고 바른 고백이며, 그로 말미암아 성령을 소유하고 있다는 주장의 사실 여부가 드러난다는 것이다(2~3절). 예수를 고백하지 않는 것은 결국 그의 육신으로 오심, 즉 그의 인성을 부인하는 것이다(요이 1:7). "예수 그리스도께서 육체로 임하심을 부인하는 자"가 곧 적그리스도요, 미혹케 하는 자기 때문이다.

그러므로 설교자가 본문에 대해 설교할 때 가장 중요하게 다루어야 할 것이 바로 기독론이다. 예수 그리스도의 성육신을 부인하며 사람들로 하여금 육체를 경시하고 도덕적 방종에 이르게 한 영지주의 이단 사설은 오늘날 과학 만능 사상과 인간의 이성을 절대시하며 신뢰하는 자들이 자신의 이기적이고 현세적인 만족을 위하여 그리스도의 복음을 배척하고 있는 것과 다를 바 없다.

④ 사랑의 신학(4:7~21): 하나님은 사랑이시라

이 단락은 성경 전체에서 사랑에 대한 가장 감동적인 말씀 중 하나다. 사실 본문은 사랑의 기원에 대한 가장 적절한 신학적 논의라고 할 수 있다. 이 단락은 크게 두 부분으로 나눌 수 있는데, 먼저 7~12절까지고, 그 다음이 13~21절까지다.

먼저 요한은 첫 번째 부분(7~12절)에서 사랑의 기원과 인간들의 사랑의 동기에 대해 설명한다. 사랑이 하나님께로부터라는 것은 기독교 신앙과 신학의 기본적인 공리다. 따라서 사랑하는 사람은 자신이 하나님께로부터 났고 하나님을 안다는 것을 보여 주는 것이다(7절). 그러나 사랑의 실패자는 하나님을 안다고 해도 소용이 없다(8절). 하나님께서 자신을 우리에게 사랑으로 표현하시기 때문에 사랑하지 않는다는 것은 성격의 본질상 그분을 알지 못하는 것을 뜻하기 때문이다(8절).

이렇게 사랑과 하나님에 대해 언급한 요한은 이제 하나님이 누구시며 사랑이 무엇이냐는 기독교 계시와의 관계로 이동한다(9~10절). 여기서 하나님께서는 자신의 아들을 줌으로써 사랑의 본질을 정의 내린다(10절). 즉 사랑의 정의는 그 자체가 하나님의 보내심, 자신의 아들을 화목 제물로 포기하신 것이다. 다시 말해서 사랑은 하나님께서 예수 그리스도의 오심과 죽으심의 구체적, 역사적 사건을 통해 행하신 일에 기초하고 있다는 말이다.

그 다음에 요한은 기독교 윤리의 근본적인 전제를 설정하는데(11절) 마치 그것이 공리인 것처럼 선언한다(12절). 즉 사랑이신 하나님과의 교통은 다른 사람을 사랑함으로써 하나님의 사랑에 참여할 것을 필수적으로 요구한다는 사실이다. 요한에 의하면 하나님은 우리가 사랑할 때만 우리를 찾을 수 있다(12절). 사랑을 아는 사람은 하나님을 알고 그에게 순종하며, 이 순종은 다시 사랑-하나님에 대한 사랑, 그러나 특별히 동료 인간에 대한 사랑-안에서 자신을 표현한다. 이것은 하나님의 사랑에 대한 인식으로부터 자연히 따라오는 귀결이다. 그럴 때 바로 사랑이 우리 안에 온전히 이루어지게 된다(12절).

설교자는 여기서 사랑의 기원과 의미에 대해서 직설적으로 설교해야 한다. 즉 신학적 직설법(indicative: 하나님의 우리에 대한 사랑)과 도덕적 명령법(imperative: 우리들 상호간의 사랑) 사이에 존재하는 신학적, 윤리적 관계는 이 단락의 핵심적인 사상이다.

그 다음에 두 번째 부분(13~21절)은 사실 첫 번째 부분을 확대하여 재해석하고 있다. 그러므로 엄밀하게 말하자면 새로운 것을 말하고 있지는 않다. 이 부분도 또 다시 두 부분으로 나눌 수 있는데, 13~16a절은 인간의 증거와 고백과 확신을 강조하며, 16b~21절은 인간 사랑의 중요성을 강조한다. 즉 13~16a절이 복음의 직설법을 반복하여 강조하는 것이라면, 16b~21절은 명령법을 다시 언급하는 곳이다. 요한은 여기서 다시 한 번 하나님의 사랑과 그의 아들의 보내심, 그리고 성령의 확신을 강조한 다음, 인간 관계의 차원으로 전환하여 하나님의 사랑에 대한 올바른 반응인 상호 간의 사랑을 강조한다.

이 부분에서 새로운 내용이 있다면, 순종으로서의 사랑은 불순종으로 오는 형벌에 대한 두려움을 제거해 준다는 사실이다(17~18절). 사랑이 지배하며 존재를 채우는 곳에는 두려움의 여지가 없다. 하나님의 사랑은 우리를 자기 염려로부터 해방시켜 우리로 하여금 참으로 다른 사람들을 사랑하게 해 준다. 반면 하나님을 사랑한다고 하면서 형제를 미워하는 사람은 거짓말쟁이(20절)가 되어버리고 만다. 서로를 육신의 눈으로 보는 사람들 사이의 사랑이 실패로 끝나는 것은 보이지 않는 하나님을 사랑한다는-안다는-주장을 거짓말로 만들어 버린다. 그러므로 그는 결과적으로 참 평안을 맛볼 수 없다.

4) 신앙의 승리(5:1~13)
① 하나님 사랑함과 계명 준수(5:1~5): 형제를 사랑하라

지금까지 요한은 하나님을 사랑하는 증거가 그의 자녀들을 사랑하는 것이라고 말했다. 이제 요한은 그 반대의 논리를 전개한다. 즉 하나님의 자녀들을 사랑하는 증거는 하나님을 사랑하고 그의 계명을 지키는 것이라는 말씀이다(2절). 하나님의 계명들은(3절) 다름 아닌 그리스도의 계명들이고, 하나님을 사랑하는 것은 그의 계명들을 지키는 것이다. 아마 요한은 "너희가 나를 사랑하면 나의 계명을 지키리라"(요 15:10)는 예수님의 말씀을 염두에 두고 있는 것 같다. 결국 핵심은 이것이다. 하나님을 향한 사랑은 그의 계명을 지키는 데 있고, 그의 계명은 우리가 우리의 형제와 자매를 사랑하는 것이다.

그러므로 설교자는 본문을 설교할 때, 하나님을 향한 우리 인간의 사랑에 대해서 초점을 잡아야 한다. 물론 이 사랑은 다른 어떤 것보다 우선하는 예수 안에 드러난 하나님의 사랑을 수용하는 데서 그 설명이 가능하다. 사실 오늘날 많은 사람들에게 하나님에 대한 사랑은 우리들이 도달하기 어려운 어떤 특수한 고차원의 영적 상태처럼 여겨지고 있다. 그러나 그렇지 않다. 요한의 해석에 의하면 우리가 형제와 자매들을 사랑할 때 하나님을 향한 사랑을 보여 주고 있는 것이다. 인간에 대한 애정이 거부되거나 부재한 곳에서는 진정한 의미의 하나님 사랑은 있을 수 없다.

② 예수 그리스도의 참된 증거(5:6~13): 세례식과 성찬식의 의미

이 단락의 주제는 예수 곧 하나님의 아들에 대한 증거다. 서신의 절정이 되는 이 단락은 예수 그리스도, 그에 대한 증거, 그리고 그가 가져오는 생명 등을 제시함으로써 서언(1:1~4)의 기본 주제들을 다시 끄집어내고 있다.

여기서 요한은 예수께서 물과 피로 임했다는 중요한 선언을 하고 있다(6절). 물과 피에 대한 해석은 여러 가지가 있으나 가장 고전적인 해석은 "물"은 요한에게 받은 예수의 세례를 말하고, "피"는 그의 죽음을 가리킨다고 본다. 우리가 보았듯이, 요한일서는 예수의 죽음의 구원의 효력을 강조한다(1:7; 2:2). 그뿐만 아니라 요한은 예수의 인성과 육신성을 부인하는 사람들을 대면하여(4:2~3; 요이 1:7) 예수의 인성을 강조한다. 그런데 예수님의 참 인성은 그의 죽음으로 잘 표현된다.

그러므로 요한은 지금 물과 더불어 피를 강조함으로써 반대자들의 그릇된 교리에 일격을 가하고 있는 것이다. 흥미 있는 것은 예수의 인성과 죽음의 실제를 거부했던 초기 영지주의자들 중 어떤 이들은 신성한 임재인 그리스도가 예수의 세례시 그에게 내려왔다가 십자가 죽음 직전에 떠났다는 생각을 하고 있었다. 아마도 요한은 이 특정한 영지주의자들을 염두에 두었을 가능성도 있다.

아무튼 요한은 이 예수를 통해서 우리에게 영생이 주어짐을 선언한다. 그는 성도들이 하나님의 아들 예수 그리스도를 믿었기 때문에 그를 통해, 그와 더불어 영생이 보장되었다는 사실을 확인한다. 그리고 13절에서 이 서신을 쓴 목적을 다시 한 번 분명히 밝힌다. 그리고 이 목적은 요한복음 20:31에도 웅변적으로 반복되고 있다.

설교자는 이 본문을 가지고 여러 가지 주제로 접근해 갈 수 있다. 특별히 이 부분은 기독론, 성례론, 구원론 등의 교리적인 해석과 적용이 필요하다. 특별히 본문은 성례전적인 어감을 가지고 접근해 갈 수도 있다. 세례식의 물과 성찬식의 피는 예수에 대한 증거이자 그의 구원의 역사에 대한 증거다. 더구나 이들 증거들은 예수의 죽음과 밀접한 관계를 갖고 있다. 초대 교회에서 세례는 죽음을 재현하고 예수의 부활을 기대하는 것으로 여겨졌다(참조 롬 6:3~5). 주의 만찬은 예수의 죽음에 참여하는 일이라는 점은 말할 필요도 없다. 그러므로 여기서 우리는 물과 피의 증거 역할에서 세례식과 성찬식에 대한 암시를 보는 것 같다. 그렇다면 여기서 요한 계열의 초대 교회의 예배생활에 대한 감도 잡을 수 있을 것이다.

3. 결론: 무엇을 위해 기도할 것인가?(5:14~21)

이 부분은 일종의 추신이나 후기다. 그리고 요한이 여기서 말하는 가장 중요한 내용은 독자들로 하여금 사망에 이르지 아니하는 죄(16~17절)를 지은 사람들을 위해 기도할 것을 격려하는 것이다. 요한은 먼저 그리스도인이 "사망에 이르지 아니한 죄"를 지은 형제와 자매를 위하여 기도할 것과, 그렇게 할 때 죄 지은 자에게 생명이 주어질 것을 기대한다.

그러나 요한은 사망에 이르는 죄를 위한 기도는 억제한다. 여기서 사망에 이르지 않는 죄는 무엇이고, 사망에 이르는 죄는 무엇일까? 사실 이것은 그 동안 많은 신학적인 논란을 일으킨 문제고, 현재도 명확하게 결론을 내릴 수 없는 문제다. 그러나 우리가 지금까지 보아온 대로 요한은 분리주의자, 적그리스도들에 대한 통렬한 비판을 가해왔다. 그들은 공동체의 일치를 깨뜨렸으며(2:18~19), 인간 예수가 하나님의 아들이라는 참된 고백에서 떠났다(4:2~3). 그러므로 요한이 사망에 이르는 죄를 위해서는 기도를 삼갈 것을 권할 때, 그것은 바로 이 사람들을 염두해 두고 있을 가능성이 가장 높다. 그들은 고의적으로 요한의 경고를 뿌리치고, 스스로 공동체의 관할권을 벗어났고, 예수 그리스도가 육신으로 오신 것을 고백하지 않았다. 그렇다면 그것은 사망에 이르는 죄를 지은 것으로 간주될 수 있다. 그래서 루터는 "사망에 이르는 죄는 한두 번의 꾸중 후에 마음이 굳어버린 이단들의 죄"라고 말한 바 있다.

이 본문을 가지고 설교할 경우 설교자는 사망에 이르는 죄와 이르지 않는 죄에 대해서 신중하게 설교해야 할 것이다. 또한 본문은 징계와 회개의 필요성이라는 설교의 주제를 제공한다. 이 징계와 회개는 개인적 차원뿐만 아니라, 공개적인 행위로서의 회개까지 포함한다. 사실 개신 교회는 그 동안 로마 천주교회의 참회(penance, 고해성사) 형식을 공격하기를 즐겨해 왔지만, 결과적으로 교회 내에서 징계와 회개가 약화되고 말았다. 치리를 잃어버린 것이다. 그러므로 본문은 교회의 징계와 참된 회개의 필요성에 대한 메시지를 전개할 수 있는 좋은 본문이다.

요한이서

요한이서는 요한일서의 축소판이라 할 정도로 요한일서와 유사한 내용을 가지고 있다. 그 집필 동기와 배경도 요한일서와 일치하는데, 즉 본서는 성도들로 하여금 예수 그리스도의 성육신을 부인하고 성도들을 도덕적인 방종으로 미혹하는 이단 사상을 경계하고 있다. 또한 동시에 그리스도의 복음에 근거한 바른 신앙을 정립하고, 하나님의 계명의 핵심인 사랑을 실천하는 삶을 살도록 권면하고 있다.

1. 인사(1~3절)

요한이서는 당시 헬라-로마 세계의 표준적인 편지(서신) 형식으로 쓰여져 있다. 이것은 편지로서, 저자와 수신자의 정체를 밝히는 문구로 시작된다. "장로는 택하심을 입은 부녀와 그의 자녀에게 편지하노니"(1절). 여기서 발신자인 장로가 누구인지는 정확하게 알 수가 없다. 전통적인 해석처럼 그가 사도 요한을 말하는 것인지, 아니면 초대 교회에서 사도 요한과 구분해서 부르던 장로 요한을 말하는 것인지는 알 수 없다. 그러나 그가 누구든 그것이 중요한 것은 아니다. 수신자인 "택하심을 입은 부녀"는 교회 곧 특정 그리스도인들의 공동체를 가리키는 것으로 해석한다. 그리고 "진리를 아는 모든 자"(2절)는 예수 그리스도 안에서 성육신한 하나님의 진리를 아는 모든 이들을 의미한다.

그런데 저자의 인사말(1~2절)은 전형적인 요한의 언어로 쓰여져 있다. 사랑, 진리, 지식, 거함 등이 그것들이다. 그러므로 이 인사말에는 교회의 일치에 대한 깊은 확신이 담겨 있음을 알 수 있다. 발신자나 수신자 그리고 모든 성도들이 함께 하나님의 구원 진리 안에서 사랑으로 교제하는 자들이라는 것이다. 이것은 진리에 대한 사랑과 지식이 신앙 공동체를 하나로 묶어 준다는 것을 가르쳐 준다.

2. 진리를 따라서 행할 것(4~11절): 바른 행실과 고백

요한은 여기서 예수의 사랑의 계명을 언급하며, 진리 안에서 행할 것을 강조한다. 사랑 안에서 걷는 일은 예수 자신의 길을 걷는 것이며, 요한의 비유적 표현을 빌리면 예수께서 행하시는 대로 자기도 행하는 것이다(요일 2:6). 그러므로 진리 안에서 행한다는 것은(4절), 예수의 계명 안에서 행하는 것이거나(6절), 그가 행하셨던 것처럼 자신도 행하는 것이다.

그러나 반대자들은 사랑 안에서 행하지 않고 있으며, 그래서 그들은 그들의 길에 어두움을 보여 주었다. 미혹하는 자들은 공동체를 깨뜨리고 나갔으며(7절), 진리로부터 떠나버리고 말았다(요일 4:1~5). 그들은 바로 "예수 그리스도께서 육체로 임하심을 부인하는 자"(7절)들로서 가현설을 주장하는 적그리스도들이다. 그래서 요한은 이런 그릇된 교리를 전달하는 무리들과 아무 관계도 갖지 말라고 경고한다(10~11절). 그들과 관계하다 오염되는 것을 피하기 위하여 이단들에게 접대도 하지 말고 인사도 하지 말 것을 권한다.

신약의 그리스도인들, 특히 사도와 교사와 지도자들은 교회를 개척하고 방문하기 위하여 이 도시에서 저 도시로 옮겨 다니면서 많은 여행을 했다. 그들은 순회 설교자들이었다. 그리고 그들이 여행할 때, 그리스도인들은 그들을 호혜적으로 접대하였다. 그런데 이 접대를 금하는 것, 더구나 인사하지도 말 것을 권하는 것은 거짓 교리의 전달자들을 장로의 교회들로부터 격리시켜 그들이 발판을 만드는 것을 차단하기 위함이었다.

설교자가 본문을 설교할 때 관심을 가져야 할 점은 거짓 교리를 전파하고 사랑 안에서 행하지 않는 사람들은 접대하지도 말고 인사하지도 말라는 경고에 있다. 그렇다면 이런 경고를 현대 교회에 어떻게 적용할 것인가? 사실 접대를 거부하거나 친절하지 않은 것은 좋은 것이 아니다. 현대 사회에서 무례함은 변호되지도 않는다. 그러나 오늘날 현대 교회는 소위 지나친 자유와 관용 때문에 진지함과 엄격성을 잃어가고 있다. 그런데 오늘날 교회가 드러내고 있는 자유와 관용은 어떤 것도 깊이 있게 다루지 않는 일종의 용기 없음을 드러내고 있는 것은 아닐까? 오늘날의 교회는 자유와 관용의 미명 아래 진리가 왜곡되고 있음에도 불구하고 침묵을 지키고 있는 것은 아닐까?

3. 서신의 결어: 너희를 보기 원하노라(12~13절)

저자가 개인적인 방문을 소원하고 있음을 표현하는 이 서신의 종결부는 전통적인 서신의 결어에 해당한다. 방문하기 원한다는 소망의 표현은 지극히 자연스럽고 정상적인 것이다.

요한삼서

요한삼서는 장로가 가이오에게(1절) 보내는 개인 서신으로, 순회 선교사들을 잘 대접하는 교회 지도자 가이오와, 순회 선교사들을 박대하며 심지어는 순회 선교사들을 대접하는 성도들을 출교시키는 악행을 저지르는 지도자 디오드레베를 비교하여 제시함으로써 모든 성도들이 가이오처럼 겸손함으로 주의 사역자들을 마땅히 대접하고 환대할 의무가 있음을 교훈한다. 그리고 보다 근원적인 목적은 교회 안에서 일어나고 있는 지도자로 인한 갈등을 해결하고 올바른 지도자상을 제시하고자 하는 데 있다. 우리는 요한삼서에서 교회 회중 내에서의 권위를 주장하고 요구하는 사람들간의 세력 다툼을 목격한다.

1. 인사(1~4절)

이것은 본 서신의 서론에 해당하는 부분으로 발신자와 수신자를 밝히고, 본서의 수신자인 가이오에 대한 축복 및 가이오로 인한 기쁨을 언급함으로 시작한다. 가이오라는 이름은 초대 교회 당시 흔한 이름으로, 신약성경에도 이 이름이 여러 곳에서 등장한다(행 19:29; 20:4; 고전 1:14; 롬 16:23). 따라서 이 이름이 누구를 가르키는지 정확히 알 수는 없다. 하지만 그는 로마서 16:23의 가이오와 연결점을 갖는다. 즉, 둘 다 다른 그리스도인들을 영접하는 주인 역할을 할 만한 집을 소유한 사람들이라는 점에서다.

2. 권면과 경계(5~12절)

1) 그리스도인의 접대(5~8절): 형제들을 위한 봉사

장로는 자신을 대표하는 사자들에게 친절을 베푼 가이오를 칭찬하고 있다. 저희를 전송했다(6절)는 말은 그들이 손님으로 가이오의 집에 머물렀음을 함축하고 있다. 사자들은 분명히 가이오의 친절한 접대를 장로에게 보고했을 것이다.

사자들은 이방인들에게 보상이나 대접을 기대하지 않았다(7절). 그런데 본문에서 사자들 중에 낯선 사람들도 포함되어 있다는 것(5절)에 더욱 주목할 필요가 있다. 이는 예수 그리스도에 대한 믿음과, 서로간에 한 번도 본 일이 없는 사람들 사이에서조차 존재하는 상호간의 사랑 안에 한 데 묶여 이미 세계적인 공동체가 되어 버린 교회의 보편성에 대한 감동적인 증거라고 할 수 있다. 가이오와 그의 사람들은 장로와 연결된 사자들을 지원함으로써 그들의 사역에 동참했으며, "진리" 곧 예수 그리스도의 복음을 "위하여 함께 수고하는 자"(8절)가 되었다.

그러므로 설교자는 본문을 설교할 때 주의 사역자에 대한 봉사와 섬김은 주님 나라를 확장하는 데 동참하는 것이며, 하나님께 대한 사랑의 증거가 된다는 사실에 대해서 선포해야 할 것이다. 주의 이름으로 어린아이 하나를 영접하는 것이 곧 주님을 영접하는 것임을 깨달아(마 18:5) 모든 사람을 주님처럼 대하고 사랑을 베풀 때, 하나님의 나라는 더욱 더 확장되어 나갈 것이다(벧전 4:7~11 참조).

2) 으뜸이 되기를 좋아하는 디오드레베(9~11절)

디오드레베와 장로는 서로 대립관계에 있다. 장로는 디오드레베가 한 일은 한마디로 "우리를 받지 않은 것"이라고 지적한다(9절). 디오드레베는 장로의 권위를 인정하지 않는 의미에서 그를 받지 않았다. 그는 교회에서 장로를 중상하고, 장로의 사자들로 보이는 형제들(9절)을 받아들이지 않았다. 더구나 그는 교회에 있는 다른 사람들이 사자들을 영접치 못하게 하고 추방의 고통을 느끼게 했다(10절).

분명히 요한삼서는 현저하게 드러나는 교리나 신학적인 논쟁에 대해서는 아무런 언급이 없다. 그러므로 요한삼서에서 발견되는 문제는 관할권과 권위의 문제다. 디오드레베는 자기 자신을 권위를 지닌 교회 지도자로 간주하여 행동하거나 행동하겠다고 위협했다. 실로 그는 추방을 명할 만큼 교회의 치리를 행사할 수 있는 권력을 지닌 인물이었다. 그러나 가이오는 디오드레베가 거절하고 또 금하기까지 한 일을 행했다. 결국 요한삼서에서 우리가 발견할 수 있는 것은 두 교회 지도자가 관할권과 권위에 대한 주장의 문제로 충돌하고 있다는 사실이다.

그러므로 설교자가 본문을 설교할 때 놓치지 말아야 할 이슈는 권위의 문제다. 장로와 디오드레베 사이에 생겨난 갈등은 비록 첫눈에는 사소한 것 같이 보이지만, 궁극적으로는 가볍게 넘길 성격의 것이 아니다. 왜냐하면 그것이 이론상의 문제를 말하는 것이 아니라, 실제적인 권위의 문제를 다루고 있기 때문이다. 허용되는 일과 허용되지 않는 일, 그리고 진리와 오류를 지적하기 위한 교리 문제를 다룰 때 교회에서는 누가 다른 사람들에게 발언할 권리를 지니고 있는 것인가? 그리고 그 권위는 누가 준 것인가? 우리는 그 대답을 12절의 "너는 우리의 증거가 참된 줄을 아느니라"고 한 장로의 말에서 유추할 수 있다. 즉 장로는 여기서 부활 후 뿐만 아니라 지상에 계실 때의 예수와도 확실하게 연계를 갖고 있던 예수의 사랑하시는 제자(요 19:35; 21:24 참조)라는 증거를 다시 불러내고 있는 것이다. 장로는 자신이 그 제자인 것을 주장하지는 않지만, 그의 권위가 어디서 오는지를 지적하였던 것이다. 결국 궁극적으로 권위는 예수로부터 오는 것이다.

3) 마감하는 권면과 인사(12~15절)

데메드리오의 역할이 무엇인지 분명히 밝혀져 있지는 않지만, 아마 그는 이 편지를 전달하는 사람인 것 같다. 요한은 이제 자신이 교회를 방문할 것을 기대하며(13~14절) 간단한 문안 인사로 서신을 종결 짓는다.

결론

우리가 지금까지 보아온 대로 요한일서와 요한이서는 초대 교회의 가장 커다란 이단세력이던 영지주의적 사상들, 특히 영지주의 초기 형태의 사상과의 싸움에서 교회를 보호하고, 참된 교회의 진리를 사수하기 위하여 쓰여진 서신들이다. 즉 요한의 서신들은 예수의 육체로 임하심의 실체를 뒷받침하면서 그에 대한 반대자들을 거부하고 있다. 또한 요한삼서는 디오드레베라는 인물이 장로에게 대적하면서 생겨난 교회의 치리와 리더십의 문제를 다루고 있다.

결국 이 모든 서신들은 초대 교회가 자기 정체성을 확립하기 위하여 투쟁하고 있는 모습을 우리에게 보여 준다. 다시 말해서 요한의 서신들은 초대 교회가 유일하고 참된 정통신앙을 확립하고자 영적 전쟁을 했던 모습을 우리에게 보여 주며, 우리들도 이 영적 전쟁에 참여할 것을 요구한다. 종교다원주의로 인하여 예수 그리스도의 구주 되심이 도전받고 있는 현대 상황 속에서 요한서신들은 오늘날의 교회가 더욱 심각하게 귀담아 들어야 할 하나님의 말씀이 아닐 수 없다.

6 검증 서신으로서의 요한일서 설교의 의의

　요한일서는 사도 요한 그가 사랑하고 그를 사랑하는 성도들에게 써 보낸 편지다. 요한은 당시 유행하던 고대 서신의 일반적인 형식을 따르는 대신, 이 모든 것 – 심지어 글을 쓰는 사람과 받는 사람들의 이름과 형편마저도 – 을 생략하고 바로 본론으로 들어가서 요한복음의 서론을 상기시키는 머리말로 편지를 시작한다. 이 편지는 전반적으로 마치 부모가 자녀에게 보내는 자상한 격려, 충고, 권고, 경계 등의 분위기를 띠고 있는데, 그 내용은 기독교의 핵심, 기독교에 대한 증거들, 기독교의 선포, 그 선포의 이중적 목적인 다른 사람 및 하나님과의 사귐 그리고 그리스도인의 기쁨에 관해 언급하고 있다.

　특별히 이 서신은, 기독교의 복음이 무엇인지 알고 있었으나 이를 다르게 해석함으로써 교회 안에 물의를 일으켰던 분리주의자들이나 혹은 이단에 대항하여, 성도들이 이단 사상에 물들어 죄를 짓지 않도록 하기 위해 당시 논쟁의 요점인 기독론, 윤리, 종말론 그리고 성령론에 대해 가르침을 주고 있다. 그렇게 함으로 성도들에게 영생에 대한 확신을 갖게 하고(1:4), 이로써 성도들에게 기쁨이 충만하도록 하려는 배경에서 기록되었다.

　원래 요한일서는 편지로 탄생한 것이 후에 신약성경에 수록되었기 때문에 이 책을 제대로 이해하고, 또 이 편지를 오늘 우리에게 가장 잘 적용하려면 저자와 독자들이 살았던 상황과 그들이 겪었던 일들을 먼저 살펴보아야만 한다. 그러나 우리는 요한 사도가 이 편지를 쓴 동기가 기독교 진리를 파괴하려는 사람들에게서 사랑하는 사람들을 보호하고 격려하고 경계하기 위한 것이었다고 지적하는 선에서 곧바로 이 글의 주제로 들어가고자 한다. 기독교 진리와 신앙을 위협하는 사람들은 비록 그 유형은 다르다 하더라도 그때나 지금이나 다양하게 존재하기 때문이다.

요한일서에 등장하는 여러 주제들 가운데 가장 핵심적인 것은 무엇일까? 이것을 판정하는 일은 매우 중요한데, 특별히 요한일서의 경우에는 지극히 중요하다. 왜냐하면 당시 요한이 당면했던 문제는 오늘날 우리 시대의 문제들이며, 요한이 제시하고 있는 목표들은 오늘날의 그리스도인들이 은혜 안에서 계속 성장하기 위해, 또 동시대인들에게 하나님의 말씀 속에 담긴 진정한 메시지를 전하기 위해서 꼭 성취해야 하는 목표들이기 때문이다. 요한일서의 핵심적인 주제는 '그리스도인의 확신'이라 할 수 있다. 이것은 요한 스스로가 밝히고 있는 서신의 기록 목적에서도 분명히 나타나 있다. "내가 하나님의 아들의 이름을 믿는 너희에게 이것을 쓴 것은 너희로 하여금 너희에게 영생이 있음을 알게 하려 함이라"(요일 5:13).

간단히 말하면, 요한일서는 하나님께서 예수님의 구속 사역을 통해 믿는 자들에게 영생을 주셨다는 것과, 그 영생은 그 생명을 받은 하나님의 자녀들에게서만 나타난다는 것, 그리고 그 놀라운 은혜(=영생)를 받은 자들의 삶에 나타나는 능력에 대해 말하고 있는데, 이것을 통하여 그가 영생을 소유한 하나님의 자녀임을 확인하고 확증하라는 것이다.

이 점은 또 한 가지 중요한 사실을 우리에게 보여 주는데, 즉 영생에 관한 교훈과 더불어 판단의 척도를 제시한다는 것이다. 이로써 우리의 삶을 시험하여 우리의 삶이 과연 영생에 속한 것인지 아닌지를 판단할 수 있도록 한다. 다시 말해, 요한일서는 우리의 신앙을 테스트해 볼 수 있는 성경, 즉 검증의 서신이라는 것이다.

예를 들어 보면, 이 서신에 나타나는 것처럼 어떤 사람이 자신이 하나님의 자녀라고 말은 하면서도 삶으로 그 증거가 드러나지 않고, 말로는 하나님을 사랑한다고 하면서도 보이는 형제를 미워한다고 하자. 그렇다면 그 사람은 스스로는 빛 가운데 거한다고 확신하고 착각할지 모르지만 사실은 아직 어두움에 거하는 자요, 여전히 죄 가운데 있는 자요, 하나님의 사랑이 그 가운데 거하지 않는 자, 즉 구원 문제가 의심되는 자며, 그리스도인이 아니라는 사실이다. 이는 믿음은 사랑으로 역사하며, 반드시 행함으로 열매맺기 때문이다. 또한 참된 믿음이란 '행함'으로 그 진실성이 증거되고 나타나야 하기 때문이다.

우리는 요한 사도가 이 서신에서 왜 '복음의 이중적 기능' – 예수님 자신을 전하는 것과 그의 명령을 전하는 것 – 을 강조하고, 복음의 수용에서도 두 가지 태도 – 예수님을 믿음으로 받아들이는 것과 그의 명령을 순종으로 받아들이는 것 – 즉 '믿음과 행위'를 함께 강조하게 되었는지 확인하기는 어렵다. 추측컨대 '사랑하는 사람들'이라고 불리는 사람들이 아마 그들에게 밀어닥친 어떤 피치 못할 환경적 요인 때문에 두 요소 중 어느 하나를 소홀히 했거나 무시했을 것이다. 요한일서의 전반적인 분위기를 감안한다면, 그들의 실패는 믿음에 부합하는 빛된 생활을 하지 못한 것으로 나타난 듯하다. 이때 사도 요한은 그의 사랑하는 교인들이 필수적으로 나타내야 할 기독교적 삶을 등한히 하게 된 것을 가슴 아파하며, 믿음에 걸맞는 '행함이 있는 삶'을 살 것을 명령하고 있는 것이다.

그렇다면 요한일서는, 믿음과 삶이 일치되기보다 명목적인 신앙의 모습에 치우쳐 하나님 말씀대로 살지 않으면서도 자신을 정당화하고 합리화시키면서 바른 신앙생활을 하지 못한 오늘날 우리 한국 교회와 성도들이 두려운 마음으로 읽어야 할 말씀이 아닌가 생각된다. 이 글의 목적은 검증 서신으로서의 요한일서를 읽어야 할 이유를 제시하고, 또한 참된 신자의 표식이 무엇인지를 분명히 밝힘으로 열매 없는 그리스도인, 책임을 감당치 못하는 그리스도인을 양산하고 있는 우리 교회와 성도들의 삶에 도전하고 신분에 합당한 삶을 살아가도록 돕는 데 있다.

검증 서신인 요한일서

예수를 믿고 그리스도인이 된 지 얼마 되지 않은 사람들과 함께 교회생활을 하다 보면, 종종 그들이 예수를 믿은 후에 회의를 가지기 시작하는 것을 발견할 수 있다. 처음 예수를 믿고 신앙생활을 할 때는 보통 기쁨을 느낀다. 교회생활도 즐겁고 성도들과의 교제에서도 만족을 느낀다. 그러나 시간이 지나면서 그들은 신앙에 대해 점차 회의적인 마음을 갖기 일쑤다.

그러다가 마침내 다음과 같은 물음에 부딪히기도 한다. '내가 예수를 믿은 후 실제적으로 나에게 변화된 부분은 무엇인가? 일요일이 되면 교회에 가서 예배에 참석하고 성경 읽고 찬송 부르는 그런 외형적인 변화는 있지만, 또 구원받고 새로운 피조물이 되었다는 설교를 듣긴 하지만, 솔직히 말해 보면 예전과 다름없는 부분이 너무도 많이 남아 있지 않은가? 본능의 유혹은 예전과 다름없이 밀려오고, 심지어는 더 강하게 밀려오기도 하며, 성격이나 인격의 결함도 여전히 남아 있지 않은가? 그런데 내가 그리스도인이고, 영생을 소유한 하나님의 자녀라는 사실을 어떻게 확인할 수 있단 말인가?

이런 고민을 하다 보면, 처음 예수를 영접하고 느꼈던 기쁨과 자유도 다 사라진 듯 여겨지고, 오히려 전에는 그리 느끼지 못하던 죄책감이 더욱 크게 다가온다. 이 시점에 이르면 많은 그리스도인들이 이렇게 질문한다. "내가 하나님에 의해 택하심을 받고 구원받은 것을 어떻게 확신할 수 있는가? 그 증거가 무엇인가?" 요한의 표현을 그대로 옮겨 놓는다면, "내가 하나님을 안다는 사실을 어떻게 알 수 있는가?"

확신! 즉 자신이 구원받은 존재로서 하나님의 자녀며, 영생을 소유한 존재라는 것에 대한 확신! 도대체 이것을 무엇으로 확인할 수 있다는 말인가? 이 문제는 단지 오늘날만이 아니라 과거 초대 교회부터 끊임없이 제기된 문제였다. 바로 이러한 신자들의 질문에 대해 답을 주고자 하는 것이 요한일서의 주된 기록 목적이며, 어쩌면 가장 중요한 기록 목적이라고도 할 수 있을 것이다.

그리스도인의 확신 문제는 요한일서의 여러 곳에 거듭 나타난다. 그 중 몇 구절만을 언급하면 다음과 같다.

> "너희는 거룩하신 자에게서 기름 부음을 받고 모든 것을 아느니라"(2:20).
> "사랑하는 자들아 우리가 지금은 하나님의 자녀라 …"(3:2).
> "우리가 형제를 사랑함으로 사망에서 옮겨 생명으로 들어간 줄을 알거니와 …"(3:14).
> "이로써 우리가 진리에 속한 줄을 알고 …"(3:19).
> "자녀들아 너희는 하나님께 속하였고 …"(4:4).
> "우리가 그 안에 거하고 그가 우리 안에 거하시는 줄을 아느니라"(4:13).

이 외에도 많은 부분에서 자신이 이미 하나님의 자녀임을 확인할 수 있는 말씀이 등장하지만, 이 문제가 가장 직접적으로 다루어진 구절들은 요한일서 2:3~6과 3:24, 5:2~3이다.

여기서 요한이 '계명 지키는 것'을 특히 강조하는 이유는, 교회 안에 문제를 일으켰던 분리주의자들이 하나님의 계명을 지키는 것을 크게 강조하지 않았고, 형제 사랑에도 취약점을 가지고 있었기 때문으로 보인다(2:3~4; 3:22; 5:2~3). 이런 적대자들에 대항하여 요한은, "우리가 하나님을 알고(=믿고) 있다는 사실을 어떻게 알 수 있는가, 어떻게 우리의 구원을 확인하며 하나님의 자녀인 것을 확신할 수 있는가"라는 질문에 대해 다음과 같이 분명히 대답한다.

> "우리가 그의 계명을 지키면 이로써 우리가 저를 아는 줄로 알 것이요 … 누구든지 그의 말씀을 지키는 자는 … 이로써 우리가 저 안에 있는 줄을 아노라"(2:3~5).
> "그의 계명들을 지키는 자는 주 안에 거하고 주는 저 안에 거하시나니 우리에게 주신 성령으로 말미암아 그가 우리 안에 거하시는 줄을 우리가 아느니라"(3:24).
> "우리가 하나님을 사랑하고 그의 계명들을 지킬 때에 이로써 우리가 하나님의 자

녀 사랑하는 줄을 아느니라 하나님을 사랑하는 것은 이것이니 우리가 그의 계명들을 지키는 것이라"(5:2~3).

다시 말하면, 어떤 사람이 하나님을 인격적으로 만나 그의 인격이 변화되고, 특히 하나님의 계명을 지키면서 하나님을 닮은 의로운 삶을 살아간다면, 그것이 바로 그 사람이 하나님을 아는 증거요 하나님의 자녀라는 증거라고 선언하는 것이다.

그렇다면 어떻게 하나님의 계명을 지키는 삶이 우리가 하나님을 아는(=믿는) 증거가 될 수 있단 말인가? 그 이유는, 인간은 절대로 자연적으로는 의로운 삶을 살 수 없기 때문이고, 하나님의 계명에 순종할 수도 없기 때문이다. 성경은 우리의 과거, 즉 불신자일 때의 우리의 모습에 대해 무엇이라고 이야기하는가? 하나님을 알지 못하는 사람들의 모습, 즉 우리의 과거 모습은 이미 허물과 죄로 죽었던 자요(엡 2:1), 불의한 자요, 깨닫지 못하는 자요, 하나님을 찾지 않던 자요, 무익한 자요, 선을 행치 않는 자요, 저주와 악독이 가득한 자요, 피흘리는 데 빠른 자요, 평강을 알지 못하던 자요, 하나님을 두려워하지 않던 자, 바로 이런 사람이었다(롬 3:11~18).

그러므로 만일 어떤 사람이 의로운 삶을 살 수 있고, 또한 그러한 열망을 가지고 있다면, 그것은 하나님께서 그 사람 안에 역사하시고 계시다는 확실한 증거가 되는 것이다. 한마디로 요한은 신자의 표식을 계명을 순종하는 '행함의 문제'로, '삶의 열매'로 그 사람의 신자 됨을 확인할 수 있다고 말한다. 결론부터 말하자면, '행함'은 하나님의 은혜의 결과요 증거며, 혹은 하나님의 구원의 축복을 체험한 사람의 표식이나 특징이다.

반면, 오늘날 많은 그리스도인들은 '그리스도인 됨의 확신'을, 사람의 인식과 생각 속에 머무르는 피상적이거나 추상적인 것으로 생각한다. 다시 말해, "우리 주 예수그리스도를 믿는 자는 구원을 받았고 영생을 소유하고 있다"고 하나님께서 말씀하셨기 때문에, 그 말씀을 믿고 입으로 고백하고 있다는 것으로 미루어 우리가 구원받았다는 것을 확신할 수 있다는 것이다. 그러나 사도 요한은, 그리스도인의 확신이라는 것은 단순히 우리의 '인식'이나 '고백' 차원의 것이 아니라 실제적인 면에 있다고 봄으로써 '행함'에 더 큰 강조를 두고 있음을 발견할 수 있다. 즉 하나님께서 이루시는 성도의 삶의 근본적인 변화와 그로 말미암은 삶의 열매들을 통하여 그리스도인들이 자신의 구원을 확신할 수 있음을 분명히 보여 주고 있다.

이 문제에 대해 사도 요한은 좀 더 구체적으로, 모든 신자들이 크게 두 가지 실제적인 시험을 통해 자신의 신자 됨을 확인할 수 있고, 또 검증해야 한다고 말한다. 이 두 가지 신자의 표식은 바로 '의로움'과 '사랑'이다.

첫째, 하나님께서는 성도들에게 예수 그리스도의 계명을 따르고, 그 계명에 순종하고자 하는 열망을 주셨다. 이 열망은 '의로움'을 포함하고 있고, 또한 의로운 삶으로 표출되어야 한다. 요한은 그리스도인이라고 자처하는 사람들에게는 반드시 그 생활에 의로움이 있어야 한다고 가르친다.

둘째, 하나님께서는 성도들에게 다른 신자들과의 새로운 관계성을 주셨다. 이 열망은 '사랑'을 포함하고 있고, 또 '사랑'으로 표출되어야만 한다. 그러므로 우리는 이렇게 말할 수 있을 것이다. 의로움과 사랑! 이것은 구원받은 그리스도인의 삶 속에서 반드시 나타나야 하고, 또 나타날 수밖에 없는 신자의 표식이라 할 수 있다.

의로움: 그리스도인의 표식

자신이 정상적인 그리스도인인가 하는 문제에 봉착했을 때 먼저 검증해야 하는 문제는, 자신의 삶에 실제적인 의로움이 있느냐 하는 것이다. 의로움에 대한 시험! 이것은 요한일서 2:3~6에서 언급되지만, 그 외 서신 전반에 걸쳐 등장하고 있다. 요한은, 누구든지 하나님을 알게 되면 점차 의로운 생활을 하게 된다고 강조한다. 왜냐하면 하나님은 빛이시고, 어두움이란 조금도 없는 의로운 분이시기 때문이다(1:5~7).

1. 빛이신 하나님

하나님은 누구시며, 어떤 분이신가? 하나님을 어떻게 묘사할 수 있는가? 요한은 그의 사랑하는 사람들에게 하나님에 관하여 기록하면서, "하나님은 빛이시라"(5절)고 소개한다. 빛이신 하나님! 어두움이란 조금도 없으신 우리 하나님!

하나님을 설명할 적당한 말을 찾지 못해 무엇에 비유할 수밖에 없다면, 우리가 알고 있는 단어 중에서 '빛' 이야말로 하나님을 소개하는 데 가장 적당한 단어일 것이다. 하나님이 빛이시라는 선포는 하나님을 섬기는 사람들에게도 빛과 같이 될 것을, 그리고 빛 가운데 행할 것을 요구한다. 만일 자신이 하나님의 자녀라고 고백하는 사람이 있다면, 그 사람은 당연히 빛이신 아버지를 닮은 모습이 삶으로 드러날 수밖에 없고, 또 삶으로 입증해 보여야만 한다. 이것은 어느 누구도, 어떤 이유를 들어서도 부정할 수 없는 사실이다. 그래서 바울은 "너희가 전에는 어두움이더니 이제는 주 안에서 빛이라 빛의 자녀들처럼 행하라 빛의 열매는 모든 착함과 의로움과 진실함에 있느니라"(엡 5:8~9)고 말했던 것이다. 신자들은 누구든지 빛이신 아버지를 본받아 빛의 자녀처럼 착하고 진실하고 의로운 삶을 살아야만 한다.

그렇다면 신자의 정상적인 모습은 어떤 것인가? 우리는 무엇으로 그 사람이 참 신자인지 아닌지를 구별할 수 있는가? 만일 한 가지만을 제시하라고 한다면, 우리는 요한의 말을 빌어 이렇게 대답할 수 있을 것이다. 의로움! 하나님을 닮은 모습인 의로움! 의를 행하는 삶! 곧 행함인 것이다. 우리는 이것으로 그 사람의 신앙의 참과 거짓 여부를 판단할 수 있다. 이런 이유로, 정상적인 신자란 자신의 정체성을 이해하고 신분에 합당한 삶을 살면서, 하나님을 닮은 모습을 실제 삶으로 드러내는 사람이다.

그런데 만일 어떤 사람이 하나님과 사귐이 있고, 사랑한다 고백은 하면서도 실제로는 여전히 하나님의 말씀을 계속 거역하며 살아간다거나, 그의 거룩하심을 자신의 삶에 나타내지 못한다면, 또 하나님에 의해 정죄되는 것을 좋아한다면, 인간의 이기심과 욕심에 이끌려 살아가며 계속해서 범죄하며 살고 있다면 그리고 무자비하고 부정하고 속이는 거짓된 삶을 습관적으로 살아간다면 그 사람은 명백히 거짓말을 하고 있는 것이다. 요한은 이런 사람들을 가리켜 진리를 행치 않는 자요, 아직도 어두움 가운데 있는 자요, 거짓 그리스도인이라 말하고 있다.

하나님을 믿는 사람은 결코 주님의 계명을 버릴 수 없고 무시할 수도 없다. 결코 모른 척 해서도 안 된다. 그것은 예수님을 믿지 않는다는 표시기 때문이다. 요한 사도는 "우리가 그의 계명을 지키면, 이것으로 우리가 그를 알고(=믿고) 있음을 알게 된다"고 말한다(요일 2:3~6). 하나님의 말씀을 따르는 정결한 생활은 우리 믿음을 비쳐 주는 거울이다. 하나님을 믿는다고 하면서도, 하나님의 계명을 무시하며 지키지 않는 이들은 기독교인이 아니라 요한의 평가를 따르면 '거짓말쟁이'다. 그 사람 안에는 진리가 없다. 그렇다면 교회에는 얼마나 많은 거짓말쟁이들이 버젓이 고개를 쳐들고 다니고 있는가? 정말 소름끼치는 현실이요, 우리에게 주시는 무서운 주님의 경고다.

여기서 한 가지 짚고 넘어가야 할 문제가 있어 보인다. 요한이, "의로운 삶을 살아가는 것으로 미루어, 이로써 참 신자임을 판별할 수 있다"고 했을 때, 신자들이 결코 죄를 짓지 않는다는 '완전론' 혹은 '완전주의'(perfectionism)를 주장하는 것인가? 그래서 그리스도인들은 어떤 사소한 실수나 잘못도 행할 수 없고, 또 행해서도 안 된다는 말인가? 물론 아니다. 요한은 신자들이 죄를 짓지 않는다거나 무죄하다는 뜻의 완전론을 주장한 것이 아니다(1:9). 여기서 의로운 삶을 산다는 의미는, 신자들이 의로우신 하나님이 지시하는 방향으로 점진적으로 나아가게 되고, 그래서 과거와는 다른 변화의 삶을 살게 된다는 의미다.

그리스도인의 출발점 그리고 교회의 공통분모는 순간적인 완전한 깨끗해짐이 아니라 빛이신 하나님 앞에서 어두운 인생을 자각하는 일이며, 의식적으로 빛 가운데 걸어가는 것이고, 그렇게 빛처럼 되고자 하는 결단에 있다. 그래서 사도 요한은 우리 그리스도인들도 '여전히' 어두운 가운데 걸어갈 수 있다는 사실을 경고한다. 우리는 이미 빛이지만, 아직 완전한 빛은 아니다. 오직 하나님, 그분만이 완전한 빛이시다. 하나님께는 어두움이 조금도 없으시다. 그러나 인간은 아직 이러한 단계에 도달해 있지 않다. 오직 한 분, 선하신 하나님 앞에서 우리 인간의 모습은 악한 것으로만 비교된다 하더라도 빛을 그리워하고 어두움을 벗고자 하며 최선을 다해 하나님의 요구를 수긍하려는 자세가 있어야 한다.

그러나 만일 죄에 대한 가책이 없고 죄로 인한 괴로움도 없다면, 그가 과연 의로우신 하나님의 자녀일 수 있을까? 그것은 그가 하나님의 자녀가 아니라는 반증이 아닐까? 요한은 이렇게 말하지 않았는가! "이러므로 하나님의 자녀들과 마귀의 자녀들이 나타나나니 무릇 의를 행치 아니하는 자나 또는 그 형제를 사랑치 아니하는 자는 하나님께 속하지 아니하니라"(3:10).

2. 거룩함으로의 부르심

요한 사도는 의로운 삶을 강조하면서 먼저 신자들의 '정체성'을 강조한다. 그는 그의 "사랑하는 사람들이 어떠한 사람들인가" 하는 정체성 문제에 대해, 그들은 모든 죄를 용서받은 '깨끗한 사람들'이라고 말했다. 죄 용서란 얼마나 감격스러운 하늘의 축복인가? 그들은 하나님의 은혜로 죄책감과 죄인이라는 자각 없이 죄와 어두움의 세력으로부터 자유를 누리며 평안하게 살아갈 수 있는 존재들이 되었다. 기독교인들은 모두 죄의 멍에로부터 자유를 얻은 사람들이다. 요한은 이 사실을 다시 한 번 확인하기 위해 요한일서라는 편지를 쓰게 되었다고 한다(2:12). 자유와 평안! 바로 이것이 기독교인들이 소유하고 있는 가장 큰 기쁨이다.

또한 기독교인들은 태초부터 계신 하나님을 알고 있다(2:13)는 점에서도 다른 세상 사람들과 아주 뚜렷하게 구별된다. 기독교인들은 신을 찾는 구도자들이 아니라, 이미 하나님을 찾은 승리자들이다. 예수 그리스도 안에서 그들은 하나님을 '아버지'라고 부를 수 있는 '하나님의 자녀들'이 되었다. 그들은 하늘 아버지가 어떤 분인지 이미 알고 있는 사람들이다. 그렇다면 이제 신분에 걸맞는 삶을 살아야만 한다. 즉 빛이신 하나님을 본받는 삶을 살며, 하나님께서 행하시는 대로 자기도 행해야 한다(2:6). 즉 예수 안에 거한다고 하는 자는 예수님께서 행하신 것처럼 자신도 그렇게 행해야만 하는 것이다.

하나님의 부르심은 '거룩함으로의 부르심'이요 목적이 있는 부르심이지, 결코 향방 없는 방종으로의 부르심이 아니다. 이것을 분명히 알리기 위해 일찍이 주님께서는 우리 앞에 하나님의 빛을 비추심으로써 본을 보이셨다. "너희도 나처럼 행케 하려 내가 이것을 너희에게 보였나니 … 너희도 내가 행한 대로 그대로 행하라." 그렇다면 성도들은 주님을 본 삼아 사는 삶을 통하여 자신의 구원을 확신하고, 다른 사람을 구원하는 진정한 그리스도인이 되어야만 하는 것이다.

주님을 본받는 삶을 사는 데 우리에게 가장 무서운 적은 무엇일까? 그것은 '죄'다. 그리스도인들에게 '죄'란 여전히 촉각을 곤두세우고 경계해야 할 가장 무서운 적이다. 죄란 무엇인가? 하나님이 금하신 것을 행하는 것이며, 명하신 것을 행치 않는 것이다. 그렇다면, '의'란 하나님께서 '하라'고 하는 것을 행하는 것이라 정의할 수 있다. 요한은 그의 편지에서 믿음의 자녀들이 죄로부터 자유하고, 하나님처럼 빛 가운데 살아갈 것을 얼마나 애태우며 권고하는가!

그렇지만 우리의 현실은 어떠한가? 빛이신 하나님을 알면서도, 그리고 하나님께서 빛 가운데 살 것을 요청하신다는 사실을 알면서도 우리는 죄에서 완벽하게 벗어나지 못하기에 얼마나 많은 신음의 순간을 보내고 있는가! 기독교인도 여전히 질적으로는 죄인이다. 그래서 죄는 항상 우리를 위협하고, 또한 우리는 수시로 죄에 굴복한다. 그때마다 예수님을 부르며 다시 십자가를 붙들 수 있지만, 죄의 순간들을 모두 떨쳐버릴 수는 없다. 죄로부터 완전히 자유할 수 없기에 죄로 인한 괴로움과 번민, 살을 찢는 고통이 있고 우리는 "만약 우리가 범죄하면 …" 하고 되물을 수밖에 없는 상황에 처하게 된다.

이런 우리에게 대언자 곧 하나님 우편에서 우리를 위하여 간구하시는 분이 있다는 사실은 얼마나 큰 축복인가(롬 8:34)! 그 예수님은 그냥 말로만 이 문제를 처리하신 것이 아니다. 실제로 예수님은 '우리 죄를 위한 화목제물'이 되셨다(2:2). 이는 하나님께서 요구하시는 죄의 대가를 예수님께서 십자가에서 다 지불하셨다는 의미다. 그러므로 이러한 사실을 깨달은 사람은 죄를 범치 않으려고 의식적으로 노력해야 한다. 요한도 "내가 이것을 너희에게 씀은 너희로 죄를 범치 않게 하려 함이라"(2:1)고 말하고 있다.

그러므로 성도들은 잠시라도 어두움의 세력에 노출되는 것을 막기 위해서 의식적으로 자신의 죄에 대해 가슴 아파하는 것이 필요하며, 결코 자만에 빠져서는 안 된다. 죄 된 본성과 죄를 지으려는 경향 그리고 자신의 가슴 아픈 과거에 민감할수록 실수와 범죄의 가능성과 확률은 줄어든다. 이러한 모습은 곧 우리가 하나님의 자녀라는 반증이다. 그래서 요한은 이렇게 말한다. "주를 향하여 이 소망을 가진 자마다 그의 깨끗하심과 같이 자기를 깨끗하게 하느니라 … 그 안에 거하는 자마다 범죄하지 아니하나니 범죄하는 자마다 그를 보지 못하였고 그를 알지도 못하였느니라"(3:3, 6).

결론적으로 말하면, 하나님을 안다고 하는 사람은 단지 지식만이 아니라 그를 인격적으로 만나고, 하나님께서 행하라고 하신 것을 행하는 자 곧 의로운 자가 되어야 진정으로 그가 하나님을 아는 자라 할 수 있다. 하나님은 의로운 분이시기 때문에, 의로운 행위를 하지 않는 자는 하나님을 아는 것이 결코 아니다.

3. 두 가지 유형의 사람

요한은 이러한 주장을 뒷받침하기 위해 두 가지 유형의 사람을 예로 들고 있다. 즉 하나님을 안다고 하면서도 그의 계명을 지키지 않는 자와, 하나님에 대한 진실한 사랑으로 말씀에 순종하는 자다. 요한은 하나님을 안다고 하면서도 그의 계명을 지키지 않는 자를 가리켜 '거짓말쟁이'라고 한다. 이것은 당시 행함이 없던 거짓 교사들과 동시에 오늘의 거짓 성도들에게 동일하게 적용되는 말씀이다. 우리는 어떤 사람이 진정한 믿음의 사람이라는 표식을 단지 지식적인 자격을 갖춘 사람이 아닌 그의 고백이 경건한 행위로 뒷받침되는 사람에게서 찾아야 한다.

누구든지 진정으로 하나님을 사랑한다면, 그는 하나님이 원하시는 것이 무엇인지 분별하여 하나님을 기쁘시게 하려고 애쓸 것이며, 그의 계명을 지키고자 힘쓸 것이다. 그 이외의 다른 것은 모두 위선이라 할 수 있다. 그러므로 우리는 의로움이 신자의 표식이라는 요한의 증거를 이렇게 결론지을 수 있을 것이다.

"하나님의 말씀에 순종하는 사람은 하나님을 향한 자신의 사랑이 온전케 되었음과, 자신이 하나님 안에 있음을 알 수 있습니다. 스스로 하나님 안에 거한다고 말하는 사람은, 반드시 그의 말씀을 순종함으로써 자기 자신의 마음과 동시에 또 다른 사람들에게도 확신을 주어야 합니다. 곧 예수님 안에 거한다고 하는 사람은 예수님께서 행하신 것처럼 자신도 그렇게 행해야만 하는 것입니다"(2:6).

사랑: 그리스도인의 표식

의로운 삶과 더불어 그리스도인에게 반드시 나타나야 할 또 다른 표식은 '사랑'이라고 요한은 말한다(3:14~19; 4:7, 11, 21). "무릇 의를 행치 아니하는 자나 또는 그 형제를 사랑치 아니하는 자는 하나님께 속하지 아니하니라"(3:10). 동일한 강조를 우리는 요한복음 13장에서도 찾아볼 수 있다. "… 서로 사랑하라 … 너희가 서로 사랑하면 이로써 모든 사람이 너희가 내 제자인줄 알리라"(요 13:34~35). 이 말의 뜻은, 하나님을 사랑하듯 이웃을 내 몸 같이 사랑하는 '사랑'을 통하여 우리는 주님의 제자 곧 하나님의 자녀임을 스스로 확인할 수 있고, 또 다른 사람에게도 알릴 수 있다는 것이다. 곧 참 신자의 표식이 바로 '사랑'이다.

그러므로 프란시스 쉐퍼(F. Schaeffer)는 '사랑'을 가리켜 '그리스도인의 표지'라고 정의했다. 그는 「20세기 말의 교회」(The Church at the End of the 2oth Century)에서 "오직 이 사랑의 표지를 통해 그리스도인이 진정 그리스도인이요 예수님께서 진실로 하나님께로부터 오신 분임을 우리는 세상에 알릴 수 있다"고 주장한다. 이에 동의하며, 우리는 여기에 또 한 가지 사실을 덧붙일 수 있을 것이다. 즉 신자 개개인들도 '형제 사랑'을 통해 자기가 그리스도인임을 확인하고 검증할 수 있다. 날마다 사랑의 사람으로 변해가면서 다른 사람들을 사랑하는 자신의 모습을 발견하게 될 때, 그때 스스로가 하나님을 닮은 하나님의 자녀임을 확증할 수 있는 것이다(3:14, 19).

반면 요한은 만일 형제 사랑이 없는 신앙고백을 남발하는 자가 있다면, 그는 여전히 사망에 거하는 자며, 영생을 소유하지 못한 자라고 단호하게 말한다(3:14~15). 참 빛에 사로잡힌 사람들, 그래서 빛 가운데 살아가는 사람들은 자신들이 하나님의 구속과 사랑의 대상이 되었던 것처럼 자신의 형제를 사랑해야 한다. 빛 가운데 있다고 자부하면서 형제를 미워하는 사람은 거짓말하는 사람이요, 여전히 어두운 가운데 있는 사람이다. 다른 말로 하면 기독교인이라고 할 수 없는 것이다(2:9, 11). 열매로 나무를 알듯이, 그리고 생활이 믿음을 반영하듯이, 이웃을 사랑하려는 마음과 사랑하는 행동은 하나님의 사랑이 그에게 작용하고 있다는 증거다. "이웃을 사랑하는 자는 빛 가운데 거하는 자요, 아무 거리낌이 없다"는 말씀은 그래서 오늘도 기독교인에게 새로운 계명으로 다가온다.

사랑! 하나님 사랑과 형제 사랑! 이것은 신자들에게 반드시 나타나야 될 표식이라고 요한은 결론 짓는다. "너희가 어떻게 그리스도인을 구별할 수 있는가"라는 질문에 대해, 요한은 만일 그 생활 속에 시기와 미움이 남아 있는 자는 아직 세상에 속한 자요, 하나님의 자녀가 아니라고 말한다. 반면 생활 속에 사랑과 자기 희생이 있는 사람은 진정한 하나님의 자녀요, 바른 그리스도인이라고 한다. 하나님을 사랑한다고 하면서도 보이는 바 그 형제를 미워하는 자는 거짓말하는 자요, 하나님의 사랑이 그 속에 거하지 않는 버림받은 자라고 함으로써 그리스도인의 표식과 증거를 '사랑'에다 두고 있는 것이다. 사랑은 이만큼 귀중한 것이다. 사랑! 하나님을 사랑하고 형제를 사랑하는 것! 이것이 바로 그리스도인임을 알 수 있는 중요한 표식이다. 이 표식으로써 우리는 참 신자와 거짓 신자를 구별할 수 있다.

요한 자신도 이러한 사랑을 훈련으로 배웠는데, 한때 그는 '보아너게' 곧 우뢰의 아들이라는 별명을 가지고 있었다. 그래서 하늘에서 불을 불러 예수님을 배척하는 자들 위에 떨어뜨리려고 했었다(눅 9:54). 그러나 그 요한이 예수님 안에서 변화받고 사랑을 추구하는 삶을 살아, 마지막에는 '사랑의 사도'가 되지 않았던가! 그러므로 모든 그리스도인들은 아무리 값비싼 대가를 지불한다 해도 사랑을 실제적으로 나타내 보여야 한다. 이는 하나님의 생명이 우리 가운데 존재한다는 증거가 되기 때문이다.

요한뿐만 아니라 사도 바울도, 사랑장인 고린도전서 13장에서 이렇게 단정적으로 말하고 있다. 너희가 사랑이 없으면, 사랑으로 행하지 않는다면, 너희가 행한 일은 눈에 보기에는 어떻게 보일지 몰라도 그것은 아무것도 아니다. 즉 모든 것이 헛수고요, 쓸데없는 일이라는 것이다. 우리가 무슨 목적과 동기로 일을 한다 해도, 또 아무리 큰 일을 했다 할지라도 그 기준은 오직 하나, 사랑이다. 사랑이 없으면, 사랑으로 행하지 않았다면 "너는 아무것도 아니라"(You are nothing)는 것이다.

요한계시록 2장을 보면, 주님께서 에베소교회를 향하여 하시는 말씀 가운데 참으로 무서운 말씀이 있다. '너희는 지식도 있고, 비판력도 있으며, 진실과 성실 그리고 인내와 거룩함도 있다. 그만하면 종교적인 성결도 갖추어진 셈이다. 그러나 처음 사랑을 버렸다. 그러므로 회개하라. 만일 그리하지 아니하면 네 촛대를 그 자리에서 옮기리라.'

우리는 한국 교회에 은사운동이 일어나 교회와 성도들의 영적인 관심을 소생시킨 일을 감사하게 생각한다. 그러나 앞으로 한국 교회의 장래는 교회 공동체가 지니는 인격적이며 질적 특성의 형성에 달려 있다고 생각한다. 만일 우리 교회들이 참된 사랑의 공동체를 형성하는 데 실패한다면, 그래서 서로 사랑하는 모습을 보여 주지 못한다면, 우리는 비대한 문제 투성이 종교 기관만을 양산하게 될지도 모른다.

우리들의 교회 모습은 어떠한가? 과연 사랑으로 특징 지어져 있는가? 또한 그리스도인들의 사랑의 모습은 어떠한가? 교회 밖의 사람들이 우리를 보고 주님을 믿고자 하는 동기를 유발할 정도의 사랑의 모습을 보이고 있는가? 긍정적인 대답을 할 수 없다면 이제부터라도 사랑을 회복해야 한다. 사랑! 그것은 그리스도인의 표식이기 때문이다.

행함, 하나님을 아는 표식인가

오늘날 많은 신자들이 자신의 정체성에 대해 바로 알지 못한 채 살아간다. 이제 우리는 다음과 같은 질문을 심각하게 해 보아야 한다. 참된 그리스도인이란 어떤 사람인가? 그리스도인의 참된 표식과 증거는 무엇인가? 그리스도인과 비그리스도인의 구분점은 무엇인가?

참 신앙은 언제나 하나님이 원하시는 것을 행하고, 원치 않으시는 것을 하지 않는 것이다. 즉 의로움과 사랑은 실천하고, 죄와 어두움은 멀리하는 것이다. 의로움과 사랑! 말씀대로 살아가는 삶, 이것이 신자의 결정적인 표식이다. 이 '행함'을 기준으로 우리의 신앙을 검증하고 판단하여 하나님의 자녀답게 살아가라는 것이 요한일서의 핵심적인 교훈이다.

하나님의 말씀을 행하는 것! 이것은 신자라면 누구에게나 반드시 나타나야 하는 '당연한 모습'이고 '정상적인 모습'이다. 하나님의 자녀면 하나님의 자녀답게 살면서, 하나님을 닮은 모습을 드러내는 것이 정상적인 모습이기 때문이다. 그러므로 요한일서는 신자의 가장 중요한 표식을 '의로움'과 '사랑'이라고 결론 짓고 있는 것이다.

물론 여기서 '행함'이란 완벽한 행함이나 완벽한 실천을 의미하는 것은 아니다. 그러나 신앙생활을 한 지 20년, 30년이 지나도 전혀 변한 것이 없고, 삶의 열매도 없고, 하나님을 닮은 모습도 없다면 우리는 그런 사람을 어떻게 이해해야 하겠는가? 두려운 말이지만, 우리는 그의 믿음이 구원에 이르지 못하는 죽은 믿음이라고 할 수밖에 없다. 이는 성경이 그렇게 증거하고 있기 때문이다. 그러므로 요한일서는 거듭 이 표식으로 자기의 신앙을 점검해 볼 것을 우리에게 요구한다. 참된 믿음은 행함으로 열매를 맺을 수밖에 없다. 즉 참된 신자의 표식은 신앙고백뿐만 아니라, 그 고백에 상응하는 행함에 있다.

행함으로 믿음의 진위를 가리며 검증할 수 있다는 이 문제에 대해 개혁주의 신학자인 리덜보스(H. Ridderbos)는 이렇게 결론 짓고 있다.

> '행함'이라는 것은 어떤 사람이 하나님나라에 속한, 혹은 하나님나라를 소유했다는 사실의 다른 면, 즉 하나님의 구원(은혜)에 동참했다는 '표식'이다.[1] 그리고 이미 시작된 하나님의 사역에 그 일원으로 참가하여 하나님의 구원을 받고, 통치를 받는 자는 그의 삶을 통하여 하나님의 은혜를 나타내야 할 분명한 책임이 있다.[2] 그러므로 '행함'이란 것은 어떤 사람이 하나님의 은혜와 구원과 영생을 이미 얻었다는 것을 이 세상에 보여 주는 표식, 결과, 열매, 증명 그리고 증거인 것이다.[3]

흔히 기독교를 믿음의 종교 혹은 은혜의 종교라고 말한다. 먼저 인간을 찾아오신 하나님, 인간을 위하여 일하신 예수 그리스도를 믿고 그가 지신 십자가를 의지하는 것, 즉 하나님의 은혜를 받아들이는 것 외에는 달리 할 일이 없다고 한다.

그러나 기독교가 믿음의 종교라는 것은 기독교가 무법천지라는 뜻도 아니고, 무율법주의를 지향한다는 뜻도 아니다. 믿음의 종교라는 명제 아래 예수를 믿고 하늘의 은사를 맛 본 사람은 이 세상에서 이제 아무렇게나 살아도 좋다고 말하는 것은 철저히 비기독교적 발상이다. 교회는 비난받는 사람들, 비윤리적인 사람들, 손가락질 당하는 어둠의 사람들로 가득해서는 안 된다. 교회나 개인 신앙의 출발점에서는 이러한 사람들을 차별 없이 마구 불러모으는 것이 사실이지만, 하나님은 모든 사람들이 그들의 과거를 벗고 어두움을 떠나 빛으로서 살아가도록 고치시고, 명령하시고, 도전하신다. 믿음은 곧 바른 삶의 출발점이 된다. 아니면, 죄와 어두움으로 일그러진 삶의 종착점이라고 부를 수 있을 것이다.

기독교는 복음만이 아니라 이 복음이 자랄 수 있는 하나님의 계명을 함께 전파한다. 또 복음을 받아들이는 사람들이 가지고 살아가야 할 하나님의 뜻도 함께 선포한다. 그래서 하나님을 믿는 것은 하나님의 계명을 힘써 지키는 것으로 표현되고, 그것은 하나님을 향한 사랑을 반영한다. 믿음의 길과 바른 삶의 길이 하나로 결합되어 신앙생활을 만들어 내는 것이다. 하나님의 뜻을 무시한다면 우리의 믿음은 관념적이거나 지식 내지 이론의 차원에 머물게 되고, 믿음을 외면한다면 기독교는 종교라기보다는 도덕과 윤리로 바뀌고 말 것이다. 기독교는 이 둘 중 어느 것도 아니다. 두 요소는 조화를 이루며, 상호보완적인 기능으로 기독교인의 삶을 꾸려간다. 요한서신은 이 점을 강조하고 있다.

요한 사도가 그의 편지에서 하나님의 빛 되심을 말하면서 이 진리를 받아들일 것과 동시에 하나님처럼 빛 가운데 살아갈 것을 명령하는 것이나, 또 예수님의 의로우심을 선언하면서 그분이 인류의 죄와 허물을 위한 화목제물임을 인정할 것과 동시에 그리스도처럼 살아갈 것을 명령하는 것은 바로 기독교의 본질에 속하는 말이다. 예수님을 전하는 것과 그의 명령을 전하는 것은 늘 함께 가야 한다. 마찬가지로 예수님을 믿음으로 받아들이는 것과 그의 명령을 순종으로 받아들이는 것도 함께 나타나야 한다. 이것이 바른 기독교다.

맺음말

오늘날 한국 교회의 큰 고민 가운데 하나는 교회생활을 오래한 사람인데도 그가 정말 예수님을 믿는 사람인지 아닌지 아리송한 경우가 너무 많다는 것이다. 다시 말해, 예수 믿는 증거가 삶으로 뚜렷하게 나타나고 입증되어야 함에도 불구하고 순종 없는 신앙고백을 하는 사람이 너무 많다는 말이다.

이런 현실에도 불구하고 두려운 것은 정작 당사자들은 자신들이 행함과 변화의 모습이 없는데도 정상적인 신앙생활을 하고 있고, 심지어는 잘 믿고 있다고 착각하며 교만한 모습을 보이고 있는 것이다. 이런 면에서 그리스도인의 성숙과 확신의 문제를 다루고 있는 요한일서는 오늘날 우리 한국 교회가 겸손하고 두려운 마음으로 읽어야 할 하나님의 말씀이 아닌가 생각된다.

하나님께서 우리를 구원하신 목적은 거룩함으로의 부르심이요 목적 있는 부르심이지 방향 없는 부르심이 결코 아니다. 하나님께서 왜 우리를 자기 백성으로 택하시고 구원해 주셨는가? 그것은 우리가 이 세상에서 살아가는 동안에 소금과 빛으로, 그리스도의 편지와 향기로 하나님의 자녀답게 살아가면서, 우리의 착한 행실을 통하여 하나님을 영화롭게 하고, 하나님의 뜻을 이 땅 위에 이루어가기를 바라셨기 때문이다.

그런데 우리는 지금 어떻게 살고 있는가? 과연 하나님의 부르심에 합당하게 부끄럼 없이 생활하고 있는가? 우리가 하나님 앞에 서는 날 하나님께서 우리에게 제일 먼저 하실 질문은 세상에 다녀오는 동안 "네가 무엇을 믿었느냐"가 아니라 "네가 도대체 무엇을 하였느냐" 하는 것이다.

이제 성도들은 이 세상을 살아가는 동안 하나님을 닮은 의로운 삶과 사랑의 삶을 통해 자신의 믿음을 입증하고 하나님의 영광을 드러내는 삶을 살아감으로 하나님의 구원의 목적을 성취해 가는 사람이 되어야 한다. 이제 더 이상 우리 교회들이 순종 없는 신앙고백만을 되뇌이는 '거짓말쟁이들'로 채워져서는 안 될 것이다. 이를 위해 설교자들은 검증 서신인 요한일서를 두렵고 떨리는 마음으로 성도들과 함께 읽어가면서, 쓰여진 말씀을 가감하지 말고 그대로 기준으로 삼아 우리의 연약함과 잘못된 부분들을 바로 잡아가야 한다. 또한 말씀대로 살아가지 못하면서도 온갖 이유를 대며 자신을 합리화하고 정당화하는 교만도 바로 잡아야 할 것이다. 그리하여 우리 성도들이 정상적인 그리스도인, 성숙한 그리스도인들로 변화해 가도록 그들을 이 말씀으로 흔들어 깨워야 할 것이다.

우리 성도들이 입으로 주님을 시인하고 높이는 만큼 삶으로 우리 주님을 높일 수 있다면 우리 사회는 참으로 정직하고 복 된 사회가 될 것이라 생각한다. 이제는 우리 성도들이 구원받고 영생을 소유한 자라는 '신분을 즐기기만 하는 수준'에서 벗어나 '성숙'을 향해 나아갔으면 하는 바램 간절하다. 또한 기복적이고 이기적인 신앙에서 벗어나 역사와 민족 앞에 책임을 감당하는 '실천적 그리스도인', '행동하는 그리스도인'이 되어야 하겠다. 이는 변화와 새 창조의 역사는 오직 사명을 감당하는 책임 있는 그리스도인들을 통해서만 이루어지기 때문이다.

7 요한서신의 주요 용어들 연구

여는 말

요한복음은 신약성경 중 가장 쉬운 단어로 쓰여졌음에도 가장 이해하기 어려운 복음서로 알려져 있다. 그 단어들이 요한만의 독특한 색깔을 띠는 경우가 많기 때문에 그 내용을 정확히 이해하기 어려운 '수수께끼 같은 복음서' 라 할 수도 있다. 요한서신 역시 이러한 요한복음의 언어적 특징을 그대로 갖고 있다. 복음서와 서신은 요한만의 독특한 색깔을 내는 단어들을 공유할 뿐만 아니라 단순한 단어를 반복해서 사용한다는 것과 그 단순한 단어 혹은 숙어의 정확한 의미를 파악하기 어렵다는 면에서도 일치한다.

이와 같은 연구가 의미 있는 것은 요한서신이 1세기 말에 살아 숨 쉬고 있던 교회 공동체의 생생한 목소리를 담고 있어서 여기에 공동체의 자인식을 표현하는 단어들과 용어들이 많이 나타나기 때문이다.

용어들

1. '하나님의 자녀'

요한일서에 나타난 여러 표현들 중 가장 기본적이고 중요한 것은 '하나님의 자녀'(요일 3:1, 2, 10; 5:2)다. 신앙 공동체로서의 '하나님의 자녀' 모티 브는 요한복음에서도 이미 중요한 자리를 차지하고 있다(요 1:12; 11:52). '하 나님의 자녀'라는 표현의 빈도수로만 판단하면 이것이 요한복음과 서신들 모두에서 다른 문구들에 비해 미미하게 나타난다. 하지만 이 개념이 신자 를 지칭하는 여러 다른 표현들의 기초가 되고 있다는 것과 이러한 표현들 이 요한복음과 서신들에 편만하게 분포하고 있다는 사실은 이 개념의 중요 성을 말해 주고 있다.

요한복음에는 '하나님의 자녀'라는 문구가 두 번밖에 나오지 않는다. 하지만 이 문구가 요한복음 프롤로그(요 1:1~18)에서 중심 주제로 등장할 뿐 만 아니라(요 1:12) 예수의 십자가 지심의 의미를 해석하는 중요한 부분에 다 시 나타난다(요 11:52)는 것은 이 어구의 중요성을 대변해 준다. 사실 이스라 엘 백성이 하나님의 자녀라는 사상은 구약(참조 신 14:1; 호 2:1)과 고대 유대교 (참조 집회서 36:17; 제4에스라서 5:28)에 이미 존재하는 사상이다. 이것과 연관되 어 신자의 하나님 자녀 됨은 약간씩 다른 표현으로 공관복음서와 바울서신 에도 나타난다(참조 마 3:9; 5:9; 눅 20:36; 롬 8:16f.). 요한은 전통적인 용어를 사 용해서 신자의 특색을 설명하고 있는 것이다.

요한복음 1:13은 요한이 '하나님의 자녀'에 대해 구약, 고대 유대교, 혹 은 바울과 어떻게 다르게 이해하고 있는지를 보여 준다. 요한복음에서 '하 나님의 자녀' 됨은 구약이나 유대교에서처럼 선택된 소수의 사람들에게 주 어진 것도 아니요, 바울서신에서처럼 하나님의 양자로서의 법률적 용어도 아니다(참조 롬 8:16f.). 여기에서 하나님 자녀의 특징은 무엇보다 하나님께로 부터 태어난 자들이라는 것이다.

요한복음에 나타난 하나님의 자녀 됨의 또 한 가지 특징은 하나님의 자 녀 됨을 표현한 헬라어 동사 '겐나오'가 미래형으로 쓰인 경우가 없고 대부 분 부정과거형으로 쓰여 하나님의 자녀가 이 땅의 신자들에게 이미 주어진 실현된 특권임을 보여 주는 것이다. 바울도 신자의 하나님 자녀 됨이 현재 에서 시작된다는 면에서(롬 8:14; 갈 4:6~7) 요한과 맥을 같이 하지만, 바울의 강조점은 그것이 완성될 종말에 있다(참조 롬 8:18f.). 한마디로 말해, 요한복음의 하나님의 자녀 됨은 그 강조점이 현재에 있고, 요한은 이것을 현재에 누리는 '특권' (요 1:12)이라고 말한다.

마지막으로 요한복음은 신자의 하나님의 자녀 됨과 예수의 하나님의 아들 됨을 철저하게 구별한다. 바울은 '휘오스' 라는 단어를 예수의 아들 됨과 신자의 아들 됨에 혼용하여 사용하는데 반해(참조 롬 1:3; 9:26), 요한은 전자는 '아들' (휘오스)이라는 단어로 후자는 '자녀' (테크나)라는 단어로 구별하여 사용한다.

요한복음에서는 '하나님의 자녀' 가 신앙 공동체를 나타내는 주요 어구 중 하나였다면 요한서신에서는 이것이 가장 중요한 어구가 되었다(참조 요일 3:1, 2, 10; 5:2). 요한서신에는 '자녀들', '작은 자녀들', '아이들', '하나님의 씨', '하나님께로부터 태어난 자들'과 같이 '하나님의 자녀'의 개념으로부터 파생된 연관 어구들도 많이 나온다. 또한 '하나님의 자녀'와 대치되는 실체로서 '적그리스도'와 '마귀의 자녀' 등이 있다.

요한일서에 의하면 '하나님의 자녀' 는 신자의 가장 기본적인 정체성이다. 여기에는 복음서와 같이 몇 가지 중요한 특징적 요소가 있다. 첫째, 하나님의 자녀는 하나님께로부터 태어난 자들이다(참조 요일 5:1, 4, 18). 하나님의 자녀라는 말 속에 이미 신자는 하나님께 그 근원적 출처를 두고 있다는 것이 전제되어 있다. 복음서와 마찬가지로 서신에서도 하나님의 자녀가 되는 유일한 조건은 예수가 그리스도심을 믿는 것이다(참조 요일 5:1).

둘째, 하나님의 자녀가 이미 현재 실현된 특권이라는 개념은 서신에는 더욱 더 명확하다. "사랑하는 자들아 우리가 지금은 하나님의 자녀라"(요일 3:2a). 이렇게 현재 이미 실현된 하나님의 자녀로서의 신자의 신분을 강조한 것은 요한 공동체가 "분파주의자"와의 논쟁을 통해 공동체 일원들에게 이미 영생을 소유한 자로서의 현재의 자인식을 심어 주어 그들을 안심시키기 위한 목적에서였던 것 같다(참조 요일 5:13).

셋째, 요한복음과 마찬가지로 서신에도 예수의 하나님의 아들 됨과 신자의 자녀 됨의 용어는 철저하게 구별하여 사용한다. 아들(휘오스)이라는 단어는 예수에게만 사용된다.

또한 요한서신에서 '하나님의 자녀'는 신자의 존재론적 실재다. 신자가 '하나님의 자녀'라면 불신자는 '마귀의 자녀'다. 하나님의 자녀와 마귀의 자녀는 그 출처, 신학, 윤리 등 모든 면에서 다르며 서로 교제할 수 없다. 그런데 '마귀의 자녀'는 '하나님의 자녀'와 두 가지 면에서 크게 다르다. 첫째, 기독론적 측면으로서 '마귀의 자녀'는 예수의 중요성과 예수가 육체로 이 땅에 오신 것을 부인한다. 이들은 예수가 그리스도심을 시인하지 않으며(요일 2:22~23; 4:3), 예수가 육체로 오신 것을 인정하지 않는다(참조 요일 4:2; 5:6; 요이 1: 7).

둘째, 윤리적인 측면으로서 '마귀의 자녀'는 신앙의 표현으로서의 윤리적 행동에 대해서 강조하지 않으며 죄를 고백하지 않는다(참조 요일 1:8~10; 4:8~10, 20). 요한서신에서 '하나님의 자녀'와 '마귀의 자녀'의 차이로서 특히 중요하게 취급되고 있는 것은 교리 못지않게 윤리, 그 중에서도 형제 사랑이다. 저자는 여러 주제의 논의를 하면서도 계속해서 형제사랑에 대해서 언급하는 것을 잊지 않는다(요일 4:7, 11).

요한서신에서 '하나님의 자녀' 됨의 특권으로서 중요하게 취급하고 있는 것이 '사귐'(코이노니아)이다(요일 1:1~10). 사귐의 종류는 크게 두 가지로 나눠지는데, 하나는 수직적 사귐으로 하나님과 하나님 자녀간의 사귐이고, 다른 하나는 하나님 자녀간의 수평적 사귐이다. 후자의 사귐 중에는 '우리'로 대표되는 1세대 신자와 '너희'로 대표되는 2세대 신자간의 사귐도 포함된다. 요한서신에서 이러한 사귐은 '하나님의 자녀' 사이에만 가능하다. 잘못된 교리를 가르치는, 하나님의 자녀가 아닌 사람과는 교제의 악수를 나누면 안 된다(요이 1:10~11). 그러나 선교의 문을 통해서 외부자가 하나님의 아들 됨을 통해 내부자와 교제하는 것은 가능하다.

이러한 요한서신에 나타난 '사귐'의 특징은 요한복음 17장의 '하나 됨'(헨)의 특징과 비슷하다. 첫째, '하나 됨'과 함께 '사귐'은 '우리'와 '당신들'로 대표되는 두 세대 신자 그룹을 말한다. 둘째, '하나 됨'과 '사귐'의 목적이 비슷하다. 즉 증거 혹은 선교 사역이다(요 17:21, 23; 요일 1:3). 셋째, '하나 됨'과 '사귐'은 모두 수직적 측면과 수평적 측면을 포함하고 있다(요 17:20~23; 요일 1:3, 4, 6, 7). 넷째, 신자의 일치된 결과 중 하나가 기쁨의 완성이라면(요 17:13), 사귐의 가시적 결과도 또한 기쁨의 완성이다(요일 1:4).

요약하면, 요한서신에서 신자는 '마귀의 자녀'와 대비되는 '하나님의 자녀'며, '하나님의 자녀'는 하나님과 그리고 신자 상호간에 '사귐'을 나누는 자들이다. 요한서신은 남과 나를 철저하게 구별하고 있다. 나는 "우리"(요일 1:1~10) 혹은 "너희"(요일 2:18~29)로 표현되고, 남은 "저희" 혹은 "그들"(요일 2:19)이다. 여기서 "우리" 혹은 "너희"는 참 그리스도인 혹은 참 교회고 "저희"는 그 반대세력이다. "우리"는 예수를 그리스도로 믿는 사람들이고(요일 5:1) "그들"은 "적그리스도"다(요일 2:22). 다른 말로 표현하면 전자는 "하나님의 자녀"인데 반해 후자는 "마귀의 자녀"(요일 3:10)다. 전자는 그 출처가 하나님이고 후자는 세상이다. 이 양자 사이의 중간 그룹은 있을 수 없다.

2. '자녀'

요한서신에서 '하나님의 자녀'와 연관되어 신자를 지칭하는 어구로는 '하나님의 씨'와 '자녀'(테크나), '작은 자녀'(테크니아), '아이'(파이디아) 등이 있다. 또한 요한일서에서는 회중 전체를 아이들/아비들/청년들이라는 한 조의 말로 표현하기도 한다(요일 2:12~14). '씨'라는 단어는 요한복음에서 '다윗의 씨' 혹은 '아브라함의 씨'라는 표현으로 신자를 가리키는 말로 사용된 것인데(요 7:42; 8:33, 37) 서신에서도 '하나님의 씨'라는 말로 이를 표현한다(요일 3:9). 본래 '작은 자녀들'은 '자녀들'과 교환적으로 사용할 수 있는 단어다(참조 요삼 1:4). 그런데 요한일서에서는 '작은 자녀들'은 저자가 독자를 부르는 호칭으로, 즉 저자의 영적 자녀들(요일 2:1, 12, 28; 3:7, 18; 4:4; 5:21)을 지칭하는 경우에만 쓰였다. '아이들'은 예수가 제자에 대한 호칭으로서 사용한 말로서(요 21:5) 요한일서는 저자가 독자를 부를 때 사용(요일 2:14, 18)한다. 요한이서에서는 특이하게 부인으로 인격화된 교회(요이 1:1, 13)의 구성원들을 '자녀'라고 한다(요이 1:1, 4, 13). 신자를 지칭하는 위의 여러 어구들은 '하나님의 자녀'의 또 다른 칭호들이다.

여기서 한 가지 보다 상세한 언급이 필요한 것은 요한일서 2:12~14에 있는 아이들/아비들/자녀들에 관한 것이다. 이 단어 각각 혹은 전체가 누구를 지칭하는가에 대해서 학자들 사이에 열띤 토론이 있어 왔다. 이것에 대한 해석에는 다음과 같은 것들이 있다.

첫째, 이들이 요한교회 내의 세 개의 그룹을 지칭한다는 해석이다. 여기에도 1)이들이 문자적으로 아이들, 젊은이, 늙은이라는 해석과, 2)이들이 은유적으로 사용되어 영적인 아이, 청년, 성숙한 자라는 해석이 있다. 이 해석의 문제점은 본문에서 아이, 청년, 노인 등이 그 순서대로 나오지 않는다는 것과 아비들의 특징과 아이들의 특징(요일 2:13a, 14a)이 같은 내용으로 되어 있다는 데 있다.

둘째, 여기서 '아이들'은 요한 공동체 내의 모든 신자를 지칭하는 용어로 사용된 것이고(참조 요일 2:1, 9), 아비들과 청년들은 구체적인 그룹을 지칭한다는 해석이다. 이 해석도 두 가지로 나누어지는데, 3)청년들과 아비들은 신약의 다른 부분에 나오는 집사와 장로에 비교될 수 있는 교회 직책과 같은 것이라는 해석과, 4)이들이 각각 요한 공동체 내의 젊은이와 늙은이를 지칭한다는 해석(참조 딤전 5:1f.; 딛 2:1~8; 벧전 5:1~5)이 있다. 이 해석의 문제점은 요한복음과 서신에는 3)과 같이 나이 혹은 신분에 따라 교직을 구분하는 내용이 전혀 없으며, 4)와 같은 주장의 문제점은 본문에서 청년들과 어른들의 신앙적 특징에 대한 내용이 모든 신자들에 대한 것이지 나이 혹은 영적 수준 차이에 따른 구분이 아니라는 데 있다.

셋째, 5)아이들/아비들/청년들이라는 세 용어가 한 조(triad)를 이루어 수사적으로 모든 시대, 모든 신자의 영적인 상태를 포괄하는 용어로 사용된 것이라는 해석이다. 이 해석이 본문에 가장 적합한 해석이라고 생각된다.

그러나 이러한 해석의 한 가지 난점은 저자가 신자를 지칭하는 용어로 '하나님의 자녀' 혹은 '자녀' 대신 유독 본문에서만 이 세 단어를 같이 사용했는가에 대한 의문이다. 그 이유는 아마 저자가 전통적인 자료에서 본문을 빌려왔기 때문일 것이다. 본문이 시적인 형태를 띠고 있다는 것, 요한문서에 잘 사용하지 않는 아비들, 청년들에 대한 호칭을 사용한 것을 볼 때 요한이 전통적인 자료에서 본문의 뼈대를 빌려왔을 가능성은 충분히 있다.

그러나 요한문헌의 특징대로 본문은 비록 그 뼈대는 자료에서 빌려왔을지라도 그 내용은 전형적으로 요한적인 색조로 바뀌어 있다. 한마디로 아이들/아비들/청년들은 한 조를 이루어 신자를 지칭한다. 신자들은 첫째, 예수를 통하여 죄를 용서함 받았다(요일 1:12). 둘째, 신자들은 하나님(혹은 그리스도)과 인격적인 교제를 나누고 있다(요일 2:13a, 14b). 셋째, 신자들은 악한 자와 싸워 이미 승리했다(요일 2:13b, 14c).

요한서신은 신자를 집단적 개념이 강한 '성도', '이스라엘', '하나님의 백성' 보다 가족적 친밀감이 강조된 자녀/작은 자녀/아이/하나님의 씨/아이 – 아비 – 청년으로 호칭한다. 이러한 것들은 모두 '하나님의 자녀' 라는 어구와 개념에서 근원한 것들로서 하나님과 신자간의 부자 관계 혹은 신자 상호간의 가족 관계를 전제로 형성된 어구들이다.

3. '사랑하는 자들'

요한서신은 신자를 한 동아리의 구성원 혹은 가족 구성원으로 취급한다. 이러한 용어들로는 '사랑하는 자들', '형제들', '친구들' 이 있다. 요한서신에 신자를 호칭하는 단어로서 자주 등장하는 것이 '사랑하는 자들' 혹은 '사랑하는 자' 다. '아가페토스' 라는 형용사는 '사랑하다' 라는 동사의 수동형에서 파생된 단어로서 그 뜻은 '사랑받는'이다. 요한일서에서는 모두 복수로 신앙 공동체를 지칭할 때 사용되었고(요일 2:7; 3:2, 21; 4:1, 7, 11), 요한삼서에서 개인을 호칭할 때 단수로 사용되었다(요삼 1:1, 2, 5, 11). 바울도 이 단어를 사용했는데(참조 롬 12:19; 고후 7:1), '사랑하는 자' 라는 말은 초대 교회에서 설교를 듣는 청자를 호칭할 때 자주 사용되었던 것이다.

본래 70인역에서는 '아가페토스'(ἀγαπητός)가 히브리어 '야히드'(יחיד)를 번역하여 '유일하게 사랑을 받는 자'의 의미로 사용되었다. 이와 같은 용례가 공관복음서에 반영되어 예수가 '하나님의 사랑받는 아들'(막 1:11; 9:7)로 소개된다. 70인역의 또 한 가지 용법은 '아가페토스'가 하나님의 '사랑받는 백성'이라는 의미로 사용된 것이다(참조 렘 6:26; 31[38]:20; 시 60:7[5]; 108:7[6]; 127:2). 이것은 신약에도 연결되어 로마서 1:7에 '성도로 부르심을 입은 하나님의 사랑하는 자들'이라는 말이 쓰였다.

요한일서의 '사랑받(하)는 자들'은 요한복음에 사용된 '예수의 사랑하는 제자'(요 13:23)에 그 신학적 기초를 두고 있다. '사랑받는 자들'은 사랑하는 제자를 모델로 한 하나님의 사랑받는 제자 공동체를 의미한다. 여기에는 하나님으로부터 사랑받는 자들은 다른 그리스도인을 형제로서 사랑할 의무가 있다는 것이 암시되어 있다(참조 요일 2:9~11; 3:11~17; 4:7~12). 또한 저자가 독자를 '사랑하는 자들'로 부르는 것은 저자가 실제로 이를 실행하고 있다는 증거다.

4. '형제들'

형제라는 단어는 요한복음에 14번 나오는데 대부분 피를 나눈 형제를 가리키는 데 사용된다. 그런데 이 단어가 복수로서 신앙 공동체를 지칭하는 용어로 사용된 경우가 두 번 있다. 예수가 막달라 마리아에게 나타난 사건에서(요 20:11~18), 예수는 그녀에게 제자 무리들과 형제라는 말을 교환적으로 사용하고 있다. 또한 요한복음 21:23에서는 신앙 공동체를 '형제들'이라는 말로 표현하고 있다. 이러한 용법은 요한서신에도 계속된다(참조 요일 3:13; 요삼 1:3, 5).

사실 '형제'라는 명칭은 구약이나 쿰란문서에서 공동체를 지칭하는 것으로 사용되었는데(참조 렘 22:18; 1QS 6:10, 22), 원시 교회에 의해 교회 공동체를 지칭하는 말로 받아들여진 것이다. 이러한 용례는 사도행전과 바울서신에 두드러지게 나타나는데(행 6:3; 롬 8:29) 요한복음도 '형제' 라는 단어를 이러한 의미로 사용한 경우가 있다.

요한서신의 '형제' 이해에서 독특한 것은 요한서신에서는 각 신자가 하나님께로부터 자녀로 태어났기 때문에 그 결과 신자 상호간에 서로 형제가 된다는 사상이 그 배경에 깊이 깔려 있는 것이다. 또한 이러한 아버지와 아들의 관계는 하나님과 예수의 관계를 모델로 한 것으로 하나님과 신자의 관계에도 유추된 것이다(요 20:17).

5. '친구들'

요한복음과 서신에서 형제들의 또 다른 이름은 친구들이다. 요한삼서 저자는 형제들이라고 호칭했던 독자들을(요삼 1:3, 5) 곧이어 친구들이라 부른다(요삼 1:15). '친구' 라는 단어는 고대 사회에서 어떤 모임의 구성원을 지칭하는 말로 사용되었다. 에피쿠로스 학파나 피타고라스 학파 사람들의 모임을 종종 형제들이라고 불렀다(참조 Doigenes Laertius 10:16). 신약에서는 누가문서에서 이러한 용례를 찾아 볼 수 있다. 누가문서에게 복수 '친구들' 은 기본적으로 매우 긴밀하게 맺어진 집단이다(눅 14:12; 15:6, 9, 29; 행 10:24). 이것이 신앙 공동체라는 의미로 사용된 것은 예수와 바울이 각각 그의 제자들을 '친구들' 이라고 부른 데 나타난다(눅 12:4; 행 27:3).

요한복음에도 친구들이 제자 무리를 지칭하는 데 사용된 경우가 있다. 예수는 '형제들' 과 비슷한 의미로 그의 제자들을 '친구들' 이라고 부른다(요 15:13~14). 이러한 용례는 요한서신에도 계속된다. 요한삼서에서 저자는 편지의 수신자 그룹과 발신자 그룹을 모두 친구라고 부른다(요삼 1:15).

하나님과 신자의 관계를 표현한 용어들

요한서신에는 하나님과 신자의 내재와 상호 신뢰를 표현하는 용어들과 신자의 윤리를 표현하는 숙어들이 많이 나온다. 특히 다음에서 고찰할 동사들과 숙어들은 전형적으로 요한적인 색조를 띠는 것으로서 그 정확한 의미를 캐내어 볼 필요가 있는 것들이다.

1. '거하다'

동사 '거하다'(μένω메노)의 기본적인 의미는 어떤 장소에 머물러 있다, 어떤 상태를 '계속 유지하다', '그대로 머물러 있다'는 뜻이다. 이에서 파생된 의미로서 신약에서 이 단어는 '머물다'(요 1:38f.), '살아남아 있다'(요 21:22f.), '계속 살다'(고전 15:6), '어떤 상황에 머물러 있다'(고전 7:8, 11, 20, 24, 40) 등이 있다. 일반 헬라어 용법에서 처음에는 이 단어가 어느 고정된 장소에, 특정한 시간에 머물러 있다는 의미로 쓰이다가 후에는 인격체 상호간의 '유대를 끊지 않고 지속하다'라는 의미로까지 확대되었다.

이 어구는 요한서신에서 다음 세 가지 형태로 쓰였다. 1) 하나님(혹은 예수)과 신자의 상호 인격적 내재를 표현하는 것이다. 더 구체적으로는 신자의 하나님 안에 거함(요일 2:6; 3:24; 4:13, 15, 16), 신자의 예수 안에 거함(요일 2:27, 28; 3:6), 신자의 예수와 하나님 안에 거함(요일 2:24), 하나님의 신자 안에 거함(요일 3:24; 4:12, 13, 15, 16) 등으로 분류할 수 있다.

2) 인격체가 아닌 신앙적 실체가 신자 안에 거하는 것을 표현한 것인데, 하나님의 말씀(요일 2:14), 진리(요이 1:2), 처음부터 들은 것(요일 2:24), 주께 받은 바 기름 부음(요일 2:27), 하나님의 씨(요일 3:9) 등이다. 부정적인 형태로 비신자들에게는 영생(요일 3:15)과 하나님의 사랑(요일 3:9)이 거하지 않음을 말한 구절도 이 범주에 포함될 수 있다.

3) 여러 가지 신학적인 용법으로 쓰인 것으로, 형제를 사랑하는 자는 '빛'에 거함(요일 2:10), 사랑이 없는 사람은 '죽음'에 거함(요일 3:14), 신자가 '사랑' 안에 거함(요일 4:16), 신자가 예수의 '가르침' 안에 머물러 있음(요이 1:9) 등으로 분류된다.

단어 '메노'는 전형적으로 요한적인 단어로서 요한문서에서 전치사

'엔'과 결합하여 특정한 신학적 의미를 띤다. 요한복음과 서신에서 이 구절은 하나님(예수) – 신자간의 내재를 표현하는 중요한 어구다(참조 요 15:4f.; 요일 2:24, 28). 이 어구는 요한서신에서 하나님과 신자 관계의 친밀성을 나타내는 최고의 표현 중 하나다. 그런데 이것을 신비주의적인 연합으로 보는 것은 잘못이다. 왜냐하면 요한복음과 서신 모두 '거하다'라는 어구가 인격체간의 신비적(mystical), 윤리와 상관없는 관계를 표현하는 것이 아니라 오히려 '형제 사랑' 혹은 '계명을 지키는 것'과 연관되어 있기 때문이다(참조 요 15:10, 12, 17; 요일 3:16).

구약, 유대교, 혹은 헬라문서에는 이 어구의 정확한 병행 문구가 나타나지 않는다. 그러나 바울의 '신자의 그리스도 안에 거함'과 '그리스도의 신자 안에 거함'(참조 롬 8:10; 고후 13:5)이라는 어구가 부분적으로 그 의미가 '메노 엔'과 병행하는 문구라고 할 수 있다.

결국 요한의 '거하다'라는 문구는 요한이 가지고 있는 하나님과 신자의 내재에 관한 독특한 신학을 표현한 것이다. 이것은 헬라문헌에 나타나는 것처럼 신과 인간을 구별하지 않는 사상을 피하면서도 하나님과 신자의 내재의 친밀성을 표현하고 있다. 또한 하나님과 신자의 내재는 신자 상호간의 사랑으로 표현되는 것으로서, 이것은 신비주의적인 이해와도 거리가 있다.

2. '알다'

다른 문헌에서처럼 요한서신에서 '알다'(γινώσκω기노스코)라는 동사는 기본적으로 '어떤 사실이나 사물을 알다', '인식하고 있다'(참조 요일 2:3a; 4a, 5) 혹은 '진위를 구별하다'(요일 4:6)라는 의미로 쓰인다. 이것이 인격체와 관계되었을 때는 상호간의 친밀한 관계가 있다는 것을 의미한다(참조 요일 2:3b; 2:4, 13, 14). 그런데 요한서신에서 '알다'라는 동사는 어떤 사물에 대한 정보를 갖고 있다는 뜻보다 신학적인 의미로 인격체 상호간의 유대를 나타내는 말로 사용된 경우가 더 많다. 이는 전형적으로 요한적인 것이다.

그러므로 인간 편에서 보면 '하나님(혹은 예수)을 안다'는 것은 하나님과 관계를 맺고 있다는 것, 즉 하나님을 믿는다는 말이 된다(참조 요일 4:16). 요한문헌에서 '세상'은 하나님을 믿지 않으므로 하나님을 알지도 인식하지도 못한다(참조 요 1:10; 3:10; 14:17; 16:3; 17:25; 요일 3:1). 하나님(혹은 예수) 편에서 보면 하나님이 사람을 안다는 것은 하나님이 신자와 깊은 사귐을 나눈다는 뜻이다. 그러므로 하나님을 아는 자는 그것으로부터 그것에 따른 윤리적 행동이 나온다. 하나님을 아는 자는 그의 계명을 지키고(요일 2:3~4), 교회 공동체 멤버들과 올바른 관계를 맺으며(요일 4:8), 하나님과 형제를 사랑한다(요일 4:7). 그러므로 그리스도인의 윤리를 행치 않는 자(요일 3:6), 사랑하지 않는 자(요일 4:8)는 하나님을 알지 못하는 자다.

한 가지 주의해서 볼 점은 요한복음과 서신에는 '기노스코'라는 동사는 56번 사용된 데 반해 '그노시스'라는 명사는 전혀 사용되고 있지 않다는 것이다. 이것은 요한문서 저자가 영지주의적인 용어인 '영지'(그노시스)를 배격한 데서 기인한 것 같다. 한마디로 요한서신은 구원을 얻는 데 필요한 '신비한 지식'과 같은 영지를 인정하지 않는다. 요한서신의 '알다'라는 동사는 '믿다', '거하다', '사랑하다', '빛 안에 거하다'와 같이 하나님과 인간의 관계를 표현하는 용어다. 위의 동사들은 모두 그 동사의 행위에 따르는 윤리적 행동이 그 결과로서 나타난다.

3. '빛 안에서 행하다'

빛과 어두움(스코티아)이라는 비유를 사용해 신(神) 혹은 종교의 본질을 설명하는 것은 헬라사상과 유대교에서 모두 나타난다. 특히 영지주의는 '빛의 종교'라고 할 수 있을 정도로 이 비유를 많이 사용하는데, 여기서는 빛과 어두움이 적대적이고 독립적인 힘으로 존재한다. 영지주의에서는 빛과 어두움이 같은 힘을 가지고 서로 대립되는 것으로 나타나는 반면, 구약과 쿰란에서 이 비유는 윤리적인 행동에 관계되어 사용된다. 전자가 형이상학적 이원론을 바탕으로 한다면, 후자는 윤리적 이원론에 근거하고 있다.

요한문서도 빛과 어두움의 이원론 구조를 사용하는데 그 배경으로서 가장 가까운 것은 구약과 쿰란문서다. 구약에서는 어두움이 거짓과 악을 상징한다면 빛은 진리 혹은 의를 나타낸다(참조 창 1:3~5; 시 119:130; 사 5:20; 미 7:8b). 쿰란문서는 하나님을 '완전한 빛'(1QH 18:29)으로 표현하며 '빛의 자녀들'과 '어두움의 자녀들'이라는 용어를 사용하여(참조 1QS 1:5, 9~10; 5:19~21; 1QH 4:5~6; 1QM 13:5) 각각 선과 악을 행하는 원천으로 묘사한다.

이와 같은 배경 하에서 요한서신은 빛과 어두움의 상반되는 개념을 통해 하나님과 예수의 본질을 설명한다. 하나님은 '빛'이시다(요일 1:5). '참 빛'(곧 예수; 참조 요 8:12)이 벌써 비추고 있다(요일 2:8). 요한서신에는 쿰란문서와 같이 '빛의 아들들' 혹은 '어두움의 아들들'이라는 용어는 나오지 않지만 '하나님의 자녀'와 '마귀의 자녀'라는 표현이 같은 의미를 지닌다(요일 3:10). 한 걸음 더 나아가 요한서신은 다음과 같은 빛과 어두움의 비유를 윤리적 행동과 연관시키고 있다. '빛 안에서 행하다'(요일 1:7), '빛 안에 거하다'(요일 2:10), '빛 안에 있다'(요일 2:9), '어두움 안에 있다'(요일 2:9, 11), '어두움 속에서 행하다'(요일 2:11). 빛이 올바른 삶을 지배하는 원천이라면, 어두움은 죄 된 삶의 인도자다(요일 2:11).

요한서신은 이러한 빛의 비유를 윤리적 삶과 상관 없이, 어떤 사람을 득도의 길로 이끄는 신자 안에 있는 내적 빛이란 의미로 사용하지 않았다. 요한신학의 관점에서 보면 '빛 안에서 행하는 것'은 다름 아닌, 하나님으로부터 태어난 하나님 자녀의 행동이고 그것은 형제 사랑과 연결된다. '어두움 속에서 행하는 것'은 하나님께로부터 태어나지 않은, 마귀의 자녀들이 하는 행동이며 곧 형제를 미워하는 것이다(요일 2:9~11).

4. '진리 안에서 행하다'

진리라는 단어는 신약에 109번 쓰이는데 그 중 거의 절반이 요한문헌에 나온다. 요한복음에서는 기독론적인 칭호로(참조 요 14:6)도 쓰이며 특히 서신에서는 복음서의 내용을 전제로 이 단어가 예수 그리스도 안에서 혹은 그를 통하여 계시된 진리라는 것을 의미한다(참조 요일 1:8; 2:4, 21; 요이 1:1~2).

요한서신에는 여기서 파생된 것으로서 '진리를 행하다' (요일 1:6) 혹은 '진리 안에서 행하다' (요이 1:4; 요삼 1:3~4)라는 숙어가 나오는데 이것은 진리의 내적인 원리에서 흘러나오는 행동을 말하며 위에서 언급한 '빛 안에서 행하다' 와 비슷한 의미로 쓰였다.

8 요한일서에 나타난 그리스도인과 죄의 관계
요한일서 1장 8절과 3장 6, 9절의 관계

들어가는 말

요한일서의 저자 장로 요한은 1:8에서 이렇게 선언한다.

ἐάν εἴπωμεν ὅτι ἁμαρτίαν οὐκ ἔχομεν ἑαυτοὺς πλανῶμεν καὶ ἡ ἀλήθεια οὐκ ἔστιν ἐν ἡμῖν

만일 우리가 죄가 없다고 말한다면, 우리는 우리 자신을 속이는 것이고 진리가 우리 속에 있지 않을 것이다(1:8).[1]

그 반면에 3:6과 3:9절에서 동일한 저자인 요한은 조금 다른 주장을 펼치고 있는 것처럼 나타난다.

πᾶς ἐν αὐτῷ μένων οὐχ ἁμαρτάει· πᾶς ὁ ἁμαρτάνων οὐχ ἑώρακεν αὐτὸν οὐδὲ ἔγνωκεν αὐτόν

그 안에 거하는 자마다 죄를 짓지 않는다. 왜냐하면 죄 짓는 자 마다 그를 보지도 못했고 그를 알지도 못했기 때문이다(3:6).

Πᾶς ὁ γεγεννημένος ἐκ τοῦ θεοῦ ἁμαρτίαν οὐ ποιεῖ, ὅτι σπέρμα αὐτοῦ ἐν αὐτῷ μένει, καὶ οὐ δύναται ἁμαρτάνειν, ὅτι ἐκ τοῦ θεοῦ γεγέννηται.

하나님에게서 낳음을 받은 자마다 죄를 짓지 않는데, 그 이유는 그의 씨가 그 안에 남아있기 때문이다. 그리고 그는 죄를 지을 수 없으니 그 이유는 그가 하나님으로부터 낳음을 받았기 때문이다(3:9).

3장에 있는 이 두 구절의 내용은 이렇게 요약할 수 있다. 하나님께로부터 낳음을 받은 자, 그 안에 거하는 자마다 죄를 지을 수 없고 짓지 않는다. 이 내용은 실제적으로 기독교 신자들이 경험하는 것과 상당한 거리가 있으며, 더 중요하게는 1:8에서 동일한 저자가 언급한 것과도 차이가 난다.[2] 이 구절에서 저자는 '우리' 곧 믿는 자들이 죄 없다고 주장한다면 거짓말하는 것이며 진리가 믿는 자 안에 없을 것이라고 선언한다. 그런데 3장의 두 구절에서는 믿는 자는 죄를 지을 수도 없고 짓지도 않는다고 주장한다. 이것을 어떻게 해석해야 올바른 것일까?

이 장의 목적은 이러한 서로 모순되어 상충되는 것처럼 보이는 1장과 3장의 내용을 어떻게 이해해야 하는지에 대한 하나의 의견을 제시하는 것이다. 이 목적을 이루기 위해서 먼저 다른 학자들에 의해 제시된 의견들을 요약 정리할 것이며, 그 후에 3:6과 3:9에 있는 동사와 분사의 시제의 의미를 면밀히 분석하고자 한다. 신약, 특히 요한 문헌과 구약 헬라어 성경인 70인경에서 요한일서 3:6과 3:9에 사용된 동사형의 시제를 어떻게 사용하고 있으며 그것에 따라 의미가 어떻게 달라지는가를 살펴봄으로써 문제의 해결책을 찾아보고자 한다.

제시된 의견들

앞서 언급한대로 너무도 분명하게 드러나 보이는 요한일서 1:8; 3:6;

3:9의 상충된 내용을 해결해 보기 위해 학자들은 많은 의견들을 제시했다. 이런 의견들을 살펴보는 것은 본 논고가 다루는 주제의 중심 문제를 파악하는 데 도움을 줄 것이기에 간략하게 살펴보고자 한다.[3]

1. 고의적인 죄를 가리킨다는 주장

가장 간단한 해결책 중에 하나는 '죄를 짓지 않는다'는 문구를 '고의적으로나 자발적으로 죄를 짓지 않는다'로 보거나, 그것과 연결하여 요한일서 5:16에 묘사되어 있는 죽음으로 이끄는 죄를 짓지 않는다는 의미로 보는 것이다.[4] 하지만 이 주장은 설득력이 없다. 왜냐하면 다윗이 그랬듯이 믿는 자도 때때로 고의로 혹은 자발적으로 죄를 범하기 때문이다. 이 주장의 또 다른 문제점은 요한이 여기서 죄 일반을 다루고 있지 특정한 죄에 대해 다루고 있는 것이 아니라는 데 있다. 그리고 고의성과 비고의성을 구분하기 어렵다는 문제점도 안고 있다.[5]

2. 신자의 미래 상태를 나타낸다는 의견

보다 더 설득력이 있는 주장은 요한일서 3:6과 3:9의 선언은 하나님을 믿는 자들의 현재 상태를 나타내는 것이 아니라, 미래 하늘나라에서 경험할 상태를 나타낸다는 주장이다. 곧 요한일서 3장의 내용은 하늘나라에서 신자들이 죄를 짓지 않을 것이고 죄를 지을 수 없음을 보여준다. 그것은 단순히 믿는 자들이 완벽한 장소로 옮겨갈 것이기 때문이 아니라, 이 땅위에서 변화하기 시작하는 신자의 내적 존재가 완전하게 변화될 것이기 때문에 일어날 일이라는 것이다. 지금 이 땅위에서 믿는 자는 예수님 안에 있으며, 비록 좋은 상태와 나쁜 상태를 오가며 그 과정을 반복한다 할지라도 그들은 예수 그리스도 안에 머물 것이며, 장차 죄를 지을 수 없는 하늘나라로 옮겨갈 것이다.[6] 이 주장은 그 강조점을 신자의 미래 상태에 두고 있으나, 이 두 구절에서 미래로 해석할 만한 직접적인 이유를 발견하기 힘들다는 약점이 있다.

3. 신자의 이상적 실재

위의 두 번째 주장은 마샬(I. Howard Marshall)이나 스몰리(Stephen S. Smalley)같은 학자들에 의해서 좀 더 발전하여 체계적인 모습을 갖추게 된다. 문법적, 신학적, 상황적인 설명에 대해 자세히 평가한 후에, 스몰리는 요한일서 3장에 있는 구절들은 '요한 공동체의 정통파 옹호자들(orthodox adherents)'에 집중하고 있다는 결론을 내린다.[7] 1:8에서 죄가 없다고 믿는 이 단자들에 대해 반론을 펼쳤던 이 서신서의 저자는 반대로 정통주의자들에게는 신자가 죄를 짓지 않으며 승리할 수 있다는 사실을 상기 시키려고 시도하고 있다는 것이다.[8] 스몰리는 신자들이 여전히 죄를 지을 수 있으며 실제로 죄를 짓는다는 것을 인정한다. 이 문제를 해결하기 위해 스몰리는 쉬낙켄부르크(Rudolf Schnackenburg)에 의해 제시된 '이미'와 '아직'의 논증을 도입한다[9]. '이미'와 '아직'의 개념은 요한의 구원 신학의 전형적인 것이다. 지금 그리스도 안에서 머물고 있는 믿는 자들은 이 땅위에서 부분적으로 죄가 없을 수도 있으나 무죄함의 완벽한 상태는 하늘나라에서 미래에 성취될 것이다.[10]

마샬은 3:6의 진술은 믿는 자들의 이상적인 모습을 보여주는 것이라고 생각한다. 그것은 '종말론적인 실재, 곧 신자들에게 열려있는 가능성으로서 하나의 사실("그는 죄를 지을 수 없다")이기도 하고 조건적이기도 하다["(만일 그가) 그 안에서 산다면"].[11] 그 과정은 하늘나라에서 최상으로 완성될 것이며, 이 종말론적 실재는 이 땅위에서 실현하기 어려운 것이기는 하지만, 그렇다고 불가능한 것은 아니어서 이 땅위에서 실현될 수 있는 것이라고 그는 덧붙인다.

스몰리의 주장은 그 당시 배경과 공동체의 상황, 그리고 신학적 이해에 바탕을 두고 있으며, 마샬과 더불어서 문법적 접근을 진지하게 취급하지 않는다. 그러나 그 당시 공동체의 상황이나 배경 등에 대한 정확한 정보를 갖는다는 것은 어려운 일이어서 그것에 근거하여 최종적인 결론을 내리는 것은 쉽지 않은 작업이다. 또한 문법적 분석에 근거한 주장을 좀 더 진지하게 고려해 보려는 노력이 필요하다.

4. 조건으로 보는 해석

또 다른 해석은 6절과 9절에 있는 πᾶς ὁ(파스 호) + 분사, 곧 '하나님 안에 머무는 혹은 하나님께로부터 낳음을 받은 자는 누구든지'를 일종의 조건을 나타내 주는 것으로 본다. 앞서 언급한대로, 마샬은 의식적이든 무의식적이든 간에 종말론적인 의미에 대해 설명하는 과정 중에 조건의 의미를 소개한다. '만일 그가 그 안에서 산다면.' 하지만 그는 이것을 적극적으로 주장하지는 않으며 이 생각을 아마도 불트만(Rudolf Bultmann)에게서 빌려온 것으로 여겨진다. 불트만은 '그 안에 머무는 것'이 '죄를 짓지 않는 것'의 전제 조건이라고 생각한다.[12] 다시 말해 신실하게 그 안에 남아 있어야만 죄를 짓지 않게 된다는 것이다. 그의 이러한 주장은 개연성이 높아 보이는 것이 사실이나 그는 자신의 주장을 신학적인 사고와 실제적인 경험에 근거하여 전개하고 있다. 불트만은 어느 신자도 언제나 신실할 수는 없는 까닭에 이 부분은 신실해지라는 충고요 경고라는 논리를 펼치고 있는데 그 근거를 좀 더 자세하게 제시할 필요가 있다. 신자가 언제나 신실할 수는 없기에 이 부분을 그렇게 되라는 경고나 훈계라고 해석해야만 하는 것은 아니기 때문이다.

5. 분사와 동사 시제의 의미에 집중하는 의견

많은 주석가들은 분사와 동사의 시제에 주목하여 이 문제를 해결하고자 한다. 현재시제가 '머물다'에 해당하는 헬라어 분사(μένων 메논)와 '죄 짓는다'를 위한 헬라어 동사(ἁμαρτάνει 하마르타네이)와 분사(ἁμαρτάνων 하마르타논)를 위해 사용되고 있다. μένω(메노)의 현재시제는 예수 그리스도 안에 있는 개인을 위해 사용되는데 곧 그런 '존재의 특징적인 방식'을 가리키기 위해 사용된다.[13] ἁμαρτάνω(하마르타노)동사와 분사의 현재시제는 단 한번의 동작을 가리키지 않고 지속적이거나 습관적인 행동을 지칭한다. 따라서 3:6에 있는 문장의 의미는 '누구든지 그 안에 머무는 사람은 습관적으로 죄를 짓지 않는다. 누구든지 계속해서 죄를 짓는 사람은…'이라고 보아야 한다[14].

NIV 성경은 요한일서 3:6과 3:9를 다음과 같이 번역함으로써 분명하게 이 입장을 반영하고 있다.

No one who lives in him keeps on sinning. No one who continues to sin has either seen him or known him(3:6).

No one who is born of God will continue to sin, because God's seed remains in him; he cannot go on sinning, because he has been born of God(3:9).

이 번역에서 강조점은 분사와 동사의 현재시제의 상(相 혹은 측면, aspect)에 대한 해석에 놓여 있으며, 현재시제는 지속적인 행동을 지칭하는 것으로 해석된다.[15] 더 나아가 어떤 학자들은 현재시제에 대한 것뿐만 아니라, '낳음을 받은 자'를 위해 사용된 헬라어 현재완료의 의미에 관심을 기울인다. 현재완료는 과거의 동작, 곧 '낳음을 받은 것' 뿐만 아니라 그 낳음을 받은 결과가 현재 존재함을 나타낸다는 사실에 주목한다.[16]

이와는 대조적으로 개역개정 성경은 헬라어 시제에 대한 어떠한 해석도 가하지 않은 채 3장의 두 구절을 번역하고 있으며 이와 같은 번역은 대다수 영어 성경의 번역과 동일하다.

> "그 안에 거하는 자마다 범죄하지 아나하나니 범죄하는 자마다 그를 보지
> 도 못하였고 그를 알지도 못하였느니라"(3:6).
> "하나님께로부터 난 자마다 죄를 짓지 아나하나니 이는 하나님의 씨가 그의
> 속에 거함이요 그도 범죄하지 못하는 것은 하나님께로부터 났음이라"(3:9).

과연 그렇다면 어느 것이 이 두 구절에 대한 정확한 번역이며 올바른 해석인가? 비록 동사의 시제에 집중하여 그 의미를 파악하고자 하는 노력이 많은 학자들에 의해 제기되었으나, 그들의 연구에서 보다 면밀히 검토되어야 할 부분이 있다. 그것은 3:6과 3:9에 사용된 분사와 동사의 시제를 세밀하게 살펴보는 것이다. 단순히 일반적인 헬라어 동사 시제의 의미를 살피는

것도 필요하거니와 더 나아가 두 구절에서 사용된 특정 동사들의 시제가 요한문헌과 신약성경 나아가 70인경에서 어떻게 사용되고 있는가를 검토하는 작업이 이 구절들을 바르게 이해하기 위해 반드시 필요한 작업이다[17].

시제 의미 연구

1. 3:6의 μένω(메노)의 현재 분사

1) 신약성경에서의 용법

신약성경에서 오로지 현재시제만이 μένω(메노)의 분사 형태를 위해 사용되었으며 이 동사의 분사형은 베드로전서 1:23에 나타난 것을 제외하고는 모두 요한문헌에서 발견된다.[18] 요한복음 1:33; 5:38; 6:27; 14:10, 25; 15:5; 요한일서 3:15; 4:16; 요한이서 1:2; 1:9. 그렇다면 '메노' 동사의 의미는 무엇인가? BDAG에 따르면, 이 동사는 단순히 '머물다'는 의미를 나타낼 뿐만 아니라, 특별히 μένω ἐν τινι(메노 엔 티니) 구문으로 사용될 때 '내적인 지속적인 인격적인 교류'를 의미한다.[19] 흥미로운 예문이 요한복음 14:25에서 발견되는데 그곳에서 '메노'는 전치사 구문 ἐν τινι(엔 티니) 없이 사용되고 있음에도 불구하고 BDAG에서 제시한 의미를 전달해 주고있다. 이 동사는 전치사 구 없이 그 자체만으로도 두 편 사이의 친밀하고도 내적인 관계와 지속적인 상호 행위를 표현해 준다. 요한일서 3:6에서는 전치사 구문과 함께 사용되어 더욱 더 강력하게 이런 의미를 전달해준다. 이와 같이 이 동사는 분사형으로 쓰일 때 언제나 현재형만 사용되며 지속적이며 인격적인 교류를 표현해준다.

2) 70인경의 μένω동사의 용법

70인경에서 이 동사의 단순과거분사는 이사야 59:9에서 한번 발견되지만, 그곳에서 이 동사는 타동사로 사용되어 '…를 기다리다'라는 의미를 나타낸다.[20] 반면에 구약 헬라어 성경에서 이 동사의 현재분사 형태는 일곱 번 나타나며, 그 중 다섯 번은 그 의미가 '남아있다, 지속하다, 생존하다, 견디다' 등이다:[21] 전도서 7:15; 이사야 5:11; 다니엘 6:27; 지혜서(Wisdom) 7:27; 19:18. 결론적으로 70인경에서 이 분사가 자동사로 사용되어 '머물다, 남아있다' 등의 의미를 나타내고 분사 형태를 사용하게되면 예외 없이 현재 시제를 취한다. 그리고 신약에서와 마찬가지로 현재시제의 의미는 지속적으로 머무르거나 남아있는 것을 나타낸다.

요약하자면 μένω(메노)동사는 신약과 70인경에서 분사 형으로 사용될 때 현재만 쓰이고 현재 분사의 의미는 '지속적 머무름'의 상태를 표현해주며, 특별히 신약에서는 내적이며 지속적인 인격적 교류를 나타내준다.

2. '하마르타노' 동사의 시제 연구

1) 요한일서 5:16 - 습관적 행동이라는 해석에 대한 반증

많은 학자들은 동사의 시제에 근거하여 의미를 밝혀내고자 하는 주장을 어렵게 만드는 것은 '하마르타노'(죄를 짓는다)동사의 시제 용례가 이 주장을 지지해 주지 않는다는데 있음을 지적한다(스몰리, 마샬 등). 그들은 요한일서 5:16의 이 동사의 시제에 주목한다,

Ἐάν τις ἴδῃ τὸν ἀδελφὸν αὐτοῦ <u>ἁμαρτάνοντα</u> ἁμαρτίαν μὴ πρὸς θάνατον, αἰτήσει καὶ δώσει αὐτῷ ζωήν, τοῖς <u>ἁμαρτάνουσιν</u> μὴ πρὸς θάνατον. ἔστιν ἁμαρτία πρὸς θάνατον· οὐ περὶ ἐκείνης λέγω ἵνα ἐρωτήσῃ.

만일 누군가가 그의 형제가 죽음에 이르게 하지 않는 <u>죄를 범하는 것</u>을 보면 그는 기도할 것이며 그(하나님)가 그에게 생명을 주실 것인데, 곧 죽음에 이르게 하지 않는 <u>죄를 짓는 사람들</u>에게 주실 것이다. 죽음에 이르게 하는 죄가 있는데 나는 이런 죄에 대해 그가 기도할 것을 말하지 않는다.

이 구절에서 '죄를 짓다'라는 의미를 나타내는 동사 '하마르타노'의 현재 분사가 사용되고 있다. 그런데 학자들에 따르면 이 현재시제는 '반복해서 죄를 짓는다'거나 '습관적으로 죄를 짓는다'는 의미를 전달해 주지 않으며, 오히려 구체적인 죄의 행동을 지칭하기 위해서 사용되고 있다. 그러므로 요한이 이 동사의 현재시제를 일관성 없이 사용하고 있는 것으로 결론지을 수 있다고 마샬과 스몰리같은 학자들은 주장한다.[22] 따라서 3:6과 3:9를 NIV처럼 '계속해서' 또는 '습관적으로'라는 의미를 내포하는 것으로 해석할 문법적인 근거가 없어진다.

이들의 주장을 따라 월리스(Wallace)는 만일 5:16에 있는 현재분사가 습관적 행동을 나타내는 현재라면, 요한일서의 저자는 5:16의 내용을 주장할 수 없다고 주장한다. 5:16의 그리스도 안에 있는 '형제'는 반복해서 죄를 지을 수 없다고 요한일서에서 묘사하고 있기 때문이다.[23] 따라서 5:16의 현재는 금언적 현재(Gnomic present)이며 따라서 이것은 '일반적이며, 시간개념이 없는 사건에 대해 표현하기 위해' 사용되고 있다. '하마르타노'동사의 현재 시제가 이 구절에서 '반복적으로 혹은 습관적으로 죄를 짓는다'는 의미를 전해주지 않기 때문에, 3:6과 3:9에 있는 '하마르타노'동사를 '계속적으로 죄를 짓는다' 또는 '습관적으로 죄를 짓는다'는 뜻으로 해석한 NIV의 번역은 무효가 되어버리는 것이다.[24] 5:16의 현재 시제의 사용에 근거한 이러한 주장은 설득력이 있어 보인다.

2) ἁμαρτάνω(하마르타노)의 현재분사 시제의 용례 연구

(1) 신약의 용례

그렇지만, 5:16에 쓰인 현재분사의 의미는 '하마르타노' 동사의 용례의 특수성을 고려해 본다면 올바르게 설명될 수도 있다. 신약에서 이 동사의 단순과거분사가 사용되면 그것은 분명하게 이미 저지른 과거의 죄악 된 행위를 나타낸다. 로마서 5:14, 16; 베드로후서 2:4, 히브리서 3:17. 와 같은 절

들에서 '하마르타노' 동사의 단순과거 분사는 과거에 있었던 죄악 된 행동을 나타내기 위해서 사용된다. 반면에 이 동사의 현재분사 형태는 이미 저지른 과거의 죄를 지칭하는 경우를 제외한 모든 경우에 사용되며, 이것은 신약에서 일반적인 죄의 행위를 지칭하거나 반복적인 죄의 행위를 나타내기 위해 사용된다.

이 동사의 현재분사 형태는 본 연구의 대상 구절중 하나인 요한일서 3:6과 지금 우리가 다루고 있는 요한일서 5:16을 제외하고 디모데전서 5:20, 고린도전서 8:12, 히브리서 10:26, 베드로전서 2:20에서 발견된다. 고린도전서와 베드로전서에서 이 동사의 현재분사는 일반적인 죄 지음을 가리키기 위해 사용되고 있다.[25] 그 반면에 디모데전서와 히브리서에 있는 예에서 현재분사가 단순히 '죄를 저지르다'가 아니라 '죄를 지속적으로 저지르다'라는 의미를 전달해 줄 수도 있다. 영어 성경 중 몇 개는 이 구절들에 쓰인 현재분사를 이러한 의미로 번역하고 있다.[26] 이와 같이 신약에서 '하마르타노'분사의 단순과거형은 지나간 과거의 행동을 나타내기 위한 특정한 용례에 한정되어 사용된 반면에, 현재분사는 그 외의 나머지 용례들을 위해 사용되었으며 때때로 반복적이거나 습관적으로 발생하는 죄를 표시해 주기 위해 사용되었다고 정리할 수 있다.

(2) 70인경의 용례

구약 70인경에서도 이러한 현상이 그대로 드러난다. 그곳에서 '하마르타노'동사의 단순과거분사는 발견되지 않으며 현재완료분사가 일곱 번, 현재분사 형태가 스물 두 번 가량 쓰이고 있다. 현재완료는 과거에 있었던 범죄를 지칭해 주고 있으며 이것은 신약에서 단순과거로 대체되었다. 그리고 현재분사 형태 중에서 대부분은 '죄를 짓는 사람' 곧 '죄인'을 나타내기 위해 관사와 함께 사용된다(하마르타논). 사무엘상 2:25; 15:18:, 시편 24:8; 74:5(MT 75:5); 잠언 8:36; 12:26; 13:21; 29:6; 전도서 2:26; 7:26; 9:2, 18; 에스겔 18:4, 20; 시락 10:29; 19:4; 38:15,솔로몬의 시편 9:7; 토빗

12:10; 지혜서(Wisdom) 14:31; 예레미야의 편지 1:12; 바룩 3:4. 이 구절들에서 현재분사는 대개 '죄를 짓는 자' 곧 '죄인'을 나타낸다. '죄인'이라는 단어가 때로는 '반복적으로 죄를 짓는 자'라는 의미로 사용되기도 하지만 보통 단순히 보통명사처럼 '죄를 짓는 자'를 지칭한다. 그런데 때로는 '계속해서 죄를 짓는 자'라는 의미를 위해서 사용되기도 한다. 예를 들면 토빗 12:10에서 '하마르타노'동사의 현재분사는 '반복적으로 죄를 짓는 자'라는 의미로 해석될 수 있다:

οἱ δὲ ἁμαρτάνοντες πολέμιοί εἰσιν τῆς ἑαυτῶν ζωῆς
그러나 <u>습관적으로 죄를 범하는</u> 자들은 그들 자신의 생명의 원수들이다.

바로 앞 절인 9절에서 자선 행위를 반복적으로 하는 사람들이 받을 복을 언급하면서 이 구절에서 반복적이며 습관적으로 죄를 범하는 사람들의 상태에 대해 설명하고 있는 것으로 해석할 수 있다. 또한 잠언 12:26; 13:21; 29:6과 에스겔 18:4, 20, 그리고 시편 74:5 등에서도 이런 의미를 전달해 준다고 볼 수 있다. 요약하자면, 70인경에서는 이 동사의 현재완료와 현재분사 형태만이 사용되고 있으며, 현재완료는 과거의 범죄를 지칭하기 위해서 사용되며, 그 외에는 모두 현재분사를 사용하는데, 현재분사는 종종 '반복적으로 죄를 저지르는 것'을 나타내기 위해 사용되곤 한다.

(3) 5:16상절의 분사 구문의 특수성

한 가지 더 눈여겨 볼 것은 요한일서 5:16상에 쓰인 분사 구문의 특이성이다. 그곳에서 '하마르타노'의 분사형은 βλέπω(블레포)동사와 더불어 사용되어 보충하는 분사(Supplementary Participle)로 사용되고 있다.[27] 이 동사가 분사와 더불어 사용되어 보충하는 분사 구문을 이루게 되면 신약에서는 사도행전 4:14를 제외하고는 언제나 현재분사를 사용하였다.[28] 이 사도행전 구절에서는 현재완료가 사용되는데, 이것은 분사로 사용된 동사 ἵστημι(히스

데미)의 특수성을 고려해 볼 때 자연스러운 것이다: '이미 병 고침을 받아 서 있던 그 사람 (앉은뱅이였으나 이제 고침을 받아 서게 된 그 사람)이 여전히 서 있는 것을 보았다.'

βλέπω(블레포)와 유사한 의미의 동사인 θεάομαι(쎄아오마이)나 θεωρέω(쎄오레오)또는 ὁράω(호라오)의 경우도 거의 다 현재가 쓰이며 누가복음 10:18과 히브리서 2:8에서만 단순과거와 현재완료가 사용된다. 히브리서 2:8의 현재 완료는 사도행전 4:14의 예와 마찬가지로 과거 동작의 현재 영향을 나타내 주기 위해 사용되었다. 누가복음 10:18에서는 예수님에 의해 보냄을 받았던 70인이 돌아와 자신들의 사역을 보고할 때에 예수께서 '내가 사단이 하늘로부터 번개와 같이 떨어지는 것을 보았다'라고 말씀하실 때, '떨어지는'을 위해서 단순과거분사를 사용한다. 이것은 어쩌면 사탄의 패배 전체를 표현하여 최종적인 패배를 나타내기 위해 사용된 것일 수 있다.[29] 이와 같은 특수한 경우를 제외하고는 모두 현재분사가 사용되어 '…하는 것을 보다'라는 의미를 나타낸다. 이러한 사실은 요한일서 5:16상에서 '하마르타노'의 현재분사 형태가 '블레포'동사 때문에 사용되어 상투적인 의미 곧 '죄를 짓는 것을 보다'라는 의미를 나타내 주고 있음을 보여준다. 이런 구문을 위해 현재분사를 사용한 후에 그 영향으로 16하절절에서 동일한 종류의 사람들을 지칭하기 위해 동일한 현재분사를 사용했다고 볼 수 있다. 따라서 이 구절에 사용된 현재분사의 의미에 근거하여 요한의 현재시제 사용이 일관성이 없다고 보는 것은 설득력이 없다.

(4) 요약

신약성경과 70인경에서의 용례에 대한 이상의 관찰 내용은 '하마르타노' 동사의 현재시제가 반드시 그리고 언제나 습관적인 행동을 나타내 준다는 것을 보증해 주지는 않는다. 하지만 이것은 요한일서 3:6에서 이 동사의 현재분사가 습관적인 행동을 지칭하기 위해서 사용되었을 가능성을 입증해 준다. 왜냐하면 이 동사의 현재분사가 일반화된 행동을 표시해 주는 것과 동시에 때때로 습관적으로 발생하는 행동을 표시해 주기 위해서도 사용되기 때문이다. 이 동사의 현재분사 시제가 이렇게 폭넓게 사용되고 있으므로 요한일서에서 이 동사의 현재시제의 사용이 일관성이 없다는 주장은 설득력이 떨어진다. 게다가 앞서 지적한대로 5:16상에 있는 구문의 특이성에 주목할 필요가 있다. 그러므로 5:16의 '하마르타노'동사의 현재시제의 사용이 3:6과 3:9의 '죄를 짓다'라는 현재시제의 의미를 '계속해서 또는 습관적으로 죄를 짓는 것'으로 해석하는 것을 어렵게 만들지는 않는다. 따라서 요한의 이 동사의 현재시제 사용이 일관성이 없다는 학자들의 주장은 설득력이 없으며 '하마르타노'동사의 현재시제의 의미에 근거한 해석은 여전히 유효한 것으로 인정될 필요가 있다.

3. 요한일서 3:9의 현재 완료 시제의 의미

1) 헬라어 현재완료 시제의 의미
요한일서 3:9의 의미를 바르게 이해하기 위해서는 γεννάω(겐나오)동사를 위해 사용된 현재 완료 시제의 의미를 조사해 볼 필요가 있다. 현재 완료 시제는 일반적으로 이미 완결된 행동의 현재 결과나 효과 또는 영향력을 표현해 주기 위해 사용된다.[30] 현재 완료 시제는 과거의 행동과 관련되어 있기도 하지만, 그와 동시에 그 행동으로 말미암아 나타난 현재 결과나 효과와도 관련되어 있다. 이것은 현재 완료는 과거의 완료된 행동은 물론이거니와 현재 상태나 조건과도 밀접하게 관련이 있음을 의미한다. 포터(Stanley E. Porter)가 언급하듯이, 현재 완료는 진행 중인 절차와 이미 완료된 절차를 동시에 나타내 주는 것이다.[31]

2) 요한일서 3:9의 현재 완료의 의미
이러한 현재 완료의 정의에 기초해 볼 때, 요한일서 3:9는 다음과 같이 해석될 수 있으며 그래야 올바르게 그 의미가 전달된다. '하나님으로부터 낳음을 받아 지금도 여전히 그에게 속해 있는 자, 곧 하나님의 자녀의 신분을 유지하는 자는 누구든지 죄를 짓지 않는다. 왜냐하면 그(하나님)의 씨가 그 안에 남아 있기 때문이다.' '그의 씨가 그 안에 남아 있다'는 표현은 하나님께로부터 낳음을 받은 자의 현재 상태를 나타내준다.[32] 다시 말해 낳음을 받은 효과와 영향이 그 안에 지속적으로 존재하는 것이다. 따라서 요한일서 3:9상은 죄를 짓지 않기 위한 두 가지 조건을 암시해 준다. 하나는 하나님께로부터 낳음을 받는 것이고 다른 하나는 계속해서 하나님의 자녀로 신분을 유지하여 그 안에 머무르는 것이다.

3) γεννάω(겐나오)동사의 현재 완료와 단순과거의 차이

이런 주장에 대해 현재 완료가 언제나 과거 동작의 현재 영향, 결과, 또는 효과를 나타내지는 않으며, 단순히 과거 행동만 지칭할 수 있다는 반론이 가능하다.[33] 하지만 요한일서에서 이 동사의 현재 완료와 단순 과거는 서로 다른 의미를 전달하기 위해 쓰이며 현재 완료는 현재의 상태나 효과, 또는 결과를 포함하고 있다. 이 동사의 현재 완료분사 형태와 단순 과거 분사 형태가 한 문장에 사용되는 예가 요한일서 5:18에 등장하는데 이 구절의 예가 이 동사의 현재 완료와 단순 과거의 차이를 분명히 드러내준다.

Οἴδαμεν ὅτι πᾶς ὁ γεγεννημένος ἐκ τοῦ θεοῦ οὐχ ἁμαρτάνει, ἀλλ' ὁ γεννηθεὶς ἐκ τοῦ θεοῦ τηρεῖ αὐτόν καὶ ὁ πονηρὸς οὐχ ἅπτεται αὐτοῦ

우리는 하나님께로부터 낳음을 받은 자마다 죄를 짓지 않는 줄 알고 있다; 오히려 하나님께로부터 낳음을 받으신 자가 그를 지켜주시며 그래서 마귀가 그를 손대지 못한다.

이 문장의 첫 번째 부분의 내용은 앞서 언급한대로 요한일서의 다른 부분, 특별히 1:8의 내용과는 서로 모순된다. NIV는 이 문제를 5:18에 있는 헬라어의 현재시제를 습관적인 행동을 지칭하는 것으로 해석함으로써 해소

하고자 한다. 'We know that anyone born of God does not *continue to sin*; the one who was born of God keeps him safe, and the evil one cannot harm him.' 하지만 '하마르타노' 동사의 현재시제와 더불어 γεννάω(겐나오) 동사의 완료시제에 대한 올바른 이해가 이 구절에 나타난 문제에 대한 해결책을 제시해 줄 수 있다. 현재 완료 분사인 (γεγεννημένος 게겐네메노스)는 하나님으로부터 낳음을 받아 지금 그 낳음을 받은 효과와 영향의 결과로 하나님의 자녀로 여전히 하나님 안에 머물러 있는 사람들을 가리키는 것으로 해석할 수가 있는 것이다. 그 반면에 예수님을 표현해 주는 '낳음을 받은 자'에 해당하는 헬라어(γεννηθείς 겐네세이스)는 단순 과거 시제를 사용하고 있다.[34]

여기에서 예수께서도 낳음을 받은 결과를 계속 가지고 있어야 한다는 반론을 제기할 수도 있다. 하지만 예수 그리스도와 관련해서는 낳음을 받은 현재 결과나 영향을 표현할 필요가 없다. 왜냐하면 예수 그리스도는 하나님 아들로 낳음을 받아 의심할 나위 없이 그 신분을 유지하고 있기 때문이다. 다시 말해 그의 현재 상태까지 구태여 표현해 줄 필요가 없는 것이다. 그 반면에 하나님으로부터 낳음을 받은 신자들과 관련해서는 과거 동작의 현재 결과나 영향 또는 효과 등을 반드시 표현해 주어야 한다.[35] 하나님의 아들 예수 그리스도와는 달리 신자들은 하나님으로부터 떠날 수 있기 때문이다. 여기서 저자는 하나님의 아들인 예수 그리스도와 인간 사이의 근본적인 차이를 분명하게 표현해 주고 있다고 여겨진다. 하나님과 동일한 예수 그리스도와 달리 신자들은 만일 낳음을 받은 상태나 조건을 지켜내지 못한다면 하나님과 더 이상 연결되어 있지 못한 존재가 되며 따라서 사탄의 유혹에 저항하지 못하고 계속해서 죄를 범하게 된다. 이것이 바로 저자가 한 구절에서 동일한 동사의 서로 다른 시제를 사용하고 있는 이유인 것이다.

이러한 다시 태어남은 자연적인 태어남과는 많은 차이가 있다. 신약 성경이 보여주는 중생, 곧 다시 태어남은 그리스도 안에서 새로운 존재가 되는 것이다. 요한복음이 묘사하고 있는 대로, 이런 사람은 이미 '사망에서 생명으로 옮겼다'(요 5:24). 이렇게 새로운 존재로 다시 태어남을 입은 사람은 그 새로운 탄생으로 말미암는 결과와 영향 및 효과를 계속해서 유지해야 한다. 그런 사람만이 바로 여기서 표현하고 있는 대로 계속해서 죄를 짓지 않을 수 있는 것이다. 따라서 요한일서 5:18의 완료시제의 사용은 과거의 행동보다는 이미 완료된 행동의 현재 상태나 조건에 강조점이 있음을 보여준다.

이것은 요한일서 5:4에서 다시 한번 확인된다.

ὅτι πᾶν τὸ γεγεννημένον ἐκ τοῦ θεοῦ νικᾷ τὸν κόσμον· καὶ αὕτη ἐστὶν ἡ νίκη ἡ νικήσασα τὸν κόσμον, ἡ πίστις ἡμῶν

'왜냐하면 하나님께로부터 낳음을 받은 자는 누구나 세상을 이기기 때문이다. 그리고 세상을 이기는 승리는 이것이니 곧 우리의 믿음이다.'

세상을 이기는 자는 하나님께로부터 낳음을 받고 여전히 현재까지 그 결과와 효과를 지니고 그 영향아래 있는 사람이지 단순히 과거에 그런 경험을 한 적이 있는 사람이 아닌 것이다.[36]

4) 요한 문헌에 나타난 γεννάω(겐나오)동사의 직설법 형태의 용례

이러한 주장을 뒷받침하기 위해 요한 문헌에 나타난 다른 형태의 '겐나오'동사의 용례를 살펴볼 필요가 있다. 이 동사의 단순 과거는 직설법으로 쓰일 때 오로지 수동태만을 취하며 요한복음에서 여러 번 사용 된다: 1:13, 9:19, 20, 34, 16:21.[37] 이 구절들에서 단순과거 동사는 출생의 효과나 결과를 나타내지 않으며 단순히 출생했다는 사실만 반영해 주는데, 이것은 문맥에 적절한 것이다. 요한복음의 저자는 단순과거를 사용할 때, 현재의 상태에 대해 관심을 기울이지 않고 있다. 물론 현재완료직설법 형태도 요한복음에서 사용되고 있으며 정확하게 완료의 의미를 전달해 준다. 첫 번째 예는 요한복음 8:41에 나타난다.

ὑμεῖς ποιεῖτε τὰ ἔργα τοῦ πατρὸς ὑμῶν. εἶπαν [οὖν] αὐτῷ· ἡμεῖς ἐκ πορνείας οὐ γεγεννήμεθα, ἕνα πατέρα ἔχομεν τὸν θεόν.

'너희는 너희 아버지의 일들을 행한다.' [그러자] 그들이 그(예수)에게 말했다. '우리는 음란함으로부터 낳음을 받지 않았고 우리는 한 아버지 곧 하나님을 가지고 있다.'

이 구절에서 유대인들은 예수께서 불법적으로 음란한 행위, 곧 불의한 방법을 통해 태어났으며 여전히 그런 불법 상태에 있음을 강조하고 싶어하는 것으로 드러난다.[38] 유대인들은 자신들이 음란하게 태어나지 않았다고 말하면서 현재 완료를 사용함으로써 현재 자신들의 상태까지 포함하고자 했으며 여기에는 그들과 대조되게 예수께서는 음란한 가운데 태어나 지금도 그 결과 별로 좋지 않은 상태에 있음을 강조해 주고자 하는 것이다. 너(예수)는 음란함 가운데 태어나 여전히 그 불법성의 결과와 영향이 존재하는 그런 상태에 놓여있다.

18:37에서 예수께서 빌라도에게 대답할 때에도 완료 직설법이 사용된다.

εἶπεν οὖν αὐτῷ ὁ Πιλᾶτος· οὐκοῦν βασιλεὺς εἶ σύ; ἀπεκρίθη ὁ Ἰησοῦς· σὺ λέγεις ὅτι βασιλεύς εἰμι. ἐγὼ εἰς τοῦτο γεγέννημαι καὶ εἰς τοῦτο ἐλήλυθα εἰς τὸν κόσμον, ἵνα μαρτυρήσω τῇ ἀληθείᾳ·

그러자 빌라도가 그에게 말했다. '그래서 네가 바로 왕이냐?' 예수께서 대답하셨다. '바로 네가 내가 왕이라고 말한다. 나는 이것 곧 진리에 대해 증언하기 위해 태어났고 이것을 위해 세상에 왔다.'

예수께서는 빌라도에게 자신이 진리에 대해 증언하기 위해 태어났으며 그 목표를 인식하며 그것을 위해 살고 있음을 보여준다. 이 장면에서 예수께서는 빌라도가 잘 이해하도록 완료를 써서 자신이 그 일을 위해 태어나 지금도 그 영향과 효과를 간직하고 있음을 밝혀준다.

요한 문헌에서 위의 두 경우를 제외하고 완료직설법은 모두 네 번 요한일서에서 발견된다. 2:29; 3:9; 4:7; 5:1. '겐나오' 동사의 단순 과거 직설법 형태는 요한일서에서는 발견되지 않는데, 이것은 요한일서의 문맥 속에서 현재 상태나 조건이 강조되어야 하기 때문인 것으로 여겨진다. Hiebert가 주장하듯이 중생한 사람을 위해서 이 동사의 완료형이 상투적으로 사용되었다고 볼 수도 있으나,[39] 요한복음 1:13에서 단순과거를 써서 중생을 표현해 주고 있다. 이것은 요한이 중생한 사람들을 위해 언제나 현재완료를 고정된 표현으로 사용한 것이 아님을 보여준다. 낳음을 받은 결과를 표현해 주기 위해 요한이 현재완료를 의도적으로 사용한 것으로 볼 수 있는 것이다.

만일 요한복음의 저자가 요한서신의 저자와 동일하다면, 동사 시제의 상이한 사용은 어렵지 않게 설명될 수 있을 것이다. 요한복음에서 그는 정확하게 함축된 의미를 전달하기 위해서 문맥에 따라 단순과거와 현재완료를 사용한다. 요한서신에서도 동일한 구분을 염두에 두고 동사의 직설법 단순과거를 피하고 있다. 문장의 정확한 뜻, 곧 하나님으로부터 낳음 받은 완료된 행동의 현재 상태나 영향을 나타내기 위해서 단순과거 시제를 피하고 현재완료 시제를 쓰고 있는 것이다.

5) 요약

이상의 논의에서 다음과 같은 사실이 분명해졌다. 현재완료 시제는 두 가지 상(aspect)을 표현한다. 과거에 완료된 행동과 그 완료된 행동의 현재 결과와 효과 (현재 상태와 여건). 이 두 가지 상(aspect)을 완료시제 개념은 포함해야만 한다. 이것은 만일 두 가지 측면 중에 한 가지, 특별히 두 번째 상(aspect)이 나타나지 않는다면 완료 시제가 올바르게 기능을 하지 않음을 의미한다. 두 번째 기능이 나타나지 않는 완료 시제의 용법이 신약에 나타난다. 하지만 요한 문헌의 저자는 분명하게 '겐나오' 동사의 현재 완료 시제를 사용할 때 이 두 가지 개념을 표현하려는 의도를 가지고 있는 것으로 보인다.

요한일서 3:9에서 신자들은 하나님으로부터 낳음을 받아야할 뿐만 아니라, 낳음을 받은 상태 속에 머물러 있어야만 한다. 만일 그들이 새로운 출생 때 획득한 그들의 상태나 조건을 유지하지 못한다면, 그들은 죄를 지속적으로 지을 수 있고 짓기도 한다. 이런 의미에서 현재완료 시제는 일종의 조건적인 요소를 포함하고 있다.

결론

이상에서 살펴 본 결과 요한일서 3:6과 3:9의 내용이 신자의 의무와 노력을 강조하고 있다는 결론을 내리게 만든다. 그들은 예수 그리스도 안에 머물러 있어야 하며(6절), 하나님으로부터 낳음을 받았을 때 부여받은 상태와 여건을 유지해야만 한다(9절). 그들이 하나님 안에 머물러 있고, 그 상태를 유지할 때에만 그들은 계속적으로 죄를 짓지 않고 또 짓지 않을 수 있다. 하나님으로부터 낳음을 받아 그 결과와 영향이 지금 지속되고 있어서 그 안에 머물면 죄를 지을 수는 있지만 계속적으로 죄를 짓지 않으며 또 그럴 수 없다는 것을 이 두 구절에서 보여준다.

이와 같은 헬라어 동사 시제의 이해에 근거하여 요한일서 3:6과 3:9은 아래와 같이 해석되어야 한다.

그 안에 _지속적으로_ 머무는 자마다 (_그가 그 분 안에 머물러 있는 한_) 죄를 _습관적으로_ 짓지 않는다. _반복적으로_ 죄를 짓는 자는 누구도 그를 보지 못했거나 알지 못했다(3:6).[40]

One who abides in him _continually_, (_as far as he remains in him_), does not sin _habitually_; no one who _repeatedly_ sins has either seen him and known him.

하나님으로부터 낳음을 받아 _여전히 그 낳음을 받은 상태를 유지하는_ 자마다 계속해서 죄를 짓지 않는다. 왜냐하면 그의 씨가 그 안에 남아있기 때문이다. 그리고 그는 _계속해서_ 죄를 지을 수 없으니, 그는 하나님으로부터 낳음을 받아 _그 낳음을 받은 상태를 유지하고 있기_ 때문이다(3:9).

No one who has been born of God _and still keeps the condition of being born_ does not _continue to_ commit sin, since his seed remains in him and he cannot sin, since he has been born of God _and sustains the state of being born of Him_.

이러한 해석에 따르면 요한일서 1:8의 내용과 위의 두 구절의 내용 사이에 어떠한 모순도 없으며 서로 조화를 잘 이루게 된다.

9 요한 공동체의 역사

요한복음과 요한일서는 같은 교회 공동체에서 나온 서신이다. 요한복음과 요한서신 연구의 대표적 학자인 Raymond E. Brown은 *The Community of the Beloved Disciple* (New York: Paulist, 1979)[1]에서 요한 공동체의 역사를 4가지 시기로 대별된다고 본다.

제1시기: 요한복음 형성 이전 시기(50년대 중반~80년대 후반)

제1시기는 다시 1단계와 2단계로 나눠지는데, 1단계는 요한 공동체의 시초가 그룹이 형성되는 시기다. 이들은 아마도 요한복음 1장에 나오는 제자들, 특히 원래 세례 요한의 제자였던 두 명 가운데서 안드레가 아닌 다른 무명의 제자가 요한복음에 자주 등장하는 예수님이 사랑하신 애제자일 것이다. 이 애제자가 세배대의 아들 사도 요한인지는 요한복음 자체가 말해주고 있지는 않다. 그러나 이레니우스(Irenaeus)는 '세 개의 복음서가 나온 뒤에, 주님의 품에 기대었던(요 13:23; 21:20) 제자 요한이 에베소에서 제사복음서를 썼다'(*Adv. Haer.* III 1:1)고 말하고 있다. 이들은 '저등 기독론'(low christology)을 가지고 있었다. 즉 예수님을 다윗 가문의 메시아요, 구약 예언의 성취자 정도로만 받아들였던 것이다. 마틴(J. Louis Martyn)에 따르면 이들은 유대 전쟁 (66~70년) 발발 전에 생겼고, 유대 율법을 준수했으나, 예수님을 메시아로 고백하고 회당에 가서 전도했다. 이들은 '기독교 유대인'(Christian Jews)이었다.

제1시기 2단계는 요한복음 4장에 나오는 반성전 사상을 가진 유대인 (4:22)과 사마리아인이 들어옴으로서 시작되었다. 이들은 '고등 기독론'(high christology)을 가지고 있었다. 예수님은 '세상의 구주'(4:42), '세상에 오실 메시아'(4:25~26)로 고백된다. 이 때 메시아는 '다윗 가문의 메시아'(Davidic Messiah)가 아니다. 사마리아인이 기대했던 '타헵'(Taheb)이었고, 이 '타헵'이 예수님이라고 믿었던 것이다. '타헵'이란 세상에 다시 오실 자, 회복자, 계시자란 의미로서, 하나님을 보았던 모세가 다시 와서 하나님의 말씀을 전해 주실 것이라고 믿었다. 개종한 사마리아인의 고등 기독론은 결국 예수님의 선재성을 주장하기에 이르렀다고 본다(참고 요 1:1~18).

이 '고등 기독론'은 유대인과 격렬한 논쟁을 벌이게 되었다. 유일신론을 고수하던 유대인들로서 예수님을 제2의 하나님으로 생각하는 요한 공동체를 배척할 수밖에 없었던 것이다. 결국 유대 지도자들은 요한 공동체에 속한 자들을 출회시켰다. 이 출회는 요한 공동체 역사에 있어서 전환점이 되는 사건이었다. 주후 70년 예루살렘 멸망 후 유대교 지도자들은 요하난 벤 자카이 (Johannan ben Zakkai)를 중심으로 얌니아에서 회의(약 90년)를 갖고 기독교의 선교적 확장을 저지하고, 유대교를 지키고자 했다. 한마디로 이단 배척 정책을 밀고 나간 것이다. 그러나 이미 주후 85년 가말리엘 2세가 랍비의 지도자로 있을 때 기독교인들과 유대인으로서 기독교인으로 개종자들(히브리어로 minim 이라고 부름)을 저주하는 기도문(The Birkath-ha-Minim)을 채택하였다. 그 내용은 이렇다. "박해자들에겐 소망이 없게 하시고, 오만의 지배를 우리 시대에 당장 근절시키시오며, 기독교도들과 이단('미님')들을 일순간에 멸하시오며 그들의 이름을 생명의 책에서 도말하시사 의인들과 함께 기록되지 않게 하옵소서."[2] 이 기도문은 유대인들 가운데 기독교로 개종하지 못하도록 사전에 봉쇄하는 일종의 정신 교육이었다. 또 이 기도문을 회당에서 낭송하게 함으로써 몰래 숨어서 예수님을 믿고 있던 유대인들(the cryptic Christians)을 색출해 내고자 하였다.[3] 요한복음 9:22, 34; 12:42; 16:2에는 유대 기독교인들을 회당으로 추방하는 사건이 언급되어 있다.

이에 요한 공동체는 모든 유대교의 유산과 결별을 선언하고, 유대인들을 적대적 의미에서 부르고, 그들을 마귀의 자식이라고 생각하게 되었다. 자신들은 이 세상에 속하지 않은 자들이라는 종파 의식을 가지게 되었다. 마틴은 출회의 결과 '기독교 유대인'(Christian Jews)이 '유대인 기독교도'(Jewish Christians)가 되었다고 말한다.

제2시기: 요한복음이 쓰여지던 때의 요한 공동체의 상황(약 90년 경)

제2시기로 넘어가기 전 이방인 개종자들(요 12:20~23)이 유입되면서 요한 공동체는 보다 보편적인 지평을 지향하게 되었다. 요한 공동체는 팔레스틴에서 디아스포라로 옮겨갔고, 그곳에 있는 이방인들(헬라인들)을 가르치게 되었다. 이 시기에는 출교는 이미 기정사실화되었고 박해가 시작되었다 (16:2~3). 요한 공동체는 '고등 기독론'을 주장하였고 이것이 다른 기독교 그룹과의 관계에 영향을 미쳤다.

제3시기: 요한 공동체의 내적 분열이 진행되던 시기(요한서신이 쓰여지던 100년 경)

요한 공동체내에서 기독론, 윤리, 성령론 문제에 대해 다른 해석을 하는 그룹이 생겨남으로써 분열되기 시작한다. 다른 해석은 '가현설'(Docetism)로부터 영향을 받은 것으로 추측된다. 가현설은 독립적인 이단이라기보다는 여러 이단들에게서 보여지는 이단적 경향을 말한다. 그 중심된 주장은 예수 님은 육체로 온 것이 아니라, 다만 사람처럼 보였을 뿐이라는 것이다. 케린 투스(Cerinthus)도 영지주의적 경향을 띤 소아시아의 이단으로서, 이레니우스 의 말에 따르면, 그는 예수님을 요셉의 아들이며, 그리스도는 천상의 존재(a celestial aeon)로서, 예수님이 세례를 받을 때 예수님에게 내려왔다가, 그가 죽 기 전에 떠났다고 생각했다. 실제로 요한복음에는 가현설을 반박하기 위해 쓰여졌다고 볼 수 있는 것이 몇 가지 있다. 예를 들어서 1:14; 19:34~35 등 이다. 또한 요한일서 4:2~3에 따르면 예수 그리스도께서 육체로 오신 것을 시인하는 영이 하나님께 속한 영이요, 부인하는 영은 적그리스도의 영이라 고 단언한다. 또 태초부터 있는 생명의 말씀을 눈으로 보고, 손으로 만졌다 는 언급(요일 1:1) 역시 당시 이단적 기독론에 대한 반박으로 볼 수 있다.

제4시기: 요한 공동체의 분열(요한서신의 완성, 2세기 초)

분리주의자들(secessionists)은 '가현설', '영지주의'(Gnosticism), '케린투스주의' (Cerinthianism), '몬타누스주의'(Montanism)로 급속히 전향되어 갔다. 이 때 그들 은 요한복음을 가지고 나갔다. 이것이 바로 정통파보다 이단에서 요한복음 이 보다 일찍, 보다 자주 인용된 이유이다. 그래서 한 때이기는 하지만 정통 파는 2세기 초반에 요한복음을 성경으로 인용하지 않았다. 그러나 정통파는 안디옥의 이그나티우스(Ignatius)가 말하는 '가톨릭교회'(the Church Catholic)와 점차 합쳐지기 시작했다.

이렇듯 요한 공동체의 역사는 그들의 고등 기독론이 투쟁(밖으로는 적대자들 을 안으로는 분열을 일으키면서)을 통해 다듬어졌음을 보여준다.

10 요한서신에서의 기독론 문제

요한일서는 예수님 안에서 하나님이 우리와 직접 관계하시며 사역하고 계심을 말한다. 이것은 예수님의 칭호와 사역을 살펴보면 잘 알 수 있다. 본서의 중요한 목적은 우리가 성부 및 성자 하나님과 더불어 교제하고 생명을 갖게 하는 것인데, 궁극적으로는 성부, 성자, 성령께서 참 하나님이심을 고백하고 찬송하게 함에 있다. 이것은 요한복음의 저작 목적과 상통한다. 이 글에서 기독론적 칭호들을 중점적으로 다루면서, 요한이 경계하고 있는 적그리스도가 누구인지를 살펴보는 방식으로 삼위 하나님을 바로 알고 섬기며 더불어 교제하려고 한다.

기독론적 칭호들

이 짧은 서신에도 예수님에 대한 여러 칭호들이 나타난다. 그러나 신약에 나오는 모든 칭호들이 다 나타나지는 않는다. 하나님의 아들 또는 아들, 말씀, 독생자, 대언자, 구주, 그리스도, 하나님이라는 칭호와, 의인, 화목제물과 같은 사역적 칭호들도 나온다. 이 칭호들은 예수님이 행하신 일이 하나님의 일이며, 결국 예수님이 하나님이심도 밝게 증거한다. 가장 많이 나오는 칭호는 '하나님의 아들' (3:8; 4:15; 5:5, 10, 12, 13, 20)이다. 또는 성부를 지칭하는 '그의 아들'(1:3, 7; 3:23; 4:9~10; 5:9, 10, 11, 20)이 대부분인데, 단지 '아들'(2:22~24; 4:14; 5:12)로도 불려진다.

요한이 본서를 쓴 목적은 성부와 성자와 더불어 교제가 있게 하려 함이다. 하나님께서 당신의 아들에 대하여 증거하시는데, 우리는 이 증거를 받고서 그 아들과 그의 이름을 믿어야 한다. 이 아들 안에 생명이 있기 때문이다. 이 아들이 생명 자체다. 아들을 믿는 자만이 세상을 이기며, 예수를 하나님의 아들이라고 시인하는 자마다 하나님 안에 거한다. 예수를 하나님의 아들로 믿는 것은 계명을 지킴으로 나타나고, 계명을 지키는 자는 서로 사랑한다. 아들을 시인하는 자에게는 아버지도 계신다.[1]

요한의 저작답게 말씀, 독생자, 대언자 등의 칭호들이 나온다. 예수는 '생명의 말씀'(1:1)이다. 거짓을 행하는 자에게는 '말씀이 없다'(1:10). 즉 그리스도가 없다는 말이다. 하나님의 말씀을 지키는 자는 그 말씀 안에 있다(2:5, 14). 그러나 본서에 나오는 모든 '말씀'이 다 인격적인 말씀은 아니다(2:7; 3:18).

'독생자'(4:9)라는 칭호도 오직 요한의 저작에만 나타난다(요 1:14, 18; 3:16, 18). 이 칭호는 성자 예수님과 성부 하나님과의 독특한 관계를 드러낸다. 성부께서 이런 아들을 오직 우리를 향한 사랑의 연고로 우리를 위하여 세상에 보내셨음을 강조한다.

예수님은 '대언자'(2:1)다. '대언자'는 요한복음(14:16, 26; 15:26; 16:7)에서 성령님을 지칭하는데, 하늘에 계신 영광의 예수님을 이 이름으로 부르는 것은 단 한 번, 본서에만 나타난다. 롯을 변호하는 아브라함이나, 이스라엘 백성을 변호하는 모세처럼, 대언자 예수님은 범죄하는 우리를 아버지 앞에서 변호하신다. 우리의 대언자는 '의로우신' 예수 그리스도신데, '의인'은 메시아적 칭호다(행 3:14; 7:52; 22:14). 이 칭호는 이미 예수님의 대속적인 죽음에 기초하고 있다.

또한 예수님은 '구주'(4:14; 참조 요 4:42)시다. 요한 당시에는 인간이나 잡신들, 그리고 로마 황제도 이 이름으로 불려졌다. 그러나 이런 이방적 배경에서 예수님을 구주로 부른 것은 아니다. 구약에서 이스라엘을 대적의 손에서 해방시킨 사사(3:9, 15)나 하나님이 구원자로 불려졌다. 예수님은 우리를 죄와 마귀로부터 건지시고, 우리를 살려 주신다. 이 칭호 또한 속죄 사역과 관련되어 있다.

마지막으로 예수님은 '하나님' 이시다(5:20). 요한복음의 말미에서 도마가 한 고백을 연상시킨다(20:28). 성부가 참된 자시며, 이 참된 자를 알게 하시는 성자도 참된 하나님이시다. 이 '참된' 이라는 말은 아래에서 보겠지만, 논쟁적 의도를 다분히 지니고 있다. 예수님은 성부 하나님의 파송을 받아 세상에 오셔서 죄를 없이 하고 마귀의 일을 멸하셨는데, 바로 이 예수님 안에서만 성부 하나님은 당신을 계시하신다. 예수님은 하나님의 완전한 계시 곧 하나님이시다. 이것은 예수님의 사역을 통하여 나온 고백이다.[2] 이 이름과 증거는 예수님에 대한 그릇된 이해를 결정적으로 무력화시킨다. 비록 다양한 명칭들을 만날 수는 없지만, 본서는 예수님이 하나님의 아들이요, 하나님의 말씀이며, 세상의 구주로서 하나님이심을 분명하게 밝히고 있다.

적그리스도

저자는 '그리스도' 라는 예수님의 칭호도 사용하는데, '예수' 와 더불어 나타나거나(1:3; 2:1, 23; 4:2; 5:6, 20) 또는 독자적으로 나타난다(2:22; 5:1). 그런데 독자적으로 나타나는 경우 '예수는 그리스도다' 라는 고백적인 문구 속에서 나타난다. 그리스도는 '기름부음을 받은 자' 라는 뜻을 지닌 히브리어 '메시아' 의 번역어다. 본서는 예수님이 그리스도시라는 고백을 아주 강력하게 변호하고 증거한다. 이것은 본서의 저작 배경에 이를 부인하는 일단의 무리들이 있었기 때문으로 보인다. '예수는 그리스도' 라는 고백은 본서의 기독론을 대변한다고 할 수 있다.

그런데 본서에서는 이후 교회사에서 큰 역할을 하게 될 용어가 나온다.

이 용어는 예수님의 칭호가 아니라, 그를 부인하는 자들에게 붙여진 칭호, 즉 '적그리스도'(2:18, 22; 4:3; 요이 1:7)다. 예수가 그리스도임을 부인하는 자는 '적그리스도'다. 적그리스도는 마지막 때에 나타난다는 예언(2:18; 4:3)에 따라서 요한이 본서를 쓸 때 이미 활동하고 있었다. 이 적그리스도들(복수, 2:18)은 교회로부터 나간 자들이다(2:19). 이들은 예수께서 그리스도심을 부인하는 자요, 이로 인하여 아버지와 아들을 부인하는 거짓말쟁이들이다(2:22). 즉 예수를 시인하지 않는 영 곧 예수가 육으로 오신 것을 시인하지 않는 영은 적그리스도의 영이다(4:2~3).

예수께서 그리스도심과 아들이심을 부인하는 자에게는 하나님 아버지가 없다. 이들에게는 성부와 사귐이 없으며(1:6), 어두움 가운데 행하고 거짓말을 하며, 진리를 행치 않았다. 이 모든 거짓은 진리에서 나지 않는다. 이들은 처음부터 들은 진리에서 떠난 자들이다. 예수님이 그리스도시라는 진리를 부인하는 적그리스도는 거짓말을 하고 미혹하지만, 교회는 처음부터 생명의 말씀을 들었다. 이 말씀에 거하면 영생을 갖게 되는 것이다. 아버지와 아들 안에 거하며 교제하는 자에게는 영생이 있다. 이것은 처음부터 있던 약속인데, 이 영생의 약속을 가진 자들은 서로 사랑한다(3:11).

성자의 사역과 성부 하나님과 성령님

우리의 대언자신 예수 그리스도는 우리 죄를 위한 '화목 제물'(2:2; 4:10)이시다. 이 표현은 오직 본서에만 나타난다.[3] 이는 예수님의 피가 우리를 모든 죄에서 깨끗하게 하신다는 뜻이다(1:7). 구약의 속죄 제사에서 연유한 이 용어는 그리스도께서 우리와 세상을 위하여 제사장으로서 당신 자신을 속죄의 제물로 바쳤다는 말이다. 그럼에도 그를 제물로 보내신 이는 성부 하나님이시다. 이는 하나님이 그리스도 안에서 우리를 살리기 위해서 하신 것이다(4:9).

예수님은 우리 죄를 없이 하고 우리를 살리시려고 나타나신 바 되었다 (3:5). 예수가 우리를 위하여 목숨을 버리셨다(3:16). 그리스도의 피가 우리를 모든 죄에서 깨끗게 하신 것이다(1:7). 그러므로 예수님은 생명(1:2)이요, 영생(5:20)이다. 반면 죄를 짓는 자는 마귀에게 속했고, 마귀는 처음부터 범죄하였다. 하나님의 아들은 마귀의 일을 멸하려고 나타내신 바 되었으며(3:8). 죄가 없으신 분이시니 우리 죄를 없이하실 수 있는 것이다(3:5).

이 속죄 사역은 사단을 향한 엄청난 종말론적 투쟁이다(2:13; 3:8; 5:18). 부활하신 주님은 지금도 이 투쟁을 계속 하고 계신다. 이 때문에 중간 시대에 살고 있는 우리는 긴장 중에 살아가는 것이다. 이것은 형제를 사랑하며, 계명을 지키며, 범죄하지 아니하며, 빛 가운데 거하며, 성부와 성자 안에 거하는 방식으로 이루어진다. 그러나 우리는 승리에 대한 보증이 있다. 예수께서 나타내심이 되면, 우리도 그와 같이 되며 그의 계신 그대로 볼 것이기 때문이다(3:2). 비록 예수님이 하늘에 계시면서 우리를 위하여 대언하고 계시지만, 장차 당신이 우리의 완전한 구원을 위하여 완성하실 사역이 있음을 알게 한다. 예수 안에서 이미 시작된 승리가 당신이 나타내심이 될 때 완성될 것을 우리는 당신과 당신의 사역을 보증으로 삼아서 확신한다.

예수님의 속죄와 장차 완성하실 모든 사역의 원동력은 성부의 사랑이다 (4:9~11). 하나님의 사랑은 독생자를 세상에 보내심으로 나타났다. 그 아버지는 아들을 세상의 구주로 보내셨다. 본서에서는 신적(神的) 수동태가 자주 나타나는데, 이 파송에 순종하는 아들의 사역을 묘사하기 위함이다. 이 생명이 나타내신 바 되었다(1:2). 즉 예수는 우리 죄를 없애려고 나타내신 바 되었으며(3:5) 마귀를 멸하려고 나타내신 바 되었다(3:8). 그런데 이 예수님께서 장차 또 나타내신 바 될 것이다(2:28; 3:2). 예수 안에 나타난 속죄와 해방 사역은 성부의 주도로 이루어졌으며, 장래에도 이루어질 것임을 잘 보여 준다. 예수님은 철저한 순종을 통해 성부의 하나님이심을 증거하는 종의 삶을 사셨다. 즉 피흘림을 통한 순종은 마귀에게 굴복한 약자의 항복이 아니라, 성부와 성자의 철저한 협의와 관계 속에 이루어졌음을 보여 준다.

또한 이 하나님은 우리에게 성령님을 주셨다(3:24, 4:13). 하나님의 영은 예수 그리스도께서 육으로 오신 것을 시인하게 한다(4:2). 반면 적그리스도의 영은 이를 부인한다(4:3). 예수가 물 곧 세례뿐만 아니라, 피 곧 십자가의 속죄 제물로 임한 것을 성령께서 증거한다(5:6). 이처럼 성령은 예수님의 사역을 증거하며, 이 증거를 받은 자는 하나님의 아들을 믿는다(5:10). 또 성령님은 성부 하나님이 우리 안에, 우리가 성부 안에 거하는 것을 알게 하신다 (3:24; 4:13). 이것은 동시에 우리가 성자와 성부 안에 거함인데, 이 일은 오직 아들이 그리스도심을 시인하는 자에게만 이루어진다(2:22~24).⁴ 성령님 안에서 성부와 성자는 우리 안에 거하신다. 우리가 예수님이 그리스도심과 하나님의 아들이시요, 바로 하나님이심을 알게 되는 것은 거룩하신 자로부터 기름부음을 받았기 때문이다.

본서는 그리스도의 속죄 사역에 나타난 삼위 하나님의 협의와 협력 사역을 아주 잘 보여 준다. 기독론적 칭호에서 시작하여 기독론을 쭉 살펴보았지만, 그를 보내신 성부 하나님과 순종하신 성자 예수님, 그리고 성부와 성자 하나님의 사역을 우리 바깥과 안에서 증거하고 우리 속에 거하게 하시는 성령 하나님의 아름다운 협력을 잘 보여 준다. 이 점에서 본서의 주제는 단순하게 기독론이 아니라 신론 곧 신학 자체임을 알 수 있다.

예수가 그리스도시며 육과 피로 임하였음을 부인하는 자는 예수님을 부인할 뿐만 아니라, 그를 보내신 하나님을 부인하고 그를 거짓말쟁이로 만든다(2:23; 5:10). 이것은 윤리로도 나타나겠지만, 일차적으로는 교리의 문제다. 즉 적그리스도는 거짓말을 하고 사랑이 없으며 어두움 가운데 행함으로써, 근원적으로는 이단이요 하나님이 없는 자들이다.

적그리스도는 누구인가

바울이 경계한 대로 흉악한 이리가 양떼를 아끼지 않는 일(행 20:29~30)이

'마지막 때'에 요한에게 실제로 일어났다. 그러면 그 이리는 구체적으로 누구인가? 일반적으로 그 당시에 널리 퍼져 있던 영지주의(노스틱 사상)를 지목한다. 이 칭호는 신령한 지식을 뜻하는 헬라어 '그노시스'(靈智)에서 왔다. 복음이 이방 세계로 확장되고 이방인들에게 영향을 미치게 될 때, 영지주의와의 대결이 불가피하였다.

노스틱은 인간의 현실을 물질적이라고 보면서 더 높고 나은 상태로 완전해져야 할 필요성을 설파한다. 이들은 철저하게 이원론을 고수한다. 그들은 애초부터 신령한 존재였던 인간이 그 자체로서 악(惡)인 물질계에 매여 있다고 주장한다. 그들에게 물질을 만든 창조주는 열등하며, 물질로부터 인간을 구원하는 신이야말로 참 신이다. 하늘로부터 구주가 임하지만, 그는 물과 피로 임하지 않는다. 신적 불꽃 속에 거하는 영적인 인간들만이 '영지'를 소유하며 해탈을 누린다. 단순한 신자들은 혼적인 존재들로서 스스로 노력하여서 낮은 단계의 구원을 받으며, 물질적인 인간들은 파멸을 당하게 된다.

이렇게 교회 안에 들어온 노스틱은 이스라엘의 신인 야웨가 물질계를 지었다고 주장한다. 물론 영지주의는 인간이 해방받아야 한다고 가르친다. 그러나 인간이 죄인이기 때문에 오직 보혈로만 구속함을 받을 수 있다는 것은 인정하지 않는다. 이해 불가능한 참 신은 그리스도 안에서 자신을 계시하였다. 그리스도는 육을 통한 화해 사역이 아니라 물질계로부터 영을 해방시킬 수 있는 영지를 전수하였다는 것이다. 이들은 자신들만이 그리스도로부터 전수된 깊은 비의(秘意)의 지식을 지니고 있다고 주장한다.

바울이 말하는 '족보 이야기'(딤전 1:4; 딛 3:9)는 틀림없이 이 영지주의를 지목하고 있다. 그런데 요한일서에서는 이런 식의 발전된 노스틱 사상에 대한 논박이 나오지는 않는다. 따라서 본서의 배경에 있는 적크리스도 사상을 규명하기는 쉽지 않지만, 케린투스(Cerinthus)와 연관된 가현설(假顯設)이라 부르는 것이 옳을 것이다. 이레니우스는 주님의 제자 요한이 케린투스가 퍼뜨린 오류를 제거하려고 참된 신앙을 전파하였다고 말한다.[5] 케린투스는 예수가 요셉과 마리아와의 일반적인 결혼 관계에서 출생했으나, 다른 사람들보다 의롭고, 지혜롭고, 영민하였다고 한다. 즉 예수께서 물세례를 받으실 때 그리스도가 지존자로부터 예수 위에 임하니, 미지의 아버지를 선포하고 기적을 행하기 시작했지만, 순수 영이어서 고난받을 수 없는 그리스도가 마지막에는 떠나버렸고, 예수만이 고난을 당하고 죽었다가 부활하였다고 가르쳤다.[6] 이 입장에서는 예수가 그리스도임을 고백할 수 없다.

그러나 요한이 예수는 물 곧 세례로 임했을 뿐 아니라 피로 임했다고 말하는 것은 그가 실제로 고난받았음을 강조하기 위함이라고 볼 수 있다(5:6). 이보다 일찍 이그나티우스는 예수 그리스도가 진짜로 태어나 먹고 마셨고, 빌라도 치하에서 진짜로 고난을 받았고, '가짜' 로가 아니라 진짜로 십자가에 달려 죽었고, 진짜로 부활했음을 강조하였다. 이 또한 가현설에 대한 의도적 발언이라 하겠다. 또한 어떤 불신자가 '가짜' 로 신자인체 하듯 그리스도가 '가짜' 로 고난당한 체 한 것이 아니라 진짜로 고난받았으며 진짜로 부활하였다고 주장한다. 여기서 세 번 '가짜로' 로 번역된 말은 가현설과 동일한 어원을 지닌다. 그러므로 부활 후에 그리스도는 육을 가지고 계신다. 예수님은 육으로 존재하는 하나님이다.[7]

적그리스도는 예수가 육으로 오신 것을 부인한 노스틱의 영향을 어느 정도 받은 가현설자들이었다. 이들은 원래 교회 안에 있다가 교회로부터 이탈한 자들이다. 이들에게는 죄인들을 구하려고 물과 피로 임하신 구주의 은혜를 찾을 수 없다. 이들은 삭개오와 같은 평범한 교인들을 죄인이요 물질적 존재로 비하시키고, 자신들만이 영적 엘리트라는 자고심에 사로잡혀 있던 자들이다. 여기에 형제애(兄弟愛)란 있을 수 없다. 죄인들을 찾아 사랑을 베푸시는 아버지의 모습은 이런 가현설자의 눈에는 한심한 소리로 들린다. 윤리적으로 저들은 물질을 기피하며 금욕적인 삶을 추구한다. 그리고 계명을 무시하는 것을 영적 인간의 자유로 내세운다.

그렇다면 하나님이 아들을 '세상의 구주'(4:14)로 보내셨다는 증거는, 반

(反)노스틱, 반(反)가현설적인 증거다. 즉 아버지는 비록 세상이 죄로 가득 차 있지만 세상을 버리지 않으시고 속죄하시려고 사랑으로 아들을 보내셨고, 이 아들을 알고 믿는 자를 죄로부터 건져 생명을 얻게 하신다. 이것은 무지로부터 구원받는 영지의 과정이 아니다. 예수는 죄를 해결하려고 육으로 임하였다. 육으로 임한 생명이기에 요한은 그를 보았고, 주목하였고, 만졌다고 고백한다. 본 서신은 생명의 말씀에 관한 체험을 증거함으로 시작한다. 요한복음도 말씀과 더불어 시작한다. 본서는 이 말씀을 듣고 보고 주목하고 만졌음을 아주 강하게 강조하고 있다. 이것은 보선(補繕)의 저작 의도를 잘 보여 주는 대목이다. 이 생명의 말씀이 하나님 아버지와 함께 계시다가 목격자들에게 나타난 것이다.

그런데 이 말씀은 창세기 1장을 기억나게 한다. 또는 잠언 등에 나오는 세상 창조와 연관된 지혜가 더 직접적인 배경일 수도 있다. 하나님이 세상을 불러일으키실 때 지혜는 함께 있었다. 요한복음은 이를 알고 있었지만, 지혜가 아니라 말씀을 언급한다. 여기에는 창조적 행위와 더불어 말씀이 계시자의 역할을 가지게 된다. 비록 당대의 유대주의적 영지주의도 말씀에 대해서 언급했지만, 말씀이 육신이 되었다는 주장을 하지는 않았다. 기껏해야 신적 로고스가 본래의 모습은 숨기고 인간의 모습을 취했다는 가현설 정도를 주장했을 따름이다. 본서에 언급된 영지주의적 가현설자들의 특징은 예수가 그리스도이신 것과 예수가 육으로 오심을 부인한 데 있다. 그러므로 요한은 예수님은 물과 피로 임하신 그리스도임을 확실하게 증거한다.

결론

현대 교회 안에는 이러한 영지주의적인 가현설은 없는가? 역사적 예수를 의미의 그리스도와 구분하고, 정도의 차이는 있겠지만 양자를 분리시키려는 시도에는 항상 이런 가현설의 위험이 도사리고 있다. 예수가 그리스도시요, 이 예수 그리스도가 육으로 오신 것을 부인하는 자는 모두 적그리스도다. 우리는 여기에 나타난 요한의 증거를 있는 그대로 시인하고 믿어야 한다. 우리는 미혹의 영이 아니라 진리의 영(4:6)을 받았기 때문이다. 육으로 오셔서 속죄 제물로 당신을 드린 뒤에, 부활하셔서 지금 하늘에서 우리를 대언하시는 그분을 믿는다면, 우리 또한 육의 부활을 믿어야 한다. 육의 부활을 믿지 않는 자도 이런 식의 가현설에 빠졌다고 하겠다. 육을 아끼고 세상(성)을 받아들이는 것도 가현설을 극복하는 하나의 길이다. 언젠가는 육으로 부활하신 예수 그리스도가 나타나실 때에, 우리도 그와 같이 될 것을 소망하면서 우리는 중간 시대에 살고 있기 때문이다.

그리스도의 육과 피에 참여함으로써 우리는 가현설을 극복할 수 있다. 한국 교회 안에는 본의 아니게 성찬을 무시하는 경향이 있다. 가히 상징설에 가까울 정도로 성찬의 시행 빈도수도 낮으며, 참여하는 성도들의 준비나 시행 자체도 매우 형식적이다. 본서에 나오는 것처럼 그리스도가 육으로 오신 것을 부인하는 자는 모두 적그리스도겠지만, 육으로 오셨던 분이 당신의 육을 먹고 당신에 참여하도록 제정하신 성찬을 경솔하게 취급하는 것도 가현설의 우를 범하는 큰 실수라 할 수 있다. 그러므로 한국 교회는 설교뿐 아니라 성찬도 함께 시행함으로써 공교회적인 전통을 이어받는 예배를 시행해야 한다.

요한은 그리스도가 육으로 오신 것을 증거하면서, 그를 보내신 하나님을 동시에 증거한다. 기독론도 신학이다. 초두의 피동태는 예수 안에서 하나님이 일하고 계심을 잘 보여 준다. 결국 성부는 참 하나님이시요, 그를 증거하는 예수님도 참 하나님이라는 찬송으로 본서는 마친다. 이 증거와 찬송은 진리의 영이신 성령께서 우리에게 주신 참 지식이라 할 수 있다.

Ⅱ. 본문연구

1 참된 사귐과 빛을 따르는 삶
요한일서 1:1~2:2의 주해와 적용

    요한일서 1:1~2:2은 두 단락으로 나눠진다(1:1~4; 1:5~2:2). 앞 부분은 요한일서 전체의 서론에 해당되는 부분이다. 뒷부분은 요한일서를 둘로 양분해서 이해할 때(1:5~3:10; 3:11~5:12), 첫 부분의 첫 단락으로 '빛/어두움'(또는 '윤리')의 주제 단락들 가운데 첫 번째에 위치한다.[1] 이 두 단락은 '코이노니아'('사귐', 1:3과 1:6~7), '듣다' - '전하다'(1:1~3과 1:5)라는 중첩된 용어 사용으로 서로 분리되지 않고 연계되어 있다.

    요한일서가 전체적으로 다층적인 병행법을 사용하여 독자들에게 의미 전달을 시도하고 있기 때문에, 여기서는 본문의 병행법 구조의 발견과 이의 해석 노력을 통하여 주해 작업을 해 보는 것이 도움이 될 것이다.

태초부터 계신 분(1:1~4)

    1. 서신의 첫 부분인 요한일서 1:1~4은 요한복음에서 시작되는 구절들을 독자들에게 기억나게 한다. 즉 '태초', '생명', '말씀', '나타내셨다', '아버지(하나님)와 함께 계셨다', '증거하다' 등이 그것이다.[2] 서신을 시작하면서 저자인 요한은 요한복음에서처럼 첫 번째 초점을 예수 그리스도에게 둔다.

<표 1> 요한일서 1:1~4의 병행법 구조

절	1	2	3	[어구]
1:1	a			태초부터 있는 분
	b			우리가 들은 바요
	c			눈으로 본 바요
				주목하고
	d			우리 손으로 만진 바라
	e			생명의 말씀에 관하여는
1:2	e′	a		이 생명이
	d′	b		나타내신 바 된지라
	c′	c		우리가 보았고
	b′	d		증거하여
				너희에게 전하노니
	a′	a′		아버지와 함께 계시던 영원한 생명(을)
		b′		우리에게 나타내신 바 된 자니라
1:3		c′		우리가 보고
				들은 바를
		d′	a	너희에게 전함은
			b	너희로 우리와 사귐이 있게 하려 함이니
				우리의 사귐은 아버지와 그 아들 예수 그리스도와 함께 함이라
1:4			a′	우리가 이것을 씀은
			b′	우리의 기쁨이 충만케 하려 함이로라

(이 표는 원문의 어순과 병행법을 살려서 개역성경을 재배열한 것이다)

2. 위의 표에서 세 개의 병행 구조가 보인다.[3] 첫 번째 것은 1:1~2, 두 번째 것은 1:2~3, 세 번째 것은 1:3b~4에 걸친 것이다. 세 개나 있으므로 상당히 복잡한 것 같지만 실제로 꼭 그렇지만은 않다. 두 번째, 세 번째는 각기 앞의 것의 뒷 부분과 연계해서 등장한다. 이것은 저자가 문장(단락)을 생성할 때 옷을 짓는 것처럼 세 가지 연결된 수를 놓았다는 것을 의미한다. 첫 번째 것은 가장 긴 것으로서 무늬가 대칭으로 되어 있다(abba 구조). 두 번째 것은 첫 번째의 뒷부분의 내용에 반복 효과를 준 것이다(abab 구조). 세 번

째 것은 앞의 뒷부분과 구조는 비슷하면서 내용에 변화를 주는 효과를 내었다(abab 구조). 본문은 아름답게 수놓인 옷을 보는 것과 같은 구조로 짜여 있다.

3. 첫 번째 병행법을 살펴보자. '태초부터 있는' 분(a)⁴은 '아버지와 함께 계시던 영원한 생명' (a′)이다. '우리가 들은 바' (b)는 '증거하여 전하노니' (b′)와 연계된다. 그분으로부터 들은 것을 이제 '우리'는 증거하고 전하는 것이다. 또 '눈으로 본 바요, 손으로 만진 바' (c)라는 부분은 뒤의 '우리가 보고' (c′, 1:3)와 짝 지어진다. 두 가지 감각 동사('보다', '만지다')가 하나('보다')로 축약되었다.⁵ 말씀으로 오신 그분을 생생히 체험했음을 강조하는 부분이다. 또 '우리 손으로 만진 바라' (d)는 '나타내신 바 된지라' (d′)와 짝을 이룬다. 그분을 직접 만날 수 있었던 것(c-c′에서처럼)은 그분이 '우리'에게 나타나셨기 때문이다. 로고스의 나타나심과 '우리'의 체험은 불가분리의 관계에 있다.

중간에 위치한 e-e′는 모두 예수 그리스도의 인격('생명의 말씀', '생명')을 가리킨다는 점에서 a-a′와 비슷하다. 본문의 열고 닫는 부분(a-a′)과 병행 구조의 가운데 부분(e-e′)이 예수 그리스도를 가리키면서 그분의 중심 되심을 독자들에게 상기시킨다. 이것이 이 구조의 첫 번째 초점이다. 예수 그리스도를 '태초부터 있는 분', '아버지와 함께 계시던 영원한 생명', '생명의 말씀'과 '생명'으로 언급하고 있다는 점이 특히 주목된다.

이 병행 구조의 두 번째 초점은 '우리'의 체험과 증언에 대한 것이다. 생명이신 주님은 나타나셨고 '우리'는 성육신하신 그분을 직접 체험했다. 여러 가지 감각 동사를 함께 사용하여 목격자로서의 '우리'를 특별히 강조하고자 했다. 본문의 '우리' (저자 또는 저자의 그룹)는 예수를 직접 대면한 확실한 증인이었다.

또 하나 흥미로운 것은 전반부(abcde)에서는 c부분(체험 부분)이 두 개의 어구('눈으로 본 바요 주목하고')로 구성된 반면, 후반부(e′d′c′b′a′)에서는 c′ ('우리가 보았고')가 한 개로 축소되고, b′ 부분(전달 부분)이 두 개('증거하여 너희에게 전하노니')로 확장되었다. 체험에서 전달로 강조점이 전이된 것이다.[6] 목격자의 체험은 이의 강력한 전달 곧 확신 있는 증언으로 나타난다.

그러므로 독자는 이 부분에서 세 가지를 이해하게 되는데, 하나는 예수 그리스도의 정체성(그분이 누구신가?), 둘째는 '우리'의 그분에 대한 분명한 체험(또는 증인으로서의 자격), 그리고 셋째는 그분에 대해 전달하려는 '우리의 의지'(노력) 등이다.

4. 두 번째 병행법은 첫째 것의 후반부 부분을 재차 강조하고 있는 부분이다. 다만 두 가지 부분에서 차이를 보이는데, 감각 동사가 하나에서 두 개로 늘어나고(c - '우리가 보았고'에서 c′ - '우리가 보고 들은 바'로), 전달과 관련된 어구(d - d′ 부분)가 더 확대된다('너희에게도 전함은 … 우리가 이것을 씀은 …'). 이것은 먼저 증인으로서의 '우리'의 자격(신뢰성)이 한번 더 강조되고 있음을 말하는 것이다. 이런 점은 b′('우리에게 나타나신 바 된 자니라')에서 단어 '우리에게'(혜민)가 b의 어구('나타내신 바 된지라')에 덧붙여 나타난 데서도 찾을 수 있다. '우리'는 결코 그분과 분리하여 이해될 수 없는 존재들이다. 또 하나, '너희'에게 전하는 이유(d′)가 추가되었다.

'우리'에게 나타나신 그리스도(생명)로 인해 '우리'는 그를 체험했고 증인이 되었다. 이제 '우리'는 '너희'(독자들)에게 이 '생명'을 전한다. 그리스도는 '우리'에게 나타났고, '우리'는 '너희'에게 전한다.

5. '우리'가 '너희'에게 전하는 이유는 세 번째 병행법 관련 구절(1:3~4)에 나타난다. '우리'의 전달은 '우리'와 '너희'의 수평적 관계의 증진, 즉 '사귐'(코이노니아)을 위한 것이다. 이 '우리의 사귐'[7]은 아버지와 그의 아들 예수 그리스도와 함께하는 '사귐'[8]이다. 하나님과의 수직적 관계(사귐)는 '우리'와의 수평적 코이노니아와 관계가 있다. '우리'의 사귐으로 인해 아버지와 아들과의 사귐에 들어갈 수 있는 것이다. 왜냐하면 '우리'는 그리스

도의 정당한 증인이기 때문이다. 거짓 증인과 다르다. 그런 점에서 수직적 사귐은 수평적 사귐과 분리되지 않는다. 이 두 가지는 함께 강조된다.

"우리의 사귐은 아버지와 그 아들 예수 그리스도와 함께 함이라"(1:3b)의 원문 부분은 동사가 생략되어 있다. 그것은 완성된 문장을 만들지 않음으로서 세 번째 병행법(aba′ b′, 1:3b~4)을 보다 잘 드러내려는 의도 때문일 것이다.[9] '너희'가 '우리와 사귐'을 갖기를 원하기 때문에 '우리'는 '너희'에게 주님과 주님에 대해서 뭔가 중요한 바를 전달하려 한다(a, a′). 그 사귐(b)은 우리 기쁨의 충만(b′)[10]으로 나타날 것이다. 1:4에서의 '우리'는 앞의 '우리'(저자, 저자 그룹)와 '너희'(독자들)의 통합된 것으로 봐야 할 것이다.[11] 하나님과의 사귐, 그리고 우리 서로의 사귐, 즉 수직적-수평적 코이노니아의 정당한 귀결은 모두('우리')의 기쁨이 될 것임은 당연하다.

6. 이렇게 해서 독자는 본문을 통해서, 태초부터 계신 주님이 나타나셨고 그로 인해 그분을 직접 대면한 이(그룹)가 생겼으며, 그(들)의 증거를 통해 이제 독자인 우리도 주님과의 사귐에 들어갈 수 있고, 또한 기쁨의 충만을 얻을 수 있다는 점을 이해하게 된다. 저자(그룹)가 아닌 다른 이들의 이질적인 증거는 모두 거짓이다. 그들은 생명의 증인이 아니며 그들의 사귐에는 아버지와 아들이 없다. 그러므로 그들의 그릇된 영향을 받아서는 안 된다.

1:1~4의 설교

1. 본문을 분석한 내용을 정리하면 네 개의 핵심 메시지로 간추릴 수 있다. 첫째, 생명의 주님이 나타나셨다. 둘째, 주님을 직접 대면한 이들이 있었다. 셋째, 이들이 증언(전달)한다. 넷째, 이로 인해 사귐과 기쁨이 주어진다. 본문의 다른 내용은 이들 메시지의 범주 안에 들어갈 수 있을 것이다. 이 네 가지 내용은 그대로 설교 대지가 될 수 있다.

A. 나타나신 주님

B. 주님을 대면한 이들

C. 증인의 증언(전달)

D. 사귐과 기쁨

2. 설교 제목은 '참된(또는 '우리의') 사귐을 위해서'로 잡으면 무난할 것으로 보인다. '사귐' 대신 잘 알려진 '코이노니아'를 살리는 제목도 가능하겠다. 물론 앞의 대지 가운데 어느 부분에 초점을 더 둘 것인지에 따라 제목이 바뀔 수 있다. 네 가지 중 마지막 부분을 강조하는 것이 자연스럽다고 생각된다.[12]

3. 이제 네 가지 대지 범주에 분석(주해)한 내용을 담아볼 차례다.

A. 나타나신 주님   a 주님의 나타나심이 먼저 있었다.

b 그 주님은 어떤 분이신가?

c 요한복음 서론과 비교하자.

B. 주님을 대면한 이들   a '우리'는 누구인가?(왜 이들이 중요한가?)

b '우리'는 주님에 대해 어떤 체험을 했는가?

c 오늘날의 '우리'는 누구인가?[13]

C. 증인의 증언(전달)   a 체험한 이들은 증거한다. 왜 그런가?

b 전달하는 이들과 그 내용의 중요성

D. 사귐과 기쁨   a 우리의 '사귐'의 의미

b 누구와 함께 하는 사귐인가?

c 수직적-수평적 코이노니아의 연계성

d 사귐의 결과는 무엇인가?

e 그것은 어떤 기쁨일까?

4. 본문의 병행 구조를 설교에 반영하는 일은 쉽지 않다. 설교 중에 청중에게 본문이 어떻게 아름답게 구성되어 있는지 소개하는 것은 신선할 것이다. 물론 이해하기 쉽고 지루하지 않게 해야 한다. 실제적으로 병행법은 본문에서 반복과 강조의 효과를 가진다. 주님이 어떤 분이신가에 대한 강조, 주님의 나타나심에 대한 반복, 증인들의 감각적인(생생한) 체험의 강조, 증언(전달)하려는 반복된 의지, 증언 이유(사귐과 기쁨)의 부각 등이다. 이런 부분이 충분히 숙지되었다면 설교에 실제적으로 반영하는 일이 가능할 것이다.

5. 이 설교는 거짓된 기독교와 이단을 경계하게 하고 우리가 말씀에 굳게 서 있는지를 다시 점검하게 할 것이다. 그리스도의 '생명'('생명의 로고스', '영원한 생명') 되심의 의미가 강조될 필요가 있다. 또한 하나님과의 사귐과 서로의 사귐이 어떻게 함께해야 하는지 강조되어야 할 본문이다. 코이노니아는 한 쪽만의 것이 아니기 때문이다. 주님이 어떤 분이신지, 또 그분이 나타나심과 사도들의 체험이 듣는 자의 마음에 생생한 감동으로 전달되기 위해서는 이 부분에 깊은 묵상이 필요하다. 지금도 말씀은 우리 그리스도인을 '우리의 사귐'으로 초청한다. 우리의 사귐은 한 교회 안에서의 사귐만 있는 것이 아니다. 아버지와 그 아들 예수 그리스도와의 사귐이며 동시에 신실한 사도들의 증언을 받아들인 말씀 공동체 모두의 사귐이다. 우리의 코이노니아를 점검하자.

하나님은 빛이시라(1:5~2:2)

1. 1:5은 요한일서의 전반부인 1:5~3:10을 이끌어가는 일종의 지시문이다(이 전반부 부분은 특히 빛이신 하나님 사상이 중심이 되고 있다).[14] 앞서 언급했듯이, 이 구절은 자연스럽게 앞의 단락과 이후의 단락을 서로 연결시켜 준다. 주목해야 할 것은 저자는 '저에게서 듣고 너희에게 전하는 소식'(앞의 내용을

다시 요약해 준 것)의 내용을 전개하려 한다는 것이다. 그 메시지는 '하나님은 빛이시라' 는 말씀이다. 하나님이 어떤 분이신가는 그를 믿는 자들이 어떻

〈표 2〉 요한일서 1:6~2:2의 병행법 구조

절	1	2	3	[어구]
1:6	N	a		만일 … (말)하고
		b		하나님과 사귐이 있다 (하고) 어두운 가운데 행하면
		c		거짓말을 하고
		d		진리를 행치 아니함이거니와
1:7	P	a		(만일) 우리도 빛 가운데 행하면
		b		저가 빛 가운데 계신 것 같이
		c		우리가 서로 사귐이 있고
		d		그 아들 예수의 피가 우리를 모든 죄에서 깨끗케 하실 것이요
1:8	N´	a´		만일 … (말)하면
		b´		우리는 죄 없다 (하면)
		c´		스스로 속이고
		d´		또 진리가 우리 속에 있지 아니할 것이요
1:9	P´		a´	만일 우리가 우리 죄를 자백하면
			b´	그는 미쁘시고 의로우사
			c´	우리 죄를 사하시고
			d´	모든 불의에서 우리를 깨끗케 하실 것이요
1:10	N˝	a˝		만일 … (말)하면
		b˝		우리가 범죄하지 아니하였다 (하면)
		c˝		하나님을 거짓말하는 자로 만드는 것이니
		d˝		또한 그의 말씀이 우리 속에 있지 아니하니라
2:1b	P˝		a˝	만일 누가 죄를 범하면
			b˝	아버지 앞에 우리에게 대언자가 있으니 곧 의로우신 예수 그리스도시라
2:2			c˝	저는 우리 죄를 위한 화목 제물이니
			d˝	우리만 위할 뿐 아니요 온 세상의 죄를 위함이라

(이 표는 원문의 어순과 병행법을 살려서 개역성경을 재배열한 것이다)

게 살아야 하는 것과 깊은 관련이 있다. 그는 빛이시므로 그를 믿는 자는 그의 빛 됨이 반영된 삶과 태도를 가지고 있어야 한다.

2. 1:6~2:2은 전체적으로 무척 세련된 병행법이 사용된 단락이다.[15] 크게 볼 때, '만일'이라는 조건문으로 그 내용이 부정(N) – 긍정(P) – 부정(N) – 긍정(P) – 부정(N) – 긍정(P)으로 짜여 있다.[16] (부정으로 시작해서 긍정으로 끝나기 때문에 독자들에게 훨씬 긍정적인 인상을 남길 수 있을 것으로 보인다). 부정 세 가지는 그들의 잘못된 말과 행동 때문에 정죄된다. 반면에 긍정 세 가지는 '빛이신 하나님'이라는 1:5의 전제에 맞기 때문에 받아들여진다.

3. 부정 조건문(if-clauses) 세 개(1:6; 1:8; 1:10)는 각기 네 개(abcd)의 부분으로 나뉜다(두 번째 병행법을 보라). a – a′ – a″ 부분은 모두 '만일 … 말하면' 부분이다. 또 b – b′ – b″는 모두 그릇된 주장을 담고 있다. 하나님과 사귐이 있다 하고 어두운 가운데 행한다(b)[17] – 죄 없다고 한다(b′)[18] – 우리가 범죄하지 아니하였다 한다(b″).[19] 이들 주장은 모두 그릇된 것이다. 그들의 주장이 사실일 수 없기 때문이다. 그것은 '거짓말을 하는 것'(c)이고 '스스로 속이는 것'(c′)이며 심지어 '하나님을 거짓말 하는 자로 만드는'(c″) 것이다. 이 c 그룹이 어떤 점에서 유사한지 쉽게 알 수 있을 것이다. 이런 점은 d그룹에서도 비슷하게 나타난다. 그것은 '진리를 행치 않는' 것(d)이고, '진리가 우리 속에 있지 아니한' 것(d′)이며, '그의 말씀이 우리 속에 있지 아니한' 것(d″)이다. 하나님의 말씀인 진리가 그 안에 없다는 것, 진리를 따라 행치 않는다는 것을 뜻하는 것이다.

이렇게 해서 세 가지 부정 조건문은 모두 서로 연결된다. 어두운 가운데 행하면서 하나님과의 사귐을 주장하거나 죄 없다, 또는 죄 짓지 않았다고 주장하는 것은 모두 거짓이며 진리가 없는 증거다. 흥미롭게도, 의도적으로 죄를 막 짓고 멋대로 살거나, 혹은 자신이 죄와 무관하다고 주장하는 것은 표면적으로는 서로 반대되는 것처럼 보이지만 실상은 모두 거짓(어두움)[20]

을 따르는 유사한 행위다.[21] 그런 거짓은 모두 '빛 되신 하나님'을 거스리는 것이다.

4. 긍정 조건문 세 개(1:7, 9; 2:1), 역시 각기 네 개(abcd)의 부분으로 짜여 있다(세 번째 병행법을 보라). 그런데 a - a´ - a″ 부분이 다 긍정적인 것만은 아니다. 첫 번째 것(1:7a, '우리도 빛 가운데 행하면')과 두 번째 것(1:9a, '만일 우리가 우리 죄를 자백하면')은 긍정적인 것이지만 세 번째 것(2:1a, '만일 누가 죄를 범하면')은 그렇지 않은 것으로 보인다.

이 세 가지 절을 서로 보완적인 것으로 볼 때, 그 기능을 적절히 이해할 수 있다. 빛이신 하나님을 따르는 사람은 빛 가운데 행하는 것이 필요하다. 그러나 인간인 우리는 때로 죄를 짓는다. 그러므로 그럴 때는 죄를 짓지 않았다고 궤변을 늘어놓지 말고 빛이신 하나님 앞에 죄를 인정하고 자백하는 것이 필요하다. 늘 그분 앞에서 우리의 허물과 죄를 본다. 여기서 빛 가운데 행하는 삶과 죄를 고백하는 삶이 서로 불일치하는 것이 아니라는 점을 저자는 강조하고 있다(긍정적 if - 절 그룹으로 묶음으로서).

이 말은 우리 그리스도인들이 언제든 죄를 지을 가능성이 있음을 드러내 주고 있는 말씀이다. 비록 빛 가운데 행하려는 순종과 평소의 노력이 있다 하더라도 그렇다(이럴 때는 하나님 앞에 내놓고 고백해야 한다). 이런 점에서 세 번째 절의 앞 부분(a″, 만일 누가 죄를 범하면)은 앞의 a - a´ 부분과 같은 연결상의 자리에 위치하는 것이 이상하지 않다. 물론 그것은 그리스도인들에게 죄를 지으라고 권고하는 것이 아님은 당연하다. 죄를 짓지 않게 하려는 의도로 말한다는 것은 2:1a에 저자 요한이 이미 강조하고 있다.

b그룹(b - b´ - b″)이 모두 하나님(아버지와 그의 아들 예수 그리스도)과 관계 있다는 점에 주목하자. 하나님은 빛 가운데 계시며(b), 하나님은 미쁘시고 의로우시며(b´), 주님은 의로우신 예수 그리스도시다(b″). 모두 하나님의 '빛' 되심 또는 '의'로우심을 공통적으로 강조한다. 하나님은 의로운(빛 되신) 분이기 때문에 그분을 따르는 자는 그분과 같이 빛 가운데 행해야 하며 또 하

시(何時)라도 죄가 있을 때면 그분께 나아가 죄를 자백하고 버려야 한다. 그분은 의로우신 분이시기 때문에 죄를 싫어하신다. 여기서 '미쁘심'(faithfulness)과 '대언자'(변호자) 되심이 덧붙여진 것은 하나님의 사랑의 실천성(용서 의지)과 그리스도의 사랑과 보호의 능력이 각기 강조되어야 했기 때문일 것이다. 그분은 참으로 용서하시며, 주님은 우리를 위해 대신 아버지께 용서를 구하신다.

c와 d부분은 조건의 결과절들이다. c와 d부분은 각 그룹간(c끼리, 또는 d끼리)의 연계성보다는 c와 d가 서로 합해서 각 조건문의 결과절로서의 의미가 더 크다. 첫 번째 것(1:7b)은 사귐과 사죄, 두 번째 것(1:9b)은 사죄의 중복, 세 번째 것(2:2b)은 사죄 대상의 확대가 각각의 특징들이다. 이것은 하나님과의 사귐이 빛을 따르는 삶에 주어지는 가장 중요한 축복인 점과 우리에게 계속적인 사죄의 은혜가 필요하다는 것,[22] 이 사죄의 은혜는 화목 제물이신 그리스도를 인해 이뤄지는데 그 대상이 '우리'에서 온 세상으로 확대되어야 한다는 것을 각기 강조한다. 한 가지 더 추가한다면, '모든 죄'(1:7b), '모든 불의'(1:9b) 등 부사 '모든'을 사용해서 하나님의 의롭게 하시는 역사가 철저하고 총체적인 것임을 강조하고자 했다. 그의 피로 모든 죄와 불의에서 깨끗하게 하신다.[23]

5. 본문의 메시지를 정리하면 다음과 같다. 첫째, 하나님과 사귐이 있는 사람은 그분이 빛이시기 때문에 빛 가운데 행해야 한다. 어두운 가운데 행해선 안 된다. 둘째, 그러나 우리 그리스도인들은 빛 그 자체는 아니기 때문에 계속해서 그 아들 예수의 피가 우리의 모든 죄를 깨끗하게 하는 일이 필요하다. 셋째, 그러기 위해서는 어떤 죄나 불의가 있을 때 그 앞에 자백하고 내놓는 일이 필요하다. 그럴 때 하나님은 모든 죄에서 깨끗하게 해 주신다. 넷째, 이것을 모르고 죄 없다 주장하는 사람은 오히려 거짓말하는 자다. 다섯째, 분명한 것은 우리를 돕는 그리스도가 계셔서 그분이 우리를 위해 죽으셨을 뿐 아니라 우리를 위한 대언자로 계셔서 우리의 죄를 없이하

기 위해 여전히 애쓰신다는 점이다. 여섯째, 그의 구속의 적용은 모든 이들에게로 확대되어야 한다.

1:5~2:2의 설교

1. 본문은 하나님의 빛 되심을 강조한 1:5과 연속된 여섯 개의 조건문으로 구성되어 있다. 세 개의 부정 조건문과 세 개의 긍정 조건문은 각기 그룹이 된다. 이렇게 볼 때, 1:5을 서론(도입 부분)으로 두고 본문을 크게 두 개의 대지로 나누는 방식이 가능하다.

대지를 나누는 두 번째 방식은 본문의 강조점을 순차적으로 배열하는 것이다. 그것은 '1:5 – 부정문 1 – 긍정문 1 – 부정문 2 – 긍정문 2 – 부정문 3 – 긍정문 3'의 방식으로 설교를 진행하는 것이다. 본문의 구조를 그대로 살린 대지일 것이다. 이 때, '이것이 아닙니다' – '바로 이것입니다' 식으로 진행하면 된다. 부정과 긍정을 계속 반복하는 이같은 설교는 하나의 효과적인 전달 방법이지만, 그 부정과 긍정의 내용이 회중에게 적절해야 한다는 조건이 있다.

세 번째 방법은 병행 구조는 무시한 채, 교훈의 내용을 임의대로 정리해서 전하는 것이다. 앞의 주해 5번의 메시지 정리 내용이 그대로 설교가 될 수 있을 것이다. 여기서는 첫 번째 방식을 따르겠다.

> A. 하나님은 빛이시다.
> B. 이것은 빛의 삶이 아니다.
> C. 이것이 빛을 따르는 삶이다.

2. 설교 제목은 앞의 대지들을 전체적으로 포함할 수 있는 것이면 좋다. 예컨대, '하나님은 빛이시다'라거나 혹은 '빛이신 하나님과의 사귐'이라든

지 또는 '빛이신 하나님을 따르는 삶' 등으로 하면 될 것이다.

3. 각 대지에 어떤 내용이 들어갈 수 있을지 정리해 보면 다음과 같다.

    A. 빛이신 하나님   a 가장 먼저 강조해야 할 요한일서의 주제

                                   b 그는 빛이시며 어두움이 조금도 없다(세상의 어두움

                                     을 당연시하거나 그대로 방치해 둘 수는 없다).

    B. 빛의 삶이 아닌 것 a 세 가지의 부정 조건문

                                     b 당시의 그릇된 주장: (초기) 영지주의의 문제

                                       (모순, 착각, 영지적 교만)

                                   c 현대의 문제점

    C. 빛을 따르는 삶   a 세 가지 긍정 조건문

                                   b 빛을 따르는 삶을 선택해야 한다 – 우리의 일 1

                                   c 왜 죄가 (계속) 자백되어야 하는가? – 우리의 일 2

                                   d 아버지는 (모든 죄를) 사하시며, 아들은 우리의 대

                                   언자시다(하나님의 일 1, 2). 이것을 기억하자.

                                   e 구속의 은혜는 확대 · 전파되어야 한다.

4. 본문의 목적은 듣는 자로 하여금 죄의 길에서 떠나 죄를 범치 않는 길에 서도록 격려하고 도전하는 데(2:1) 있다. 또한 이와 관련해서 그릇된 주장을 펴는 자들을 경계하게 빛이신 하나님을 따르는 삶, 하나님의 사죄의 은혜에 거하는 삶을 살도록 하는 것이다. 영지주의적, 이원론적 신앙의 오류는 오늘날에도 그 흔적이 남아 있다. 이 부분에 대한 도전도 필요하다. 특히 하나님께서 하시는 일과 우리가 해야 할 일을 각각 강조해야 할 것이다. 설교자 자신의 빛을 좇는 삶이 또한 중요하다.

2 너희는 주 안에 거하라
요한일서 2:3~27의 주해와 적용

사도 요한은 요한일서 2장에서 먼저 예수 그리스도의 계명을 지킬 것을 말하고 있다(3~11절). 어떻게 보면 계명을 지키는 것과 형제를 사랑하는 것은 서로 맞지 않는 것 같다. 그러나 사실 이 둘은 같은 것이다. 왜냐하면 그리스도의 계명은 곧 형제를 사랑하라는 것이기 때문이다. 요한은 이 둘 사이의 긴장을 모른다. 긴장은 하나님의 계명을 무시하려고 하는 현대인들에게서 생길 따름이다.

이어서 사도 요한은 이 편지를 쓰는 목적에 대해 시적인 형태를 빌어 말하고 있다(12~14절). 편지의 주된 내용은 너희는 하나님 아버지를 알고 있으며 악한 자를 이기었다는 것이다. 그리고 나서 이 세상이나 세상에 있는 것들을 사랑하지 말라고 말한다(15~17절). 왜냐하면 누구든지 세상을 사랑하면 하나님의 사랑이 그 안에 거하지 않기 때문이다.

그 다음에 요한은 교회의 상황에 대해 좀 더 구체적으로 말한다. 곧 적그리스도들이 교회 안에 들어와서 발을 붙이려고 하다가 실패하고 떠나갔다고 한다(18~19절). 그러면서 성도들에게 흔들리지 말고 그리스도 안에 머물 것을 권면하고 있다(20~29절). 왜냐하면 우리는 이미 진리를 알았고 또한 성령께서 우리를 모든 진리 가운데로 인도하실 것이기 때문이다.

그의 계명을 지킴(2:3~4)

사도 요한은 먼저 2장 초두에 죄의 문제를 언급한다. 그가 이 편지를 쓰는 목적은 성도들로 하여금 '죄를 범치 않게 하려 함'이라고 말한다(1a절). 하나님께서 원하시는 것은 우리가 죄를 범치 않는 것이다. 따라서 우리는 죄 짓는 것을 어떠한 형태로든지 합리화하거나 정당화해서는 안 된다. 그럼에도 불구하고 만일 누군가 죄를 범하게 되면 우리에게 대언자(代言者) 곧 변호인이 있으니, 그는 의로우신 예수 그리스도시다(1b절). 여기서 '죄를 범한다'는 동사의 시상은 '부정과거'(아오리스트)로서 우발적이고 일회적인 범죄를 뜻한다. 곧 원치 않았음에도 불구하고 실수로 또는 연약함으로 죄에 빠지는 것을 말한다.

이럴 때는 우리 죄를 용서하기 위한 길이 준비되어 있으니 곧 죄 없는 예수 그리스도께서 우리를 위하여 '속죄제물'(힐라스모스)이 되셨다는 것이다(2절). 개역판 성경에는 '화목제물'(和睦祭物)로 번역되어 있으나 '속죄제물'(贖罪祭物)로 번역하는 것이 더 정확하다.

그리고 나서 요한은 우리에게 예수 그리스도의 계명을 지킬 것을 말하고 있다. "우리가 그의 계명을 지키면 이로써 우리가 저를 아는 줄로 알 것이요"(3절). 우리가 그의 계명을 지키는 것은 곧 우리가 그를 '알고 있다'는 것을 나타내 주는 증표가 된다. 이 구절의 의미를 좀 더 분명히 이해하기 위해서는 여기에 사용된 '알다'라는 동사의 시상에 유의할 필요가 있다.

먼저 나오는 '알다' 동사(에그노카멘)는 완료 시상으로 되어 있다. 이것은 우리가 과거의 어느 시점에 그리스도를 '알았고', 그래서 그 결과 지금 그를 '알고 있다'는 의미다. 두 번째 나오는 '알다' 동사(기노스코멘)는 현재 시상으로 지금 우리가 '안다, 알게 된다'는 의미다. 그래서 3절을 다시 정확하게 번역하면 "만일 우리가 그의 계명들을 지키면, 이로써 우리는 우리가 그를 안 줄로 알게 된다"가 된다. 따라서 이 구절의 의미는 우리가 그리스도의 계명들을 지키는 것은 우리가 그를 알았느냐(그래서 지금 알고 있느냐)를 알게 해 주는 '인식 기준'이 된다는 것이다. 말하자면, 어떤 사람이 그리스도를 알았는지 여부를 알게 해 주는 것은 그가 그리스도의 계명을 지키는가 지키지 않는가 하는 데 있다는 것이다.

따라서 사도 요한이 말하고 있는 것은, 우리가 그의 계명을 지킴으로 그리스도를 '믿게 된다'는 것이 아니라 그의 계명을 지킴으로 그를 믿고 있다는 것을 '알게 해 준다'는 것이다. 즉 행함을 구원의 '근거'로 제시하는 것이 아니라, 구원의 '인식 기준' 또는 '판별 기준'으로 언급하고 있다.

사도 요한은 이어서 말한다. "저를 아노라 하고 그의 계명을 지키지 아니하는 자는 거짓말하는 자요 진리가 그 속에 있지 아니하되"(4절). 이 구절의 주어 부분을 직역하면 "그를 알고 있다고 말하면서 그의 계명들을 지키지 않는 자는"이 된다. 따라서 우리는 여기서 '말하는 것'과 '지키지 않는 것'이 뚜렷하게 대조되고 있음을 알 수 있다. 만일 어떤 사람이 예수님을 '안다'(완료 시상: 알았고 그래서 현재 알고 있다)고 말하면서 그의 계명들을 지키지 않는다면, 이에 대해 우리는 어떻게 생각해야 할 것인가? 그 답은 곧 "그는 거짓말하는 자요 진리가 그 속에 있지 아니하다"는 것이다. '말'이란 속일 수 있는 것이며 믿을 것이 못된다. 따라서 계명들을 지키느냐 지키지 않느냐 하는 것이 참 믿음이 있는가 없는가를 보여 주는 확실한 증표가 된다.

요한은 이어서 계속 말한다. "누구든지 그의 말씀을 지키는 자는 하나님의 사랑이 참으로 그 속에서 온전케 되었나니 이로써 우리가 저 안에 있는 줄을 아노라"(5절). 여기서 '온전케 되었다'(테텔레이오타이)는 것은 '그 목표가 달성되었다' 뜻이다(S. Greijdanus, *De brieven van de apostelen Petrus en Johannes en de brief van Judas*, Amsterdam, 1929, p. 422). 곧 하나님의 사랑이 목표로 하는 바 '선한 생활'이 이루어졌다는 뜻이다. 이 선한 생활은 우리가 계명들을 지키는 것을 통해 이루어지는 것이며, 그 계명들의 중심에는 형제 사랑이 있다. 그리고 "이로써 우리가 저 안에 있는 줄을 아노라" 하는 것도 역시 구원의 판별 기준에 대해 말한다. 우리가 그리스도 안에 있다는 것을 아는 방법은 우리가 그의 계명을 지키는 것을 통해서라는 것이다.

그래서 사도 요한은 "저 안에 거한다 하는 자는 그의 행하시는 대로 자기도 행할지니라"(6절)고 말한다. 여기서도 '하는 자'는 '말하는 자'란 뜻이다. 곧 그리스도 안에 거한다 또는 그리스도를 믿는다고 '말하는' 자는 그의 행하시는 대로 자기도 '행해야' 마땅하다는 것이다. 여기서 '행하다'(페리파테오)는 것은 원래 '걷는다'(to walk)는 의미로 그리스도인의 생활 전체를 일컫는 용어다. 따라서 이것은 구원을 얻기 위해 애쓰는 것을 일컫는 '율법의 행위'와는 구별되며, 구원받은 자가 감사함으로 행하는 '감사의 규칙'(regel der dankbaarheid)을 뜻한다.

형제 사랑의 계명(2:7~11)

그렇다면 사도 요한이 말하는 계명은 무엇을 가리키는 것일까? 이에 대해 요한은 먼저 자기가 새로운 계명을 쓰는 것이 아님을 말한다. "사랑하는 자들아 내가 새 계명을 너희에게 쓰는 것이 아니라 너희가 처음부터 가진 옛 계명이니 이 옛 계명은 너희의 들은 바 말씀이거니와"(7절). 요한은 왜 여기서 '새 계명'을 쓰는 것이 아님을 강조하고 있는 것일까? 그것은 아마도 그 당시의 이단들이 '새로운 것'을 강조하면서 성도들을 미혹했기 때문일 것이다. 그래서 요한은 자기가 지금 쓰는 것은 그들이 전혀 듣지 못했던 '새 것'이 아님을 강조하는 것이다.

그러면서 요한은 "다시 내가 너희에게 새 계명을 쓰노니 저에게와 너희에게도 참된 것이라"고 말한다(8a절). 그는 방금 '새 계명'을 쓰지 않는다고 했는데 여기서는 다시 말을 바꾸어 '새 계명'을 쓴다고 말한다. 도대체 어떻게 된 것일까? 요한이 지금 쓰고 있는 '새 계명'이란 무엇일까? 이것은 이단들이 말하는 바와 같은 의미에서의 '새 계명'이 아니다. 이것은 내용상 '옛 계명'과 같은 것인데, 예수 그리스도께서 이 세상에서 오셔서 새롭게 주신 계명이란 의미에서 '새 계명'이다. 곧 예수님께서 말씀하신 바 "새 계명을 너희에게 주노니 서로 사랑하라 내가 너희를 사랑한 것같이 너희도 서로 사랑하라"(요 13:34)고 하신 것을 말한다.

사랑의 계명은 구약 시대에 이미 주어진 계명이지만(레 19:18), 예수님께서 이 세상에 오셔서 몸소 실천하시면서 새롭게 주신 계명이다. 따라서 내용은 동일하지만 구속사의 진전에 따라 예수님께서 이 세상에 오셔서 우리를 사랑하신 것처럼 우리도 서로 사랑해야 한다는 의미에서 '새 계명'이다. 따라서 사랑의 계명은 '옛 계명'인 동시에 '새 계명'이다. 이 사실은 이어서 나오는 "이는 어두움이 지나가고 참빛이 벌써 비침이니라"(8b절)고 한 말씀에서도 알 수 있다. 여기서 "참빛이 비춘다"는 표현은 구약 시대부터 있던 일반적인 하나님의 계시를 가리킨다기보다 역사적으로 예수 그리스도께서 이 세상에 오심으로 말미암아 시작된 생명의 역사를 가리킨다고 보아야 할 것이다(요 1:5 참조).

그리고 나서 요한은 빛과 어두움의 상징을 가지고 형제 사랑과 미움을 설명한다(9~11절). 빛 가운데 있다고 '말하면서' 그 형제를 '미워하는' 자는 지금까지 어두움 가운데 있는 자다(9절). 앞에서 본 바와 같이 말과 행동이 서로 다를 때, 말은 믿을 수 없는 것이며 행동이 진실을 말한다고 판단해야 한다. 이것은 어쩌면 이단들이 자기들은 빛 가운데 있다고 말하지만 실제 행동으로는 형제를 미워하는 것을 염두에 두고 한 말일 수도 있다.

사도 요한은 이어서 말한다. "그의 형제를 사랑하는 자는 빛 가운데 거하여 자기 속에 거리낌이 없으나 그의 형제를 미워하는 자는 어두운 가운데 있고 또 어두운 가운데 행하며 갈 곳을 알지 못하나니 이는 어두움이 그의 눈을 멀게 하였음이니라"(10~11절). 형제를 사랑하는 자 곧 행함이 있는 자는 빛 되신 그리스도 안에 거하며 자기 안에 '거리낌'이 없다. 여기서 '거리낌'(스칸달론)이란 '넘어지게 하는 것, 걸림돌'을 뜻한다(참조 벧전 2:8; 계 2:14; 마 13:41; 18:7). 이것은 일반적으로 '다른 사람'으로 하여금 넘어지게 하는 것, 실족케 하는 것, 그래서 죄에 빠지게 하고 낭패를 당하게 하는 것을 가리키지만, 여기서는 문맥상 '자기 스스로'를 넘어지게 하고 낭패를 당하게 하는 것을 의미한다(참조 Greijdanus, p. 430).

형제를 사랑하는 자는 하나님을 아는 자요 그리스도 안에 있는 자기 때문에 멸망에 이르지 아니하며 어떠한 경우에도 두려워할 필요가 없다. 이에 반해 형제를 미워하는 자는 어두운 가운데 있으며 어두운 가운데 행하는 자다(11절). 비록 그들이 말로는 영원한 빛 가운데 있다고 하며 참된 빛을 깨달았다고 하지만, 실은 어두운 암흑에 있는 자요 따라서 어디로 가야 할지 알지 못하는 자다. 왜냐하면 어두움이 그의 눈을 멀게 하였기 때문이다. 곧 이 세상 신, 마귀가 그들의 마음을 어둡게 하여 진리를 깨닫지 못하게 하기 때문이다. "그중에 이 세상 신이 믿지 아니하는 자들의 마음을 혼미케 하여 그리스도의 영광의 복음의 광채가 비취지 못하게 함이니 그리스도는 하나님의 형상이니라"(고후 4:4).

이 편지를 쓰는 이유(2:12~14)

그리고 나서 요한은 숨을 돌려 그가 이 편지를 쓰는 이유에 대해 말한다(12~14절). 그는 여기서 동일한 단어와 동일한 구문을 반복적으로 사용함으로써 하나의 시적인 표현을 구사하고 있다. 그는 먼저 "내가 너희에게 쓴다"(그라포 휘민)는 표현을 세 번 반복하고 나서, 이어서 "내가 너희에게 썼다"(에그랍사 휘민)는 표현을 세 번 반복하고 있다. 여기서 현재 시상으로 표현되어 있는 "내가 너희에게 쓰는" 내용은 요한일서를 가리킴이 분명하다. 그러면 부정과거(aorist)로 표현된 "내가 너희에게 썼다"는 것은 무엇을 가리키는 것일까? 이전에 쓴 다른 편지나 복음서를 가리키는 것일까? 그러나 이것은 현재 시상과 부정과거로 표현된 부분의 내용이 비슷하며, 어떤 다른 서신을 가리킨다고 볼만한 이유가 없기 때문에 받아들이기 어렵다. 따라서 우리는 두 부분 다 현재의 요한일서를 가리킨다고 보아야 할 것이다.

어떤 사람은 "내가 너희에게 쓴다"는 것은 쓴다는 '사실'을 강조한 것이고, "너희에게 썼다"는 것은 쓴 '내용'을 강조한 것이라고 보기도 한다(J. Willemze, S. Greijdanus 등). 이것은 물론 문법적으로 가능한 해석이다. 그러나 필자는, 이 부분이 하나의 시적 형태로 표현되어 있다는 사실을 고려할 때, 그러한 미세한 강조의 차이가 있다고 생각하기보다는 차라리 요한이 현재 시상과 부정과거를 번갈아 사용함으로써 문체상의 변화를 추구했다고 보는 것이 더 옳다고 생각한다. 왜냐하면 사도 요한은 단지 문체상의 변화를 주기 위해 현재 시상과 다른 시상을 번갈아 사용하는 경우가 더러 있기 때문이다(예를 들면 요한복음 1:21과 22절에서 동일한 동사의 이유 없는 시상의 변화, 43절과 51절 사이의 계속적인 시상의 변화 등). 변화가 있다는 것은 살아 있는 것의 특징이고 또한 하나님의 말씀의 특징이기도 하다.

따라서 우리는 여기에 나오는 요한의 말들을 너무 기계적으로 이해하지 않도록 주의해야 한다. "자녀들아", "아비들아", "청년들아"라고 하는 말도 꼭 그 사람들에게만 해당되고 그 외의 사람들에게는 해당되지 않는 것으로 보아서는 안 된다. 곧 "자녀들아, 내가 너희에게 쓰는 것은 너희 죄가 그의 이름으로 말미암아 사함을 얻음이요"라는 말씀에서 죄 사함을 받은 것은 오직 자녀들에게만 해당되고 다른 사람들에게는 해당되지 않는다고 봐서는 안 될 것이다. 요한은 여기서 이 부분의 말씀 전체를 '성도들 전체'에게 말하고 있다. 다만 이것을 변화 있고 생동감 있게 표현하기 위해 "자녀들아", "아비들아", "청년들아"라고 교대로 이름을 부르면서 말하고 있다고 생각된다.

사도 요한이 이 부분에서 말하고 있는 내용을 알기 쉽게 정리해 보면 다음과 같다.

〈쓰는 이유〉

1) 자녀들 – 너희 죄가 사함 받았기 때문
2) 아비들 – 태초부터 계신 이를 알았기 때문
3) 청년들 – 악한 자를 이기었기 때문

〈쓴 이유〉

4) 아이들 - 아버지를 알았기 때문

5) 아비들 - 태초부터 계신 이를 알았기 때문

6) 청년들 - 너희가 강하고 하나님의 말씀이 너희 안에 거하기 때문

　　　　악한 자를 이기었기 때문

위에서 〈쓰는 이유〉에서의 '자녀들'과 〈쓴 이유〉에서의 '아이들'은 같은 것을 가리킨다. 그리고 양쪽의 내용도 크게 다르지 않다. 따라서 전체적으로 볼 때 이 편지의 수신자들은 태초부터 계신 하나님 아버지를 알았으며 또한 악한 자를 이기었다는 것이 주된 내용이다.

여기서 주요한 동사들은 다 '완료 시상'으로 되어 있는데, 이것은 앞에서 설명한 바와 같이 그들이 과거의 어느 시점에 하나님을 알았고 악한 자를 이기었는데 그 결과가 지금까지 영향을 미치고 있음을 말한다. 즉 그들은 하나님 아버지를 알았으며 그래서 지금 알고 있고, 또한 악한 자를 이기었으며 그래서 그들은 지금 승리자라는 것이다. 여기서 '악한 자'가 누구인가 하는 것은 구체적으로 나타나 있지 않지만, 단수로 표현되어 있으므로 이것은 '세상에 있는 이'(4:4) 곧 '마귀'(3:8)를 가리킨다고 볼 수 있다. '악한 자'의 하수인들인 '적그리스도들'에 대해서는 2:18 이하에서 말한다.

세상을 사랑하지 말라(2:15~17)

사도 요한은 다시금 성도들을 권면하고 있다(15~17절). 그것은 곧 "이 세상이나 세상에 있는 것들을 사랑치 말라"는 것이다. 여기서 '세상'(코스모스)이란 하나님 없이 죄로 물들어 있는 피조 세계 전체를 가리킨다(참조 Greijdanus, p. 437). 곧 악한 자가 지배하고 있으며 온갖 욕심과 미혹을 통하여 사람들을 유혹하고 죄 짓게 만들어서 하나님을 떠나게 만드는 것들을

통틀어 일컫는다. 이것은 하나님의 피조 세계 자체를 부정적으로 보는 것은 아니며, 하나님을 인정하지 않고 고백하지 않는 죄악으로 물든 세상을 말한다.

이 사실은 하나님 아버지와 세상이 서로 대비되고 있는 데서 분명히 알 수 있다. "누구든지 세상을 사랑하면 아버지의 사랑이 그 속에 있지 아니하니"(15b절). 세상을 사랑하는 것과 하나님 아버지를 사랑하는 것은 양립될 수 없다. 왜냐하면 '사랑' 이란 우리의 마음 전체를 요구하는 것이기 때문이다. "한 사람이 두 주인을 섬기지 못할 것이니 혹 이를 미워하며 저를 사랑하거나 혹 이를 중히 여기며 저를 경히 여김이라 너희가 하나님과 재물을 겸하여 섬기지 못하느니라"(마 6:24). 따라서 하나님도 사랑하고 세상도 사랑하는 것은 불가능하다. 하나님을 '사랑' 하는 사람은 하나님을 위해 세상을 '사용' 할 뿐 세상을 '사랑' 하지는 않는다.

요한은 우리가 세상을 사랑하지 말아야 할 이유를 다음과 같이 말한다. "이는 세상에 있는 모든 것이 육신의 정욕과 안목의 정욕과 이생의 자랑이니 다 아버지께로 좇아온 것이 아니요 세상으로 좇아온 것이라"(16절). 여기서 사도 요한은 세상에 있는 모든 것을 '육신의 정욕' 과 '안목의 정욕' 과 '이 생의 자랑', 이렇게 세 가지로 요약한다.

'육신의 정욕' 이란 죄악 된 육신의 욕심, 욕구, 원하는 것을 말한다. 헬라어 '에피튀미아' 는 원래 넓은 의미에서 죄악 된 본성에 나오는 모든 욕구를 다 가리킨다. 물론 이러한 죄악 된 욕구 중에는 '육체' 의 정욕과 관계된 것이 많으며(갈 5:19), 사도 요한도 여기서 여러 욕구들 중 특히 육체의 정욕을 염두에 두고 있었을 것이다(참조 R. Schnackenburg, *Die Johannesbriefe*, Freiburg, 1979, p. 129). 왜냐하면 그 당시의 많은 이단들이 육체적으로 방탕한 생활을 하면서 유혹했기 때문이다.

다음에 나오는 '안목의 정욕' 곧 '안목의 욕구' 란 무엇을 뜻하는 것일까? '안목' (眼目)은 눈(eye)을 뜻하는데, 눈이 무엇을 욕구하기에 죄악된 것이라고 말하는 것일까? 이것은 단지 사람의 눈이 보고 싶어하는 욕구를 나쁘다고 정죄하는 것이 아니다. 예를 들어 경치를 구경하거나 관광하는 것 자체를 죄라고 할 수는 없다. 그러나 눈은 옛날부터 죄악 된 욕구와 밀접히 관련된 것으로 이해되어 왔다. 눈은 육체와 마찬가지로 죄를 짓는 도구로 많이 사용되어 왔다(물론 하나님이 지으신 눈과 육체 그 자체는 선한 것이지만).

사탄이 하와를 죄에 빠뜨릴 때도 먼저 눈으로 선악과를 '쳐다보게' 만들었고, 그리할 때 탐욕스런 마음을 불어넣었다(창 3:6). 사탄이 예수님을 시험할 때도 천하 만국과 그 영광을 '보여 주면서' 유혹하였다(마 4:8). 그래서 예수님께서는 사람의 마음에서 나오는 더러운 것들을 열거하실 때 '악한 눈'을 언급하셨다(막 7:22; 우리말 성경에는 '흘기는 눈'이라고 되어 있는데 이것은 그냥 '악한 눈'이라고 번역해야 옳다). 그래서 사람의 눈은 '억제되지 않은 욕구에서 일어나는 탐욕스런 쳐다봄'을 가리키는 데 많이 사용되고 있다(욥 31:1; 마 5:27~29; 참조 마 18:9; 막 9:47). 따라서 요한은 지금 세상에 있는 많은 것들이 우리의 눈을 통해 욕심을 일으키고 죄를 짓도록 유혹하고 있음을 경계하고 있는 것이다.

마지막으로 요한은 '이생의 자랑'을 말하고 있다. 우선 우리말 번역에서 '이'는 원문에 없다. 그냥 '생의 자랑'이라고 해야 옳다. 그러면 '생'(生)이란 무엇일까? 여기에 사용된 '비오스'는 영적인 생명을 나타내는 '조에'와는 분명히 구별된다. '비오스'는 모든 인간이 유지하고 있는 생물학적인 생명 및 생활을 가리키며, 이것은 또한 생활수단, 재산을 가리키기도 한다.

그렇다면 이 단어는 여기서 어떤 의미로 사용되었을까? 어떤 사람은 여기의 '생의 자랑'을 곧 '자랑하는 생활 방식'으로 이해한다(Greijdanus, p. 440). 그러나 이것은 '생의 자랑'이란 것을 전체적으로 풀이한 것이며 '생'(비오스)이란 단어 자체를 설명한 것은 아니다. 왜냐하면 '비오스'가 생활 방식을 뜻하지는 않기 때문이다. 따라서 여기의 '비오스'는 다른 많은 곳에서와 마찬가지로(막 12:44; 눅 15:12, 30; 21:4 등) '생활 수단' 곧 '재산 또는 '부'(副)를 가리킨다고 봐야 할 것이다. 그렇다면 이 표현은 곧 '재산을 자랑하는 것', '재물에 신뢰를 두고 교만하게 떠드는 것'을 말한다. 이것은 곧 예수께서 경계하신 바 땅 위의 재물을 의지하지 말라는 가르침과도 통한다.

그렇다면 사도 요한이 경계한 세 가지는 크게 보아 두 가지다. 곧 '육체의 정욕'과 '재물에 대한 신뢰'다. 물론 요한은 한 가지를 더 추가하기는 했지만, 그 핵심은 두 가지라고 볼 수 있다. 이것이 곧 그 당시 세상의 특징이었으며 또한 오늘날 세상의 특징이기도 하다. 세상은 늘 이 두 가지를 중심으로 움직여 왔으며 이 두 가지를 통해 하나님의 백성들을 유혹하고 있다. 그러나 이런 것들은 "다 아버지께로 좇아 온 것이 아니요 세상으로 좇아 온 것"(16b절)이다.

그러나 사도 요한은 말한다. "이 세상도, 그 정욕도 지나가되 오직 하나님의 뜻을 행하는 이는 영원히 거하느니라"(17절). 우리가 사는 이 세상, 특히 죄악으로 물든 이 세상은 다 지나가고 만다. 영원히 머무르지 못하고 사라질 운명에 처해 있다. 따라서 이것은 우리가 붙들고 의지할 것이 못된다. 죄악의 유혹은 그 순간에는 매혹적이고 강렬하지만 지나고 나면 다 허무한 것이요 유익된 것이 없다. 따라서 우리는 긴 안목으로 세상을 바라보아야 한다. 그래야만 세상이 상대화되고 그 유혹을 이길 수 있다.

따라서 복음(福音)이란 지나가는 세상 속에서 영원한 하나님을 믿고 의지하는 것이라고 말할 수 있다. 그래서, 베드로는 "모든 육체는 풀과 같고 그 모든 영광이 풀의 꽃과 같으니 풀은 마르고 꽃은 떨어지되 오직 주의 말씀은 세세토록 있도다"라는 선지자 이사야의 글(사 40:6~8)을 인용하면서 "너희에게 전한 복음이 곧 이 말씀이니라"고 하였다(벧전 1:24~25; 참조 약 1:11; 시 102:26~27)

많은 적그리스도가 일어남(2:18~23)

18절부터 요한은 수신자 교회가 처한 상황에 대해 구체적으로 말하면서 그들을 권면하고 있다. 그 주된 내용은 많은 적그리스도들이 일어나서 성도들을 미혹하려 하였으나 실패하고 물러갔다는 것이다. 그래서 요한은 그 교회를 격려하면서 이단들을 경계하고 있다. 이것이 요한이 이 편지를 쓰게 된 직접적인 계기다.

먼저 요한은 "아이들아 이것이 마지막 때라"(18a절)고 말한다. 이것이 '마지막 때'인 이유는 많은 적그리스도들이 지금 활동하고 있기 때문이다 (18절). 적그리스도들의 활동은 마지막 때의 한 중요한 특징을 이룬다(마 24:5, 23~25). 요한은 여기서 마지막 때가 시기적으로 정확하게 언제부터 시작되는가에 대해 관심이 있는 것이 아니라, 적그리스도들의 왕성한 등장이 곧 마지막 때의 중요한 표징이라는 점을 상기시키고 있다. '적그리스도들'이란 4:1에 나오는 '거짓 선지자들'과 같은 것이다. 곧 거짓말로 사람들을 미혹하여 그리스도를 부인하고 대적하는 자들이다.

요한은 이어서 말한다. "저희가 우리에게서 나갔으나 우리에게 속하지 아니하였나니 만일 우리에게 속하였더면 우리와 함께 거하였으려니와 저희가 나간 것은 다 우리에게 속하지 아니함을 나타내려 함이니라"(19절). 적그리스도들은 "우리에게서 나갔다." 이것은 그들이 과거의 어느 시점에 떠나간 것을 말한다.

그러나 그들이 자진해서 물러났는지 교회의 저항을 받아 물러났는지는 여기서 말하고 있지 않다. 말할 필요가 없는 것은 교회 성도들이 이미 잘 알고 있기 때문이다. 그러나 그 이단들이 교회의 저항 없이 자진해서 물러났다고 주장하는 것(Schnackenburg, p. 150)은 받아들일 수 없다. 부활하신 주님께서 에베소 교회에 보낸 편지(계 2:1~7)에 보면, 에베소 교회가 "악한 자들을 용납지 아니하고 자칭 사도라 하되 아닌 자들을 시험하여 그 거짓된 것을 드러내었다"고 한다(계 2:2). 만일 에베소 교회가 요한일서의 수신자 교회와 동일하거나 또는 비슷한 상황에 있었다고 볼 때(이것은 사도 요한이 말년에 아시아의 에베소에 살았다는 전승에 비추어 볼 때 가능성이 높다), 요한일서의 이단들은 저절로 물러간 것이 아니라 교회의 저항과 노력에 의해 물리침을 받아 떠나게 된 것이다. 이것은 요한일서 자체에서 "너희가 악한 자를 이기었다"고

한 데서도 알 수 있다(2:13~14).

그런데 요한은 그들이 나간 사실에 대해 "그들은 우리에게 속하지 아니하였다"고 한다. "만일 우리에게 속하였더면 우리에게 거하였으려니와." 이것은 비현실적 조건문(unreal conditional clause)이다. 그렇게 한번 가정해 보는 것인데 사실은 그렇지 않았다. "저희가 나간 것은 다 우리에게 속하지 아니함을 나타내려 함이니라." 이것은 곧 이단들과 우리는 그 근본 소속이 다르다는 것이다. 그들은 그 근본이 세상에 속하였고 우리는 하나님 아버지께 속하였다. 따라서 그들과 우리는 근본적으로 다른 부류에 속하며 서로 화합될 수 없는 성격의 것이다. 요한이 여기서 이것을 말한 것은 그들 교회에서 몇 명이 떨어져 나갔다고 해서 섭섭하게 생각하거나 아쉬워하지 말게 하려 함이었을 것이다. 교회 분열의 상처에 대해 자책(自責)하거나 의기소침해 하지 말고 힘을 내고 용기를 내라는 의미다. 왜냐하면 그 이단들은 근본 소속이 달라서 애초부터 우리들과 함께할 수 없는 무리들이었기 때문이다.

그리고 나서 요한은 "너희는 거룩하신 자에게서 기름 부음을 받고 모든 것을 아느니라"고 말한다(20절). 이것은 수신자 교회 성도들이 이미 진리(眞理)를 알고 있음을 강조한 말이다. 왜냐하면 이단들은 이 교회 안에 들어와서, 자기들이 진리를 알고 있으며 새로운 무엇을 가르쳐 주겠다고 주장했기 때문이다(요한일서의 이단에 대해서는 앞의 배경연구 2장에 게재된 필자의 글을 참조하라). 그래서 요한은 그러한 이단들의 주장에 대항해서, 너희는 거룩하신 자에게서 받은 '기름 부음' 을 가지고 있기 때문에 "너희는 모든 것을 안다"고 말하고 있는 것이다. 이것을 요한은 그 다음 절에서 분명히 말하고 있다. "내가 너희에게 쓴 것은 너희가 진리를 알지 못함을 인함이 아니라 너희가 앎을 인함이요 또 모든 거짓은 진리에서 나지 않음을 인함이니라"(21절).

수신자들은 이미 진리 곧 예수 그리스도를 알았으며 믿고 고백하였다. 그렇기 때문에 이렇게 편지를 써서 권면할 수 있는 것이며, 그렇지 않았다면 이런 편지를 쓸 수도 없었을 것이다. 이처럼 참된 교제가 가능하기 위해서는 예수 그리스도에 대한 바른 지식 곧 바른 믿음이 전제되어야만 한다 (1:3).

그러나 이단들은 온갖 거짓으로 성도들을 미혹한다. 이 거짓은 진리 되신 예수 그리스도에게서 나지 않은 것이다. 거짓은 거짓의 아비 되는 마귀에게서 나는 것이다(요 8:44). 그러면 거짓말하는 이단들은 누구인가? 이에 대해 사도 요한은 간단하게 "예수께서 그리스도이심을 부인하는 자"(22절)라고 말한다. 이들은 곧 예수와 그리스도를 체계적으로 분리한 이단이었다. 이들은 이레네우스를 비롯한 고대 교회의 전승에 의하면 '케린투스주의자들'(Cerinthians)로 불리는 이단이었다. 그들의 주장은 대략 다음과 같다 (이에 대한 상세한 설명은 앞의 배경연구 2장을 참조하라).

예수는 보통 사람과 마찬가지로 요셉과 마리아에게서 태어났으며, 단지 다른 사람들보다 더 의롭고 더 지혜로웠을 뿐이다. 예수가 요한에 의해 세례받을 때 '그리스도'가 그 위에 강림하였으며, 그리하여 예수는 이적과 기사를 행하였다. 그러나 예수가 고난받기 직전에 '그리스도'가 다시 떠나갔다. 따라서 영적 존재인 '그리스도'는 고난받지 않았으며 고난받은 것은 예수뿐이었다고 주장하였다.

그들이 이처럼 주장하게 된 배경에는 선한 영적 존재와 악한 물질을 나누는 당시의 이원론 사상이 있었다. 곧 신적 존재는 악한 육체를 가진 사람이 될 수 없으며 고난받을 수도 없다고 하는 헬라 사상이 그 배경에 있었던 것이다. 그러나 이런 철학 사상들은 다 '거짓말'이다. 요한은 이런 주장을 하는 이단을 가리켜 '거짓말하는 자'라고 단호하게 말한다. 비록 그들이 그럴듯하고 교묘한 이론으로 논리를 전개할지라도 결국은 사람들을 미혹하기 위한 거짓말에 불과한 것이다. 오늘날도 이단들은 온갖 교묘한 이론과 사상으로 사람들을 미혹하고 있다. 그 중에는 학문의 이름으로 들어온 것도 많고 문화와 예술의 이름으로 들어온 것도 많다. 그러나 결국 예수께서 그리스도심을 부인하는 그들이 곧 '거짓말하는 자'며, 하나님 아버지와 아들을 부인하는 그들이 곧 '적그리스도'다.

사도 요한은 이어서 이렇게 말한다. "아들을 부인하는 자에게는 또한 아버지가 없으되 아들을 시인하는 자에게는 아버지도 있느니라"(23절). 하나님의 아들을 부인하는 자에게는 또한 하나님 아버지도 없다. 케린투스 이단들은 하나님은 악한 세상을 창조한 '능력'(能力)과는 구별되는 '원능력'(原能力)이며 '만물 위의 지극히 높은 권세'라고 불렀으나, 그들은 하나님의 아들 예수 그리스도를 부인했기 때문에 결국 하나님 아버지도 부인한 것이 된다. 그들이 말하는 하나님은 이 세상을 창조하지도 않았고 예수 그리스도의 아버지도 아니다. 따라서 사도 요한은 "아들을 부인하는 자에게는 또한 아버지가 없다"고 말하는 것이다.

이것은 오늘날도 마찬가지다. 수많은 철학자들과 이단들이 '신', '제1원인', '초월자', '존재의 바탕' 등을 말하지만 하나님의 아들 예수 그리스도를 부인하는 자에게는 결코 참 하나님 아버지가 있을 수 없다. 따라서 예수 그리스도를 바로 믿고 고백하는 것은 하나님을 믿느냐 믿지 않느냐 하는 것을 알게 해 주는 시금석이 된다. 이런 의미에서 예수님께서는 "내가 곧 길이요 진리요 생명이니 나로 말미암지 않고는 아버지께로 올 자가 없느니라"고 하셨으며(요 14:6), 또한 "나를 본 자는 아버지를 보았느니라"고 하셨던 것이다(요 14:9).

너희는 주 안에 거하라(2:24~27)

사도 요한은 이단들의 가르침을 경계한 후에, 그러면 우리가(수신자들이) 어떻게 해야 할 것인지를 말하고 있다(24~27절). 그 주된 내용은 "너희는 처음부터 들은 것을 너희 안에 거하게 하라"(24a절)는 것이다. 이것은 무조건 옛날 것이 좋다는 수구주의나 보수주의를 말하는 것이 아니다. '처음부터 들은 것'이란 이단들의 '새로운 가르침'에 대하여 '진리의 복음'이라는 의미에서 한 말이다. 요한은 이렇게 말한다. "처음부터 들은 것이 너희 안에 거하면 너희가 아들의 안과 아버지 안에 거하리라"(24b절). 곧 요한이 원하는 것은 교회 성도들이 '아들의 안과 아버지 안에 거하는 것' 이었다. 올바른 믿음은 시간을 따라 자꾸 변하는 것이 아니라 항상 하나님 아버지와 아들 안에 '거하는 것' 이다. 여기서 '거한다' 는 것은 처음부터 끝까지 원래의 상태를 유지하는 것을 말한다.

이어서 요한은 이렇게 말한다. "그가 우리에게 약속하신 약속이 이것이니 곧 영원한 생명이니라"(25절). 이것은 우리가 아버지와 아들 안에 거할 때 주어지는 보상(報償)이 무엇인지를 말해 준다. 우리가 어떠한 미혹과 역경에도 불구하고 처음에 들었던 진리를 끝까지 지킬 때 하나님께서는 우리에게 '영원한 생명' 으로 갚아 주신다. 영원한 생명 곧 영생은 우리 예수님께서 우리에게 친히 약속하신 것이며, 이 세상의 어떠한 것들보다 귀하고 값진 것이다. 우리가 이 세상에 살면서 수많은 어려움과 환난 속에서도 끝까지 믿음을 지켜야 하는 이유는 우리에게 영원한 생명이 약속되어 있기 때문이다(계 2:10; 약 1:12; 요 5:24; 6:40, 51 등). 이 생명은 마지막 날에 가서 얻는 것일 뿐만 아니라(미래적 영생) 또한 현재 이미 주어져 있다(현재적 영생). 왜냐하면 영생은 원래 하나님의 아들 안에 있는 것이며 이 아들을 소유하는 자는 영생도 함께 소유하기 때문이다(요일 4:11, 12; 요 17:3).

사도 요한은 26절에서 이렇게 말한다. "너희를 미혹케 하는 자들에 관하여 내가 이것을 너희에게 썼노라." 이것은 앞에서 말한 것들에 대한 간단한 언급이다. 즉 요한은 지금 그들을 미혹하는 자들에 대해 경계하는 글을 썼다는 것이다. '미혹하는 자들' 은 앞에서 말한 '적그리스도들' 을 말한다. 곧 예수께서 그리스도심을 부인하는 자들이며, 따라서 하나님의 아들과 아버지를 부인하는 자들이다. 이들이 곧 '미혹하는 자들' 이며 '거짓 선지자들' 이다.

그리고 나서 다시금 수신자들을 권면하고 있다. "너희는 주께 받은 바 기름 부음이 너희 안에 거하나니 아무도 너희를 가르칠 필요가 없고 오직 그의 기름 부음이 모든 것을 너희에게 가르치며 또 참되고 거짓이 없으니 너희를 가르치신 그대로 주 안에 거하라"(27절). 너희는 기름 부음을 가지고 있고 그래서 모든 것을 안다는 것은 이미 20절에서 말한 바 있는데, 여기서 다시 좀 더 설명하고 있다.

여기서 '기름 부음'이란 하나님께서 우리에게 주신 '성령'을 가리킨다 (요일 3:24; 4:13). 이 성령은 우리 안에 오셔서 계속 거하신다. 따라서 "아무도 너희를 가르칠 필요가 없다"고 한다. 이것은 무슨 의미일까? 성령을 받은 사람은 정말 아무 것도 배울 필요가 없다는 뜻일까? 설교를 들을 필요도 없고 성경공부도 필요 없다는 뜻일까? 그렇다면 사도 요한은 무엇 하러 굳이 이런 편지를 써서 권면하고 있는 것일까? 무엇 때문에 이런 수고를 하고 있는 것일까? 따라서 "아무도 너희를 가르칠 필요가 없다"는 말은 모든 배움을 부정하는 말이 아님을 알 수 있다.

그렇다면 이 말은 무슨 의미일까? 그것은 역시 그 당시 교회를 미혹하고 있던 이단들을 염두에 두고 한 말로 이해해야 할 것이다. 곧 이단들이 들어와서 '새로운 것', '산뜻한 것'을 가르쳐 주겠다고 하면서 성도들을 미혹하는 것에 대해, 너희 안에는 하나님께로부터 받은 성령이 거하시기 때문에 '진리'를 알고 있으며, 따라서 새로운 진리를 배울 필요가 없다는 말이다.

여기서 우리는 번역상의 문제를 짚고 넘어가야 할 필요를 느낀다. 이것은 사소한 문제인 것 같지만 이 구절을 올바르게 이해하는 데 큰 영향을 끼친다. 개역판 성경에는 "아무도 너희를 가르칠 필요가 없다"라고 되어 있지만, 정확하게 번역하자면 "어느 누가 너희를 가르칠 필요가 없다"라고 해야 한다. 개역판의 '아무도'는 너무 강해서 가르침의 필요성을 전면 부정하는 듯한 인상을 준다. 그러나 원문의 '어느 누가'는 불특정의 어떤 사람을 가리킨다. 곧 '어떤 다른 사람'이 와서 무엇을 가르칠 필요가 없다는 의미다. 따라서 이것은 이단들의 활동을 염두에 두고 한 말임을 알 수 있다.

그리고 우리가 여기서 생각할 것이 또 하나 더 있다. 그것은 '가르친다'는 말이다. 신약성경에서 '가르친다'(디다스코)는 말은 그저 기계적인 지식이나 정보를 전달하는 것을 뜻하지 않는다. 신약성경에서 '가르친다'는 것은 단순한 지식뿐만 아니라 인격과 생활에서 지도하고 통솔하는 것을 말한다. 우리말로 하면 '학원 강사'가 아니라 '스승'이 되는 것이다. 그래서 '가르친다'는 것은 항상 가르침을 받는 사람보다 높은 위치에 서서 학생을 전인격적으로 지도하고 인도하는 것을 뜻한다. 이런 의미에서 신약성경에서 '선생'(디다스칼로스)이란 단순한 정보 전달자가 아니라 참 스승이 되는 지도자를 말한다. 이런 의미에서 예수님께서는 "너희는 랍비라 칭함을 받지 말라 너희 선생은 하나이요 너희는 다 형제니라"고 말씀하셨다(마 23:8). 우리의 '선생', 우리의 참 스승 '디다스칼로스'는 예수님 한 분뿐이시다. 이런 맥락에서 사도 요한도 어느 누가 우리를 '가르칠'(디다스코 = 스승이 되다) 필요가 없다고 말한다. 왜냐하면 우리의 스승 되시는 '성령'께서 우리 안에 거하시고 우리를 모든 진리 가운데로 인도하시기 때문이다(요 14:26; 16:13).

그렇다면 교회에서 가르치는 목사와 교사들은 무엇인가? 스승 되시는 성령께서 우리에게 모든 것을 가르쳐 주시는데 굳이 그들이 수고할 필요가 있을까 하는 생각이 든다. 그러나 목사나 교사가 가르치는 것은 자기의 생각을 가르치는 것이 아니라 성경에 있는 말씀을 그대로 전달해 주고 풀어서 설명해 주는 것이다. 하나님의 말씀이 가르치는 것 외의 새로운 진리를 가르치는 것이 아니다. 사도 바울은 이것을 다음과 같이 표현했다. "나는 심었고 아볼로는 물을 주었으되 오직 하나님은 자라나게 하셨나니 그런즉 심는 이나 물 주는 이는 아무것도 아니로되 오직 자라나게 하시는 하나님 뿐이니라"(고전 3:6~7). 곧 복음 전하는 자들은 다 하나님께서 하시는 일의 수종자(隨從者)로서 봉사할 따름이다.

이런 점에서 어거스틴(Augustine)은 성령을 '안에 있는 선생'(magister intus) 곧 '내적 선생'(interior magister)이라고 불렀다. 그는 그의 〈요한일서 설교〉 중에서 이렇게 말하였다. "우리의 말들의 소리는 귀를 때리지만 선생은 안에 있습니다. 사람으로부터 무엇을 배운다고 생각하지 마십시오. 우리는 우리의 말의 소리로써 권면할 수 있습니다. 그러나 안에 계신 선생이 가르쳐 주지 않는다면 우리가 내는 소리는 헛됩니다"(In Epistolam Ioannis ad

Parthos Tractatus Decem, III, 13). 우리가 아무리 좋은 설교를 듣고 좋은 강의를 듣는다 해도 우리 마음이 깨닫지 못한다면 아무 소용이 없다. 그 설교는 울리는 소리에 불과하며, 그 강의는 귀를 스치는 바람에 불과하다. 그러면 누가 우리 마음으로 깨닫게 해 주는가? 누가 우리로 하여금 그 뜻을 이해하게 해 주는가? 그는 곧 우리 안에 계신 성령이시다. 성령은 우리 안에서 우리의 들은 것을 깨닫게 해 주시며, 밖에서 들려 오는 소리에 마음으로 '아멘' 하게 해 주신다. 우리 안에 계신 선생이 가르쳐 주지 않는다면 모든 바깥의 선생들이 가르쳐 주는 것은 헛되고 소용이 없다. 그러므로 우리는 안에 계신 선생이 가르쳐 주고 깨닫게 해 달라고 기도해야 한다.

마지막으로 요한은 "주 안에 거하라"고 권면한다. 우리 안에 계신 성령은 "참되고 거짓이 없으니 너희를 가르치신 그대로 주 안에 거하라"고 한다. 거짓말로 역사하는 이단들과 달리 성령은 참되고 거짓이 없으시다. 그래서 성령은 '진리의 영'으로 불린다(요 14:17; 16:13; 요일 4:6). 그러므로 성령께서 가르쳐 주신 그대로 그 안에 거하라는 것이다. 곧 우리가 처음에 듣고 믿은 그 복음, 성령의 가르쳐 주심으로 깨닫게 된 그 진리 안에 계속 거하라는 것이다. 왜냐하면 진리는 예수 그리스도 안에 있고 변하지 않는 것이기 때문이다.

우리는 주 안에 거해야 한다. 우리는 끝까지 주님을 붙들고 나아가야 한다. 요즈음 세상이 어렵고 힘들다고 주님을 포기하고 다른 것을 좇아가면 안 된다. 세상이 변했다고 새로운 복음이나 새로운 진리를 도입해서는 안 된다. 우리에게는 하나님의 기름 부으심이 있으니 그 스승의 가르침을 따라 나아가야 한다. 우리는 진리를 모르는 자가 아니요 진리를 소유한 자며, 우리는 결핍된 자가 아니라 그리스도 안에서 충만한 자다. 세상이 변하고 어려워질수록 우리는 더욱 더 우리 주 예수님을 붙들고 의지해야 한다.

우리가 배우고 공부하는 것도 전혀 새로운 것을 배우고자 함이 아니라 좀 더 주 안에 견고히 서기 위함이다. 그러므로 우리는 처음 받은 그 믿음을 끝까지 붙들어야 한다. 그리고 주님께서 우리에게 주신 계명 곧 "서로 사랑하라"는 계명을 힘써 지키도록 노력하여야 한다. 이 계명은 우리 그리스도인들이 힘써야 할 제일 중요한 계명이다. 이것은 하나님께서 옛날에 주신 '옛 계명' 인 동시에 예수님께서 새롭게 주신 '새 계명' 이다.

우리 한국 교회는 그 동안 이 중요한 계명을 접어 두고 다른 인간적인 계명들을 너무 중요시해 온 것 같다. 그러나 21세기를 맞이해서 한국 교회가 나아가야 할 방향도 역시 '옛 계명' 인 동시에 '새 계명' 인 사랑을 실천하는 것이다. 사랑의 실천 대상과 방법은 시대를 따라 달라질 수 있지만, 사랑하라는 계명은 옛날이나 지금이나 여전히 동일하다.

우리 안에 계신 진리의 영 곧 성령께서 오늘날 우리에게 원하시는 바는 역시 "주 안에 거하라"는 것이다. 이단들의 여러 미혹하는 말들에 현혹되지 말고 우리가 믿은 주님을 끝까지 붙들고 나아가라는 것이다. 그리고 사도 요한이 요한일서에 당부한 말씀대로 형제를 사랑하며 깨끗한 삶을 사는 것이다. 그래서 우리가 주 안에서 터가 잡히고 뿌리가 박히고 견고히 설 때 하나님께서는 우리를 더욱 기뻐하시고 더 큰 은혜를 내려 주실 것이다.

3 하나님과 교제하는 성도의 삶의 특징
요한일서 2:28~3:24의 주해와 적용

요한일서에는 여러 가지 주제들이 등장하지만 가장 핵심적인 주제는 '그리스도인의 확신'이라 할 수 있다. 요한은 이 서신을 통해 이미 믿는 신자들을 더 깊은 신앙의 이해 가운데로 이끌며, 구원에 대한 확신을 심어 주기 위하여 이 서신을 기록하고 있다. 여기서 우리가 살펴볼 본문인 요한일서 2:28~3:24은 전체가 5장으로 구성된 요한일서의 한 부분이다. 우리는 이 본문이 전체의 한 부분이라는 기본적인 사실을 잊지 않는 것이 매우 중요하다. 이는 본문 주해는 전체 문맥을 이해하는 것에서부터 시작하기 때문이다.

전체 문맥 속에서 바라본 본문 이해

요한일서는 그 구조를 파악하기가 그리 쉽지 않은 서신이다. 그 이유는 몇 가지 주제가 조금씩 다른 각도에서 반복되고 있기 때문이기도 하고, 또 단락과 단락간에 서로 겹치는 경칩 구절들이 자주 등장하기 때문이다. 그래서 어느 학자는 "요한은 단순히 그의 사상을 모아서 연결시키기 때문에 사실 어떤 신빙성 있는 구조도 발견하기 힘들다"고 말했을 정도다.[1]

대부분의 학자들은 요한일서가 서론(1:1~4)과 결론(5:14~21) 사이에 두 개의 큰 단원이(1:5~2:29과 3:1~5:13) 여러 소단원으로 나누어져 있다고 한다. 또 어떤 학자들은, 예를 들면 쉬나겐버그(Schnackenburg)는 세 개의 단원으로 구성되어 있다고 하는데, 첫째, 빛 가운데 행하며 가지는 하나님과의 교제를(1:5~2:17), 둘째, 요한이 이 서신을 보내는 교회들의 실정을(2:18~3:24), 셋째, 이 서신에 제시된 시험에 의해서 하나님께 속한 사람들의 문제를 다루고 있다(4:1~5:12)고 보기도 한다.[2]

그러나 요한일서의 구조를 어떻게 보든, 거의 모든 학자들이 동의하는 중요한 사실이 한 가지 있다. 그것은 요한이 그의 서신에서 다음과 같은 세 가지 시험을 제시하고 있는데, 이 시험을 통하여 신자들이 스스로 자신의 신앙을 검증하고 확신 속에 거하기를 요구하고 있다는 것이다.

그 세 가지의 시험이란 첫째, "참 신자는 예수는 육신을 입고 오신 참 그리스도심을 믿어야 한다"는 것으로, '진리에 대한 시험'이라 불리기도 한다. 두 번째 시험은, "이 믿음은 의로움을 통해 입증되어야 한다"는 것으로 '윤리적 시험'이라 정의되기도 한다. 세 번째 시험은, "이 믿음은 또한 사랑을 통해 입증되어야 한다"는 것으로, 이것은 다른 사람과의 관계 속에서 표출되고 입증되어야 하기 때문에 흔히 '사회적 시험'이라 불리기도 한다.

이런 맥락에서 보면, 요한일서의 기록 목적이 여러 가지가 있지만 가장 핵심적인 주제는 '그리스도인의 확신'이라 할 수 있다. 이 확신에 대한 문제는 요한 스스로가 밝히고 있는 서신의 기록 목적에서도 분명히 나타나 있고(5:13), 또한 본 서신 여러 곳에서 거듭 나타나고 있는 요한일서의 주된 기록 목적이며, 어쩌면 가장 중요한 기록 목적이라 할 수 있을 것이다. 요한은, "신자들이 어떻게 자신의 구원을 확신하며, 자신이 현재 하나님 안에 거하고 있다는 것을 어떻게 확신할 수 있는가" 하는 질문에 대해 다음과 같이 분명히 대답한다. "이러므로 하나님의 자녀들과 마귀의 자녀들이 나타나나니 무릇 의를 행치 아니하는 자나 또는 그 형제를 사랑치 아니하는 자는 하나님께 속하지 아니하니라"(3:10). 좀 더 구체적으로 말하자면, 모든 신자들은 두 가지 실제적인 시험을 통해 자신의 구원을 확신할 수 있는데, 그 표식은 바로 '의로움' 과 '사랑' 이라는 것이다.

이런 이유로 요한일서에는 두 가지 대명제가 등장한다. 즉 "하나님은 빛이시다"라는 것과(1:5) "하나님은 사랑이시다"는 것인데(3:11; 4:8), 이 두 명제가 서신 전체를 이끌고 있으며, 그 명제에 기초한 유비와 대조가 반복해 나타난다. 이러한 '의로움' 과 '사랑' 이라는 두 주제는, 이제 우리가 다룰 본문에도 핵심적인 주제로 등장한다.

본문의 구조

본 장은 크게 두 단락으로 나눌 수 있을 것이다. 첫 번째 단락은 3:10까지인데, 이 부분에는 1장부터 계속되어 온 "하나님은 빛이시라"는 의로움에 관한 주제가 나타난다. 이 주제를 다루면서, 특히 요한은 '의로움과 죄', '하나님의 자녀와 마귀에게서 난 자들' 을 대조한다. 두 번째 단락은 3:11부터 시작되어 4장으로 연결되는데, 사랑이신 하나님을 본받아 "우리가 서로 사랑하자"는 권면을 하면서, 하나님 자녀의 표식인 '사랑' 이라는 주제가 다루어지고 있다.

요한일서 2:28~3:24의 전후 문맥으로 미루어 볼 때 본 장을 기록한 요한의 의도는, 공동체로부터 이탈하고 더 많은 지지자들을 끌어들이려는 데 혈안이 되어 있는 거짓 적대자들의 꾀임으로부터 독자들을 지키려는 것임을 알 수 있다(2:18; 4:1~6). 그 적대자들은 예수 그리스도께서 육체로 오심을 인정치 않았고(4:2~3), 또한 하나님과 사귐이 있다고 주장하지만 하나님의 계명을 지키는 데 소홀했으며, 그럼에도 마치 죄가 없는 것처럼 행동하며 (1:6, 8; 2:4), 특히 형제 사랑을 소홀히 했다(2:9~11; 3:10~24; 4:7~21). 이런 거짓 가르침에 대항하여, 요한은 본 장에서 하나님 자녀의 몇 가지 시험 기준을 제시한다.

우리가 이미 알고 있듯이, 진리와 오류를 구분하는 것은 요한일서의 중요한 기록 목적 중의 하나다. 이런 이유 때문에, 요한은 이미 어떤 사람이 진정 하나님의 자녀인지를 판가름할 수 있는 세 가지 시험, 즉 '의로움'과 '사랑'과 '진리'의 시험을 제시했었다. 그럼에도 불구하고 요한은 이제 본문에서 이 주제들을 다시 거론한다. 하나님의 자녀는 마땅히 예수를 그리스도로 고백해야 하며, 또한 그 고백에 일치하는 의로운 삶을 살아가야 하며, 형제를 사랑해야 하는데, 특히 이 형제 사랑은 하나님과의 깊은 사귐의 보증이 된다는 것 등이다.

우리는 2:28~3:24을 다루게 되지만, 문맥의 흐름상 본 단락은 3:4~4:6로 볼 수 있다. 여기에는 세 가지의 대조가 나오는데, 의와 죄의 대조(3:4~10), 사랑과 미움의 대조(3:11~18), 그리고 진리와 오류의 대조(4:1~6). 이 중 마지막 두 대조 사이에는 '진리에 대한 확신과 계명을 지키는 문제'를 다루는 삽입구가 들어가 있다(3:19~24).

하나님의 자녀와 의로움(2:28~3:10)

1. 그리스도 재림과 의로움(2:28~29)

이 부분을 본래 맥락과 조화시키는 데는 다소 어려움이 있다. 그래서 일부 주석가들은 이 구절들을 서신서의 전혀 새로운 부분을 시작하는 서두어로 간주하기도 하고, 다른 학자들은 성경에서 현재 구분되어 있는 대로 두 부분으로 나누기도 한다.[3] 분명 이 견해들은 나름대로 일리가 있지만, 그 구절들을 어떻게 취급하든 이를 해석하는 데는 별 차이가 없다. 이 부분은 하나의 삽입구로 취급하는 것이 가장 좋을 듯하다. 즉 이 삽입구는 요한일서에 등장하는 세 가지 시험 중 하나인 '의로움에 대한 시험'의 요약인 동시에, 또 다른 시험인 '사랑의 시험'에 대한 서론이라고 할 수 있다.

요한은 이미 2장에서 의로움과 그리스도에 대한 복종의 필요성을 언급한 바 있으며, 바로 앞 절에서는 그리스도 안에 거해야 할 필요성을 언급했다. 그는 여기서 다시 그 개념들을 반복하여 이야기하지만, 지금은 그리스도의 재림이라는 새로운 맥락 안에서 그의 권면을 전개해 나간다. 그 요점은, 그리스도인들이 예수님의 재림 때 부끄러움 없이 담대함을 가질 수 있으려면, 주님 안에 거하고 의로운 생활을 해야 한다는 것이다.

주 예수 그리스도께서 이 땅에 다시 오신다는 재림교리는 초대 교회가 전한 핵심적인 메시지 가운데 하나였고, 초대 교회를 힘 있게 만들었던 원동력 가운데 하나였다. 실제로 그리스도의 재림교리는 모든 신약성경에 뚜렷이 나타나고 있는데, 총 318회가 언급되고 있을 정도다. 특히 베드로는 예수 그리스도의 재림을 가리켜 '산 소망'이라고 불렀고(벧전 1:3), 사도 바울은 이를 가리켜 '복된 소망'이라고 부르기도 했다(딛 2:13). 이 모든 말씀들은 주님의 재림교리가 신약 전체에 얼마나 뚜렷이 나타나고 있는가를 증거한다.

그러나 우리가 다루고 있는 본문의 독특한 측면은, 요한이 여기서 단지 재림교리 그 자체를 언급한 것이 아니라, 의로운 삶을 사는 데 하나의 동기로서 이를 언급하고 있다는 것이다. 요한은 수신자들에게 "주 안에 거하라"고 명령한다. 이는 주께서 강림하실 때 그들이 담대함을 얻어 부끄러움 없이 설 수 있게 하려는 것이다. 즉 우리 모두는 언젠가 하나님 앞에 서서 우리가 행한 모든 행위에 대하여 판단받을 날이 올 것인데, 그 재림의 날에 주님 앞에 부끄럼 없이 서기 위해 의를 행하도록 격려받는다.

예수님의 재림이 성도들에게 의미하는 것은 과연 무엇일까? 요한은 그날은 우리 삶의 결산의 날이요, 행함에 대한 심판의 날이라 말한다. 만일 그리스도인들이 재림의 의미를 바로 깨닫는다면, 이것은 그들의 현재 삶에 어떤 영향을 미칠 것인가? 이에 대해 요한은 이렇게 결론짓는다. "이 소망을 가진 자마다 그의 깨끗하심과 같이 자기를 깨끗하게 하느니라"(3:3). 즉 예수 그리스도의 재림에 대한 소망은 하나님의 자녀다운 의로운 삶을 사는 데 중요한 동기로 작용한다.

2장 마지막 말씀에서 요한은 '의를 행하는 것'이 하나님의 자녀 됨의 표식이라는 사실을 다시 한 번 언급한다. "너희가 그의 의로우신 줄을 알면 의를 행하는 자마다 그에게서 난 줄을 알리라"(2:29). 여기에 나타나 있는 개념은 '성품의 가족 유전'을 의미한다. 하나님께서 의로우시다면, 그의 자녀들도 모두 다 아버지를 닮은 모습을 드러내야만 한다. 왜냐하면 그들은 하나님의 자녀고, 그분의 의로우심을 깨닫게 된 자들이기 때문이다. 따라서 이들은 의로우신 아버지처럼 의를 행해야 하며, 또 당연히 행할 수밖에 없는 것이다. 바로 이것이 의로움을 하나님 자녀의 표식 혹은 증거라고 부르는 이유다.

2. 하나님의 자녀와 아버지의 사랑(3:1∼3)

예수님의 재림에 관한 생각은 요한으로 하여금 마지막 날에 확실히 완성될 그리스도인들의 구원과 그 배후에 놓여 있는 하나님의 사랑을 생각하게 하였다. 그래서 요한은 하나님의 크신 사랑에 대해 감사와 찬양으로 3장을 시작한다.

우리가 하나님의 자녀가 된 것은 하나님의 사랑과 예수 그리스도의 구속 사역의 결과 때문이었고, 그 자녀 됨의 증거는 의로움과 사랑이다. 그러나 '의로움'이나 '사랑' 같은 인간의 반응보다 더 중요하고 우선되는 것은 바로 하나님의 사랑이다. 하나님께서 그의 아들을 통하여 나타내신 무조건적이고 특별한 사랑이 있었기에 우리는 그분의 자녀가 될 수 있었고, 그러므로 그 사랑에 대한 올바른 응답이 요구되는 것이다. 저자와 수신자들은 모두 다 그 특별한 하나님의 사랑을 체험한 사람들이었다.

그런데 여기서 놀라운 것은, 이러한 하나님의 사랑은 단지 과거뿐만 아니라 신자들의 현재와 미래까지도 결정지어 주고 있다는 것이다. 요한은 우리의 현재에 관한 언급만으로 그의 노래를 그치지 않고, 계속해서 그리스도께서 나타나실 때 우리가 그와 같이 될 것임을 노래한다(3:2). 현재 우리는 하나님의 자녀다. 이것은 처음부터 우리를 자신의 백성으로 삼으시려는 하나님의 계획에 따라 된 것이다. 그렇다면 장래에 우리는 어떻게 될 것인가? 그 문제에 대해서는 요한 자신도 완전히 알지 못한다고 말하면서도, 그럼에도 그는 우리의 놀라움을 불러일으킬 만큼 충분한 지식을 갖고 있었다. "장래에 어떻게 될 것은 아직 나타나지 아니하였으나 그가 나타내심이 되면 우리가 그와 같을 줄을 아는 것은 그의 계신 그대로 볼 것을 인함이니"(3:2).

여기서 중요한 세 가지 결과가 언급되고 있다. '예수 그리스도의 나타나심', '우리가 그를 보는 일' 그리고 '우리 모두가 주님 같이 되는 일'이다. 이 표현으로 미루어 알 수 있는 것은 그를 따르는 자들이 단순히 그리스도를 보는 것만으로도 죄로부터 깨끗케 되며, 마침내 그의 완전하신 형상을 입게 된다는 것이다. 다시 말하면, 그 날에는 그의 택하신 자들을 위한 하나님의 영원하신 목적, 즉 그 아들의 형상을 본받게 하기 위하여 구원하신 목적(롬 8:29)이 완전히 성취된다는 것이다. 이것으로 미루어 알 수 있는 한 가지 분명한 사실은 하나님께서 그의 자녀들에게 영적 생명을 주신 것은 결코 망하게 하려는 것이 아니라, 예수님 같이 온전하게 만드셔서 하늘 나라로 데려가시기 위함이었다는 것이다.

그렇다면 이런 사랑을 받고 이런 소망을 지닌 자는 어떻게 그 하나님의 사랑에 응답해야 하는가? 결코 '하나님의 자녀'라는 것이 허울좋은 칭호가 되어서는 안 된다. 그들은 실제로 하나님의 은혜로 특별한 존재가 된 자들이고, 그 속에 하나님의 생명과 재림의 소망을 소유한 자들이다. 그러므로 '하나님의 자녀'들은 하나님을 모르는 '세상'과 구별되어야 하고, 세상에 대해 이질적일 수밖에 없다. 이 땅 위에서 그들의 삶은 핍박과 고난의 연속일 수밖에 없고, 더욱이 그들이 의를 행하며 이 세상을 살아가기에는 수많은 핍박이 있을 수밖에 없다. 이는 '하나님의 자녀'는 이 세상에 살지만 이 세상에 속하지는 않았기 때문이고, 세상은 예수 그리스도를 알지 못하고 또한 예수 그리스도로 말미암아 하나님께로부터 난 하나님의 자녀를 알지 못하기 때문이다.

그렇지만 하나님의 자녀들은 이 모든 것을 이기며 승리의 삶을 살아갈 수 있다. 이는 하나님의 사랑이 우리와 함께하기 때문이고, 또한 확실한 재림의 소망이 있기 때문이다. 그리스도인들은 다시 오실 주님을 기다리는 사람들이다. 우리 주님이 다시 오시는 그 날, 우리는 주님의 영광에 참여하게 될 것이며, 이 땅 위에서 받은 고난은 족히 비교할 수 없는 영광으로 바뀌게 될 것을 믿는다. 이러한 믿음과 소망을 가지고 있기에, 성도들은 재림을 중심으로 하는 가치관과 행복관을 가지고 이 세상 속에서 성결한 삶을 살아가는 것이다. 영원을 결정하는 것은 현재기 때문에 이 세상에서의 믿음의 삶, 우리의 의무와 책임, 행동은 더 귀한 것으로 평가되는 것이다. 이처럼 재림에 대한 소망은 주의 자녀 됨의 확실성을 굳게 하고, 의를 행하도록 하는 동기가 된다.

결론적으로 살펴볼 때, 요한일서 3장의 첫 부분은 인간에 대한 하나님의 영원하신 목적의 성취를 찬양하고 있다. 하나님께서는 자신의 형상을 따라(창 1:26) 미리 아신 자들로 그 아들의 형상을 본받게 하기 위하여 구원하셨는데(롬 8:29), 그렇다면 믿음으로 그의 가족이 된 하나님의 자녀들은 반드시 아버지를 닮은 모습을 나타내야만 한다. 왜냐하면 그들은 보이지 않는 하나님의 완전한 형상이신 그리스도를 닮아 가기 때문이다.

만일 누군가가 이후에 그리스도같이 되고자 한다면, 그는 지금 현재도 그리스도처럼 행동해야 하며, 특히 윤리적인 면에서 주님처럼 성결한 삶을 살면서 주님을 본받아야 하는 것이다. 이는 하나님의 부르심은 목적이나 방향 없는 부르심이 아니라, 거룩으로의 부르심이고 목적 있는 부르심이기 때문이다. 그래서 요한은 마지막으로 이렇게 묻는다. "당신이 하나님의 자녀고, 주님을 소망으로 삶는 사람입니까? 그렇다면, 이를 삶으로 나타내 보이십시오. 왜냐하면, 주님을 향하여 이러한 소망을 가진 자마다 그의 깨끗하심과 같이 자기를 깨끗케 하기 때문입니다."

3. 의로움과 죄의 대조(3:4~10)

요한은 논리를 전개할 때 약간씩 다른 병행구절들을 사용해 자신이 말하고자 하는 주제를 표현하는 습관이 있다. 이 단락에서도 그는 죄와 의를 대조하면서 이 방법을 사용한다. 먼저 4~7절에서 요한은 죄의 본성, 죄의 일을 멸하시는 예수 그리스도의 사역, 그리스도인의 생활과 죄에 계속 머무는 생활의 공존 불가능성, 의로운 일을 행하는 자가 예수님처럼 의롭다는 실제적 결론 등을 다루고 있다.

약간의 차이는 있기는 하지만, 8~10절의 요지도 바로 그것이다. 이 단락에서 요한은 좀더 구체적으로 죄의 기원, 마귀의 일을 멸하시는 예수 그리스도의 사역, 참 하나님의 자녀는 죄에 계속 머물 수 없다는 사실, 마귀의 자녀와 하나님의 자녀는 의로운 생활의 유무로 판단할 수 있다는 결론 등을 언급한다. 이 단락의 구조는 다음과 같다.

도입	a. 죄를 짓는 자마다(4a절)
주제	b. 죄는 불법이라(4b절)
사역의 목적	c. 그가 우리 죄를 없이하려고 나타내신 바 된 것을(5절)
결말	d. 그 안에 거하는 자마다 범죄하지 아니하나니(6절)
결말	d´. 하나님께로서 난 자마다 죄를 짓지 아니하나니(9절)
사역의 목적	c´. 하나님의 아들이 나타나신 것은 마귀의 일을 멸하려 하심이니라(8b절)
주제	b´ 마귀는 처음부터 범죄함이니라(8b절)
도입	a´ 죄를 짓는 자는(8a절)

1) 죄와 그 기원(3:4, 8)

4절에서 저자는 죄를 불법으로 정의하면서, 죄를 범하는 자마다 불법의 죄과가 있다고 말한다. '불법'이란 말을 통해 요한은 자연스럽게 죄의 죄됨을 온전히 드러내는 구약의 율법을 상기시키고 있다. 이러한 요한의 견해는 사도 바울의 견해와도 완전히 일치한다. 바울은 로마서에서 "율법이 있기 전에도 죄가 있었다"고 말한다(롬 5:13). 그러므로 우리는 죄를 이렇게 정의할 수 있을 것이다. '죄는 하나님을 대항하여 나 자신의 고집대로 행하고자 하는 욕심이다.' 이는 하나님의 율법이 주어질 때 나로 하여금 그 율법을 범하도록 만드는 것이 바로 이 욕심이기 때문이다.

8절에 있는 죄에 대한 두 번째 논의에서 요한은 죄가 아무리 온건하고 무해해 보여도 모든 죄는 마귀에게 속한 것이며, 죄를 범하는 자는 마귀와 깊은 연관성을 갖고 있다고 밝힌다. 어떤 경우, 죄가 온건해 보일 수 있지만 그러나 그 죄는 분명 마귀의 편이며, 결국 좀 더 큰 범죄를 낳게 된다. 우리는 이 부분을 읽으면서, 거짓 교사들이 수신자들에게 얼마나 죄를 과소평가하고, 도덕적 문제를 심각하게 생각하지 않도록 유혹했는지를 짐작할 수 있다. 아마 그들은 죄가 단순히 부정적인 성질을 지녔거나, 또는 육체에만 관계가 있지 마음과는 아무 상관이 없다고 가르쳤을 것이다.

그러나 요한은 이런 견해에 대해 단호하다. 그는 말하기를, 죄란 단순히 부정적인 것이 아니라, 하나님을 향한 고의적인 반항이라고 정의한다. 즉 죄란 율법에 어긋나는 것이며, 하나님의 법을 깨뜨리는 것이며, 하나님께 반역하는 행위고, 불순종하는 것이다. 그러므로 죄를 단순하게 어떤 약점이나 실수 정도로 이해해서는 안 될 것이다. 죄는 기독교인의 가장 무서운 적으로, 항상 촉각을 세우고 경계해야 한다. 저자는 그의 사랑하는 수신자들에게 죄의 위험성과 심각성을 교훈한다. 성도들이 이러한 사실을 바로 깨달을 때만 비로소 죄를 미워하게 되고, 거기서 돌이켜 주님을 찾게 되기 때문이었다.

2) 그리스도의 사역의 목적(3:5, 8b)

이 땅에 육신을 입고 오셨던 예수 그리스도의 오심과 사역의 목적은 이 무서운 죄를 없이하고(5절), 마귀의 일을 멸하시기 위한 것이었다(8절). 요한은 독자들에게 죄를 짓는 것은 마귀의 특성이고, 이 죄를 없애는 것이 그리스도의 특성임을 상기시킨다. 그러므로 이러한 그리스도의 사역의 목적을 알고 있는 사람은 주님이 없이하고자 하셨던 '죄'와는 상관이 없는 거룩한 삶을 살아야만 한다. 만일 하나님의 자녀라는 사람이 마귀의 특성인 죄에 즐겨 머물고 있다면, 그것은 죄를 없이하러 오신 그리스도의 사역에 정면으로 대항하는 것이고, 또 마귀의 편을 드는 것이다. 인간은 누구나 하나님과 죄, 이 양자 중 한 쪽에 머무르게 되어 있다. 일단 죄로부터 자유함을 얻으면, 그 자유를 방종의 기회로 삼아서는 안 되며, 하나님을 위해 살고, 거룩함 속에서 자유를 누려야 하는 것이다.

그리스도의 오심의 목적이 '죄를 없이하는 것'과 '마귀의 일을 멸하기 위한 것'이라는 사실을 안다면, 이제 그리스도인들 어떻게 해야 하는가? 죄에 대하여 철저히 자기를 깨끗하게 하고, 죄를 멀리해야 한다. 그리스도인에게 마귀와의 타협이란 있을 수 없다. 죄를 짓는 일은 곧 마귀의 일이고 그에게 속함을 의미하기 때문이다. 더욱이 그리스도께서 마귀의 일을 멸하려 오셨기 때문에 그리스도인은 더더욱 죄를 용납할 수 없다. 요한이 이전 단락에서 그리스도인들이 거룩한 삶을 살아야 할 절대적 필요성에 대해 주님의 재림을 기초하여 교훈하였다면, 이제는 과거에 있었던 그리스도의 사역과 관련하여 거룩한 삶의 필요성을 강조하고 있는 것이다.

3) 죄와 그리스도인의 생활(3:6, 9)

예수 그리스도의 오심의 목적이 죄의 문제를 해결하고 마귀의 역사를 파괴시키는 것이었다면 하나님의 자녀들은 그리스도의 사역에 의해서 죄 용서함을 받았으며, 또한 죄의 권세와 오염으로부터 깨끗하게 되었다. 주님께서 우리의 죄를 없이하실 수 있었던 것은, 그분 자신이 죄가 없으셨음을 뜻한다. 이는 죄를 없이하는 것은 죄 없으신 분만이 성취할 수 있기 때문이다. 그러므로 어떤 사람이 죄 없으신 그리스도 안에 거한다는 것은 죄를 아주 끊어버리는 것을 의미한다. 왜냐하면 세상과 하나님의 자녀가 서로 이질적이듯 죄와 그리스도는 적대관계에 있기 때문이다. 만일 하나님의 자녀라고 하면서도 죄를 범한다면 그것은 그리스도 안에 거하지 못하고 있는 것이며, 실상은 주 예수 그리스도를 보지도 못하였을 뿐만 아니라 그를 알지도 못한다는 사실을 스스로 나타내는 것이다.

그리스도의 죄 없으심과 구속 사역은 죄를 멸하는 동시에 우리로 하여금 죄와 싸우게 하고 죄를 이기게 하는 동인이 된다. 그러므로 요한은 이렇게 말한다. "그 안에 거하는 자마다 범죄하지 아니하나니 범죄하는 자마다 그를 보지도 못하였고 그를 알지도 못하였느니라 … 하나님께로서 난 자마다 죄를 짓지 아니하나니 이는 하나님의 씨가 그의 속에 거함이요 저도 범죄치 못하는 것은 하나님께로서 났음이라"(6, 9절).

여기서 우리는 한 가지 어려운 문제에 봉착한다. 그것은 그리스도인은 정말 죄를 짓지 않는가 하는 문제다. 이 질문에 대해 요한은 "죄를 짓지 않는다"고 명확히 대답한다. 그 이유는 '하나님의 씨'가 그 속에 거하기 때문이고, 또한 그가 하나님께로서 났기 때문이라는 것이다. 그러나 정말 그러한가? 요한은 이미 말하기를 "만일 우리가 범죄하지 아니하였다 하면 하나님을 거짓말하는 자로 만드는 것이니 또한 그의 말씀이 우리 속에 있지 아니하니라"(1:10)고 선포하였다. 요한의 말은 분명한 모순으로 들린다.

그렇다면 우리는 죄에 관한 그의 말을 전적으로 무시해야 하는 것인가? 이러한 어려움 때문에 주석가들은 이 구절의 의미를 여러 가지로 해석하곤 했다. 예를 들면, 그리스도인은 극악한 죄는 짓지 않는다거나 혹은 그리스도인은 고의적인 죄는 짓지 않는다는 의미로 해석했다. 그러나 가장 타당한 해석은 그리스도인은 죄를 짓되 습관적인 죄는 지을 수 없다는 것이다.[4] 이러한 해석의 근거는 헬라어 동사의 시제에 의해서 뒷받침된다. 이 구절에서 요한은 세 번 현재시제를 사용해서, 일정 시간에 행해진 특별한 죄가 아니라 불특정 기간 동안 습관적으로 계속 죄에 머무는 것을 의미하고 있다. 6절에서 요한은 "그 안에 거하는 자마다 범죄하지 아니하나니 …"라고 하는데, 이것은 "무한정 계속해서 죄 안에 머무르지 않는다"는 뜻이다.

그것이 가능한 것은 하나님의 '씨' 곧 하나님의 본성이 그 사람 안에 머물고 있기 때문이다. 하나님의 의로운 본성은 죄를 반대하기 때문에 신자들이 죄 가운데 계속 거하는 것을 허용치 않고, 끊임없이 죄를 드러내며 거록해지도록 촉구하기 때문이다. 그렇다면 어떤 사람이 같은 죄를 계속 반복하는가 혹은 그렇지 않는가 하는 문제는 어떤 사람이 진정 하나님의 자녀인지 아닌지를 판단할 수 있는 중요한 표식으로 간주될 수밖에 없는 것이다.

4) 의에 대한 호소(3:7, 10)

4~7절과 8~10절의 각 구문에서 요한의 마지막 언급은 의로운 삶에 대한 호소로 결론을 맺는다. 또한 동시에 이 결론을 통해 앞으로 이어질 '사랑'에 대한 가르침을 준비하고 있다. 그 결론들은 다음과 같다. "자녀들아 아무도 너희를 미혹하지 못하게 하라 의를 행하는 자는 그의 의로우심과 같이 의롭고 … 이러므로 하나님의 자녀들과 마귀의 자녀들이 나타나나니 무릇 의를 행치 아니하는 자나 또는 그 형제를 사랑치 아니하는 자는 하나님께 속하지 아니하니라"(7, 10절).

지금까지의 가르침을 한마디로 요약한다면, 참 하나님의 자녀들이라면 삶으로 그의 신분을 드러내야 한다는 것이다. 즉 어느 사람의 행동을 보면 신분을 유추할 수 있어야 하고, 신분을 알면 행동을 유추할 수 있어야 한다. 요한이 그의 수신자들이 정말 분명히 깨닫기를 바랐던 것은, 어떤 사람이 하나님께 속하는가 속하지 않는가 하는 것은 다만 신앙고백의 문제가 아니라, 그 증거가 있어야 한다는 것이었다. 우리가 장래에 어떻게 될 것은 아직 나타나지 않았지만 우리가 하나님의 자녀들인지 아니면 마귀의 자녀들인지는 분명하게 나타나 있다. 그것은 '의를 행함'과 '의를 행치 않음'의 차이다.

의로움! 이것은 진실로 신자 됨의 진정한 표식이다. 주님께서 "그의 열매로 그들을 알리라"(마 7:20)라고 말씀하신 그대로다. 이 말씀으로 판단해 보면, 실제로 우리 주변에는 그리스도인이 아니면서도 그리스도인인 체하는 사람이 얼마나 많이 있는가!

하나님의 자녀와 사랑(3:11~18)

요한은 신자의 표식인 의로움에 대한 진술을 끝내고, 이제 또 하나의 신자의 표식이 되는 '사랑'에 관한 주제로 전환하고 있다. 10절에서 하나님의 자녀와 마귀의 자녀를 대조한 것처럼 여기서도 요한은 예리한 대조를 전개시킨다. 즉 사랑과 미움, 생명과 사망, 자기희생과 살인을 대조하면서 그 둘의 기원, 본성, 실제적 결과들을 언급하고 있다. 사랑은 하나님으로부터 유래되며, 하나님과의 연관성을 증거한다. 반면 미움은 마귀에게서 유래되며, 마귀와의 연관성을 입증해 준다. 이러한 대조들은 본 단락의 중요한 두 부분을 형성하고 있는데, 요한은 첫째 부분에서 가인의 미움을(12~13절), 그리고 둘째 부분에서는 그리스도의 사랑(14~18절)을 예로 들어 설명하고 있다.

1. 가인의 예

요한은 수신자들에게 하나님의 자녀들은 처음부터 들은 소식(2:24), 즉 복음의 가르침에 따라 서로 사랑할 것을 명령하면서 가인과 아벨의 예를 들고 있다. 요한은 가인을 미움의 대표적인 예로 제시하는데, 여기서 가인을 예로 드는 이유는 가인이 보여 주었던 미움의 모습과 그리스도인들이 보여 주어야 하는 사랑의 모습을 대조시키기 위해서다. 즉 가인이 행한 살인은 이후에 언급될 형제들을 위한 그리스도인들의 자기 희생과 너무도 극명한 대조를 이루고 있기 때문이다. 가인은 아벨을 죽인 사건을 통해, 자신이 누구와 연결되었는지를 분명히 드러내었다. 그는 악한 자, 마귀에게 속한 자였다고 요한은 말한다. 이는 미움과 증오는 마귀에게서 기원하기 때문이고, 가인은 하나님의 속성인 사랑 대신 마귀의 속성인 미움과 질투의 지배를 받고 있는 사람이었기 때문이다.

사랑! 그것은 그리스도인의 결정적인 표식이다. 그래서 요한은 "우리가 형제를 사랑함으로 사망에서 옮겨 생명으로 들어간 줄을 알거니와 사랑치 아니하는 자는 사망에 거하느니라 그 형제를 미워하는 자마다 살인하는 자니 살인하는 자마다 영생이 그 속에 거하지 아니하는 것을 너희가 아는 바라"(14~15절)고 말한다.

2. 그리스도의 예

반면 요한은 그리스도인의 '사랑'을 언급할 때 '아가페'(ἀγάπη)라는 말을 사용한다. 이 용어는 요한으로 하여금 결국 아가페 사랑의 결정적인 본보기인 예수 그리스도의 희생을 생각하게 한다. 예수님은 어떤 분이신가? 그는 우리를 구원하시기 위해 자신을 송두리째 내어 주신 분이셨다. 요한이 언급하고 있는 사랑은 결코 이 십자가 사건과 분리해서 생각할 수 없다. 이 세상에서 가장 크고 위대한 사랑이 온전히 드러난 것은 오직 십자가 위에서뿐이기 때문이다.

여기서 살인자 가인과 구원자 그리스도 사이에 예리한 대조가 나타난다. 가인은 아벨을 죽임으로써 그의 미움을 드러냈던 반면 예수님은 추악하고 가치없는 피조물을 자기 형제로 삼으시기 위해 스스로 생명을 희생하심으로써 자신의 사랑을 보여 주신 것이다. 그래서 그리스도의 십자가는 우리를 향하신 하나님의 사랑을 표시하는 척도인 동시에 우리로 하여금 이 사랑을 알게 하는 가장 중요한 수단으로 언급된다.

그렇다면 이러한 그리스도의 희생이 그리스도인들에게 주는 교훈은 무엇인가? 요한은 그리스도께서 이렇게 자기를 희생하신 것은 신자들의 본이 되시기 위함이라고 분명히 선언한다. 가인이 증오와 살인의 결정적 본보기였다면, 예수 그리스도의 죽으심은 사랑과 생명의 절대적인 본보기였다. 가인의 증오는 살인을 낳았지만 그리스도의 사랑은 자기 희생을 통하여 생명을 낳았다. 그리스도께서 우리를 위하여 자기 목숨을 버리신 것을 통하여 우리는 참 사랑을 알았고 체험한 바 있다.

그렇다면, 이제 우리는 어떻게 살아야 할 것인가? 요한은 말한다. "그리스도께서 우리를 위하여 자신을 버리셨습니까? 그렇다면, 우리도 주님을 본받아 형제들을 위하여 목숨을 버리는 것이 마땅합니다"(16절).

3. 그리스도인의 참 사랑

사랑의 진실성은 구체적으로 다른 사람을 돕는 것으로 증명된다(17~18
절). 말과 혀로만 하는 사랑은 전혀 사랑이 아니다. 사랑의 본질은 자기 희
생이기 때문이다. 요한은 이웃과의 관계 속에서 행동으로 입증되지 않는
말만의 사랑을 거부한다. 형제 사랑함의 구체적 실천은 십자가 위에서의
그리스도의 죽음과 같은 지극히 높고 고상한 차원에서부터 아주 작고 하찮
은 부분, 즉 어려움 가운데 처해 있는 형제를 돕는 것에까지 이른다. 사랑
은 결코 이론에만 머물러 있는 추상적인 것이 아니다. 자기희생을 본보기
로 보이셨던 예수님을 믿는 성도들은 단지 믿는다거나 사랑한다고 말하는
것만으로는 부족하며, 실제 생활 가운데 행함으로 그 믿음과 사랑을 나타
내야만 한다. 그리스도인은 결코 감상주의자가 되어서는 안 된다.

결론적으로, 요한이 말하고 있는 사랑의 원리에 따르면 하나님 안에 거
하는 사람들은 그들이 하나님의 구속의 사랑, 즉 예수 그리스도의 대속의
사랑의 대상이 되었던 것처럼 자신의 형제를 사랑해야 한다고 한다. 하나
님을 믿는다고 자부하면서 형제를 미워하는 사람들은 거짓말하는 사람이
요, 아직도 어두움 가운데 있는 사람이다.

그리스도인의 확신(3:19~24)

요한은 지금까지 의로움과 사랑의 시험을 통해 그리스도인의 확신에 관
한 근거를 논증하여 왔다. 의를 행하는 것과 사랑하는 것은 그 사람이 진리
에 속해 있음을 보여 주는 표식이고, 신자는 이 표식을 통해 자신이 진리
가운데 속해 있는 하나님의 자녀임을 확신할 수 있다는 논증이었다. 그러
나 요한은 이런 논리를 전개하다가 갑자기 19b절에서 '확신과 의심의 문

제'를 끄집어 낸다. 왜 그렇게 했을까? 그것은 아마 그의 말에도 불구하고 나름대로 죄의식을 느끼고, 이로 인해 확신을 잃어버리는 사람들이 있었기 때문일 것이다. 이런 자기 죄의식은 여러 가지 요인 때문에 생겨날 수 있다. 이유가 무엇이든 이 문제는 실제적인 것이고, 오늘날도 아주 널리 퍼져 있는 일반적인 문제다.

그렇다면 신자는 의심의 문제를 어떻게 다루며 어떻게 극복할 수 있는가? 의심의 원인은 여러 가지일 수 있지만, 대답은 오직 한 가지뿐이다. '지식'에 의해서다. 즉 그리스도인은 '하나님에 관한 지식'과 자기 삶에 나타난 '하나님의 역사하심에 관한 지식'을 통해 의심과 싸워 나가야 한다. 지식에 기초하여 믿음을 더욱 키워야 한다는 것이다. 3장 마지막 단락에서 요한이 언급하는 요점이 바로 이것인데, 그는 이 문제를 광범위한 방식으로 취급한다.

1. 자책하는 마음과 확신

그는 성도들의 삶속에 자주 나타나는 '자책하는 마음'의 문제에 대해 말한다. 그러한 자책과 의심의 상황 속에서 우리 마음을 주 앞에서 굳세게 하고 안심시킬 수 있는 두 가지 방법을 제시한다(19~20절). 첫 번째 방법으로 '행동으로 표현되는 사랑'에 관한 말씀을 상기하라고 한다. 요한은 의심으로 괴로워하는 자들에게 이렇게 말한다. "그대가 의심이 들 때, 많은 실패를 경험할 때, 그대의 실패를 돌아보지 말라. 그 대신에 먼저 그대 안에 계신 하나님의 성령께서 그대를 이끌어 행하게 하신 사랑의 구체적 행위들을 보라. 그것들을 증거로 삼아 더 이상 의심 속에서 헤매지 말고, 당신이 하나님의 자녀임을 확신하라."

또 한 가지 우리의 마음을 안심시키는 방법이 있다. 그것은, 하나님은 모든 것을 다 아시고, 또 우리보다 우리를 더 잘 아시지만, 그럼에도 불구하고 택하신 우리를 끝까지 용서하고 보호해 주신다는 것이다. 하나님은 우리의 연약함을 아시며, 또한 동시에 우리 마음의 소원이 어떠한지를 이미 다 아신다. 하나님은 그리스도의 희생을 통하여 구원하신 자신의 백성들을, 그들의 연약함에도 불구하고 끝까지 견고케 하시고, 우리 안에 시작하신 선한 일을 끝까지 다 이루실 것이고, 마침내 우리를 구원하실 것이다.

로마서 8장에 표현되어 있는 바울의 확신은 이러한 요한의 주장에 대한 온전한 주석이 된다. 누가 능히 하나님의 택하신 자를 송사하며 정죄할 수 있단 말인가? 결코 그럴 수 없다. 이는 의롭다 하신 분이 신실하신 하나님이시기 때문이다(롬 8:31~34). 그러므로 그리스도인들은 의심과 자책이 일어날 때, 나를 바라보기보다는 오직 하나님의 사랑과 자비와 은혜와 긍휼 그리고 약속을 믿음으로 바라보면서 확신을 얻어야만 한다.

2. 확신의 결과

요한은, 이렇게 확신을 가지고 자책으로부터 자유하면, 두 가지 유익을 얻을 수 있다고 한다. 그것은 "하나님께 나아갈 수 있다는 확신"과 "우리 기도가 응답받을 것이라는 확신"이다(21~23절).

먼저, 스스로 마음에 책망을 받지 않는 사람은 하나님 앞에서 '담대함'을 갖게 된다(21절). 그러나 이 말은 모든 일에 담대함을 갖는다는 의미는 아니고 하나님 앞에 서는 일에 있어서, 즉 하나님께 나아가는 일에 담대함을 갖게 된다는 의미다. 여기서 '담대함' 이란 단어는 '하나님을 향한 담대함'을 의미하는데, 이것은 우리가 하나님을 향해 믿음을 가지고 기도할 때의 담대함을 의미한다. 스스로 마음에 책망을 받지 않는 사람은 하나님께 자유로이 나아가 마음을 토로하고 기도할 수 있는 담대함을 얻게 된다.

이뿐만 아니라 또 다른 기쁨이 있는데, 그것은 그의 기도가 응답될 것이라는 담대함과 특권도 갖게 된다는 것이다. "무엇이든지 구하는 바를 그에게 받나니 이는 우리가 그의 계명들을 지키고 그 앞에서 기뻐하시는 것을 행함이라"(22절). 이 말씀은 참으로 놀라운 선포다. 왜냐하면 이것은 일부 그리스도인들이 특정한 경우에 드리는 기도만이 응답받는다는 말씀이 아니라, 일정한 조건만 충족되면 모든 그리스도인이 드리는 모든 기도가 응답되리라는 말씀이기 때문이다.

　그렇다면 응답되는 기도의 조건들은 무엇인가? 그의 계명을 지키는 것과, 그의 기뻐하시는 바를 행하는 것이다. 그러면 특별히 무슨 계명을 지켜야 하는가? 요한은 23절에서, 오직 한 가지 계명만 있을 뿐이라고 한다. 즉 "그리스도를 믿고, 서로 사랑하라"는 것이다. 여기서 "믿는다"와 "사랑한다"는 두 단어는 비록 밀접하게 연관되어 있기는 하지만, 시제면에서 분명한 차이가 있다. "믿는다"는 동사는 부정과거형(aorist)으로서 한 순간에 완료된 행위를 나타내지만, "사랑한다"는 단어는 현재형으로서 지속적인 태도를 포함하고 있다. 바로 이러한 방식으로 두 단어를 연결시킴으로써, 요한은 참 신앙에 관한 바울의 고전적 정의에 가까이 접근하고 있다. "그리스도 예수 안에서는 할례나 무할례가 효력이 없되 사랑으로써 역사하는 믿음뿐이니라"(갈 5:6).

3. 성령의 증거

　3장 마지막 절에서 요한은 새로이 두 가지 사상을 도입하는데, 이것들은 아직까지 암시된 적도 없는 것이다. 먼저 그는 그리스도께서 성도 안에, 또 성도가 그리스도 안에 거한다는 '상호내주의 사상'을 언급하고, 또한 이 내주를 가능하게 하시는 '성령'에 대해서 언급한다. 혹시 우리는 성령에 대한 언급이 마치 로마서 8:15~16에서 바울이 말하고 있는 것처럼 그리스도인에게 하나님 앞에서의 확신을 주는 새로운 주관적 기준을 제시하고 있지 않는가 생각할 수 있다. 그러나 요한의 의도는 그런 것이 아니다. 왜냐하면 본문에서는 '성령'이 주관적 증거자로서 언급되고 있지 않기 때문이다.

　요한이 말하고자 하는 성령의 임재는, 그리스도께서 우리 안에 거하시는지에 대한 시험이 된다. 성령은 우리의 생활과 행동 안에 객관적으로 모습을 드러내신다. 즉 성령은 우리로 하여금 예수님을 육신으로 오신 그리스도로 고백하게 만드시고, 의롭게 살면서 형제를 사랑할 수 있도록 힘을 주신다(참조. 4:13; 갈 5:16, 22).

그러므로 우리 마음이 우리를 정죄하고 책망할 때 마음에 담대함과 안위를 얻으려면 우리는 성령께서 역사하고 계시다는 증거를 찾아야만 한다. 특히 성령께서 우리로 하여금 그리스도를 믿게 하시는지, 또 하나님의 계명에 순종하고 형제를 사랑하게 하시는지 분명히 살펴야 한다. 왜냐하면 이러한 온전한 순종이 있을 때 비로소 성령은 거주하시기 때문이고(24a절), 거주하신다는 증거는 성령의 은사기 때문이다(24b절).

결론

우리가 살펴본 요한일서 본문에서 요한은 참된 그리스도인이란 어떤 사람인가, 우리는 무엇으로 그 사람이 그리스도인인지 알 수 있는가, 그리스도인의 표식과 증거는 무엇인가, 신자와 불신자를 구분할 수 있는 구분점은 무엇인가 하는 질문에 대해 분명한 답을 주었다. 신앙의 참모습은 언제나 하나님이 원하시는 것을 행하는 것이고, 원치 않으시는 것을 행치 않는 것이다. 즉 하나님이 원하시는 '진리, 의로움, 사랑'을 실천하는 것이고, 원치 않으시는 '죄, 미움, 어두움'을 멀리하는 것이다. 진리, 의로움, 사랑! 이 것이 참신자 됨의 표식과 증거임을 다시 한 번 깨닫게 해 주었다.

그렇다면 이제 우리에게는 이 세 가지 신자의 표식 중에서 어느 하나라도 결핍이 되어서는 안 된다. 왜냐하면 요한을 따르는 사람들과 거짓 대적자를 따르는 사람들의 결정적 차이는 바로 이 세 가지 모습의 차이였기 때문이다. 진리를 따르고, 의를 행하고, 사랑하며 사는 삶! 이 세 가지 표식은 올바른 교회, 진정한 신자의 핵심적인 특징이다. 만일 이 중에서 어느 하나라도 결핍된다면, 그것은 결코 올바른 신자의 모습도, 또한 교회의 모습도 아니다.

오늘날 우리 한국 교회와 신자들은 많은 숫자를 사랑하지만, 총체적 부패의 마지막을 향해 달음질치고 있는 이 사회를 맑게 하고 밝히는 소금과 빛의 역할을 감당하지 못하고 있다. 아니 오히려 그 부패에 일조하고 있다는 것이 부인할 수 없는 현실이다. 그러므로 오늘날 우리 교회와 신자들에 대한 평가도 매우 부정적이다. 모든 교회는 철저하게 의를 행했어야 함에도 불구하고 그렇게 하지 못한 결과 그리 의롭지 못한 단체로, 많은 신자들은 의롭게 살았어야 함에도 그러지 못했기에 부정직하고 의롭지 못한 사람들로 평가받고 있다. 또한 이웃사랑을 실천하지 못함으로 사회의 지탄의 대상이 되고 있다.

어떤 사람은 이런 현상은 단지 윤리나 사랑의 문제라고 그리 심각하게 생각하지 않을지 모른다. 하지만 이것은 신앙과 믿음의 근간을 흔드는 근본적인 문제다. 심지어 과연 하나님과의 관계가 바로 정립되었는지를 살펴야 하는 무섭고 두려운 문제라 할 수 있다. 혹자는 이것을 부인하려 할 지 모른다. 그것이 어떻게 신앙과 구원문제와 직결될 수 있는가? 그러나 참 신앙은 결코 의로움과 사랑, 즉 믿음의 실천과 분리되지 않는다. 왜냐하면, 하나님을 섬긴다는 것은 하나님과 교제하면서 그분 안에 머무는 것을 뜻하며, 그 증거는 그분을 닮은 삶의 모습을 드러내는 것이기 때문이다. 즉 빛이신 하나님을 닮아 의로운 삶을 살아가며, 사랑이신 하나님을 닮아 사랑의 사람으로 희생과 봉사의 삶을 살아가는 것이기 때문이다.

그런데 오늘날 이 사회가 이처럼 부패한 반면 교회와 신자들은 부정적인 평가를 받으며 정화의 능력을 상실했다는 안타까운 현실은 – 요한일서의 말씀대로라면 – "우리 교회와 신자들이 실패했다"는 것의 반증이라 할 수 있다.

그렇다면 이제 우리는 어떻게 해야 할 것인가? 요한일서의 메시지로 돌아가야 한다. 그리고 '그 말씀 그대로' 지켜야만 한다. 더 이상 적당히 우리의 죄와 잘못을 합리화하고 정당화하는 '거짓말쟁이'들로 교회가 채워지게 해서는 안 된다. 더 이상 우리 교회와 신자들이 순종 없는 신앙고백만을 남발하고 행치 않음으로 하나님의 이름이 이방인 가운데서 모독을 받게 해서는 안 될 것이다. 이제 우리 모두 하나님 자녀의 참된 표식이 무엇인지를 바로 깨닫고, 삶의 모든 영역에서 하나님의 자녀답게 살아가므로 세상을 변화시키며, 역사와 민족 앞에 책임을 감당하는 '실천적 그리스도인', '행동하는 그리스도인' 이 되었으면 하는 바람 간절하다.

4 하나님께 속한 성도의 삶
요한일서 4장의 주해와 적용

　요한일서 4장은 '영들을 시험하라' 는 말씀(1~6절)과 '서로 사랑하라' 는 말씀(7~21절)으로 되어 있다. '영들을 시험하라' 는 권면과 '서로 사랑하라' 는 권면은 얼른 보면 전혀 무관한 것같다. 영들을 시험하는 것이 서로 사랑하는 것과 무슨 관계가 있는가 하는 생각이 들기 쉽기 때문이다. 그러나 요한일서 전체의 내용을 조금만 깊이 들여다보면 이 두 가지가 깊은 관련이 있는 것을 발견하게 된다.

　'서로 사랑하라' 는 것은 세상에 속한 자들이 아니라 하나님께 속한 자들, 즉 그리스도 안에서 형제자매 된 자들끼리 서로 사랑하라는 것이다. '영들을 시험하라' 는 것은 보다 깊은 차원에서 '하나님께 속한 영' 도 있고 '세상에 속한 영들' 도 있다는 것이다. '하나님께 속한 영' 은 그리스도 안의 형제자매들로 하여금 그리스도에 대한 신앙고백을 바로 하게 하고 서로 사랑하도록 하는 방향으로 인도한다. 그러나 '세상에 속한 영들' 은 그리스도를 적대하는 영으로서 그리스도에 대한 올바른 신앙고백을 방해하고 그리스도인들의 형제사랑을 방해한다. 하나님께 속한 자들끼리 서로 사랑하기 위해서는 세상에 속한 영들의 방해를 바로 파악하고 극복해야 한다. 이런 의미에서 '영들을 시험하라' 는 권면과 '서로 사랑하라' 는 권면은 불가분의 관계가 있는 것이다.

　또한 이 두 권면은 요한일서 4장에서 비로소 나오는 권면은 아니다. 요한은 나타내신 바 된 '생명'에 대한 말씀으로 서신을 시작하면서 그것을 바로 '사귐'과 연결시킨다(1:1~4). 그리고 이어서 '빛'의 개념을 도입하여 빛과 '사귐'을 또한 연결시킨다(1:5~10). 요한은 '빛'을 죄를 자백하는 것, 죄를 짓지 않는 것, 예수님의 계명을 지키는 것으로 제시하면서 예수님의 계명을 지키는 것은 예수님이 행하신 대로 행하는 것, 즉 예수님이 사랑하신 대로 사랑하는 것이라고 한다(2:1~6). 형제를 사랑하는 자는 빛 가운데 거하는 자요, 형제를 미워하는 자는 어두움 가운에 거하는 자라는 것이다(2:7~11).

요한은 이어서 세상이나 세상에 있는 것을 사랑하지 말라고 하면서 세상과 직결된 "흉악한 자"(2:14)와 "적그리스도"(2:18)를 경고한다. 이렇게 마귀와 적그리스도에 대한 경고의 문을 연 요한은 "하나님의 자녀들"과 "마귀의 자녀들"을 죄를 짓지 아니하는 자들과 죄를 짓는 자들, 사랑을 하는 자들과 사랑을 하지 않는 자들로 구분한다(3:1~12). 요한은 계속 세상과 '우리'를 대조하면서 세상이 '우리'를 미워하지만 '우리'는 서로 사랑하되 물질적인 도움까지 베풀면서 서로 사랑하는 자들, '서로 사랑하라'는 주님의 계명을 지킬 자들이라고 지적한다(3:13~24). 요한은 주님의 계명을 지키는 자가 주님 안에 거하고 주님이 그 안에 거한다는 주제를 꺼내면서 "우리에게 주신 성령으로 말미암아 그가 우리 안에 거하시는 줄을 우리가 아느니라"(3:24)고 했다.

여기서 '성령'이 관심의 무대로 올라온 것이다. 그렇다면 누가 성령의 인도와 감동을 받은 자고 누가 악령과 적그리스도의 인도와 감동을 받은 자인가? 3:10~24에서 4장으로 넘어오는 고리는 3:24의 "성령"과 4:1의 "영"이다. 진리와 거짓, 진리의 영과 거짓의 영 사이의 예리한 대조를 위한 무대가 제공되어 있다(2:21~22). 당시는 정통 구성원들이 자신들의 은사적 극단주의에 대해서 무비판적이고, 심지어 그들 중에 있는 이단적 열광주의에 의해 오도되는 상황이었다. 시대마다 '영적인 매력'을 파는 상인들이 있었다(Maurice). 그러나 열광이 진리의 보증은 아니다(Law). 따라서 영감을 주장하는 경우마다 분별력을 사용해야 한다.

요한은 이런 질문을 전제한 상태에서 '영들을 시험하라'고 하면서 그 권면을 뒤이어 '서로 사랑하라'고 연결시키는 방식으로 서신을 전개한다.

'영들을 시험하라'는 권면과 '서로 사랑하라'는 권면은 1세기의 요한이 상대한 신자들뿐 아니라 21세기의 신자들에게도 적절한 권면이다. 1991년 호주 캔버라에서 제7차 WCC총회가 개최되었을 때 한국의 C모 여교수는 무당식 초혼식을 하면서 '성령이여, 임하소서!' 하는 강의를 했다. 그때 수천명의 세계 교회 대표들이 우뢰와 같은 박수를 보냈다고 한다. 성령을 악령들과 혼돈하고 혼합주의적인 의식과 강연을 하는데 세계 교회 지도자들이 박수를 보냈다는 사실은 그들의 무지와 무분별, 무감각 면에서 입을 다물 수 없는 충격을 주고도 남음이 있다. 뉴 에이지(New Age) 운동과 영성 운동이 활발하게 전개되는 오늘날 '영들을 시험하라'는 메시지는 실로 적절한 것이다.

뿐만 아니라, 하이테크(High-tech) 시대에 인간관계의 붕괴와 메마를 대로 메마른 인정문제를 무엇으로 해결할 것인가? '사람 냄새' 나는 활동과 언어와 사고를 통해 하이터치(High-touch) 공동체를 이루어나가는 것이 어느 시대 못지 않게 필요한 것이 오늘 우리가 직면한 시대다. 그러므로 '서로 사랑하라'는 권면을 실천하는 것이 상처받은 개인과 붕괴되어 가는 가정과 공동체를 치유하는 길이다.

영들을 시험하라(4:1~6)

아무리 영적인 인도와 감동을 주장한다고 해도 하나님께 속한 영도 있고 적그리스도의 영도 있다(3절). 진리의 영도 있고 미혹의 영도 있다(6절). 참된 선지자도 있고 거짓 선지자도 있다(1절).

3:23에서는 예수 그리스도를 "믿으라"고 했으나, 여기서는 "영을 다 믿

지 말라"고 한다. 2:7~11에서는 형제들을 사랑하라고 했으나, 2:15에서는 "이 세상이나 세상에 있는 것들을 사랑치 말라"고 했다. 우리는 믿어야 할 대상과 믿지 말아야 할 대상을 분별하고, 사랑해야 할 대상과 사랑하지 말아야 할 대상을 분별해야 한다. 우리는 예수님을 믿어야 하지만 잘못된 영들은 믿지 말아야 한다. 우리는 형제들을 사랑해야 하지만 세상은 사랑하지 말아야 한다.

그렇다면 요한 당시에 왜 '영들을 시험하라'는 권면이 필요했으며, 영들을 시험하는 기준은 무엇인가? 하나님께 속한 영과 적그리스도의 영, 진리의 영과 미혹의 영, 참된 선지자와 거짓 선지자,이런 식의 대조 자체가 영들을 시험해야 할 필요성을 지적하는 것이라고 볼 수 있지만 그보다 더 구체적으로 어떠한 상황이 전개되고 있었기에 영들을 시험할 필요가 있었는가? 또 영들을 시험하고 분별하는 기준은 무엇인가?

1. 미혹이 가능한 상황

1절에서 요한은 "사랑하는 자들아 영을 다 믿지 말고 오직 영들이 하나님께 속하였나 시험하라 많은 거짓 선지자가 세상에 나왔음이니라"고 했다. 요한은 "사랑하는 자들아"라는 호칭으로 권면을 시작하는데, 이것은 별의미 없이 심심해서 한번 해보는 버릇인가?

요한은 요한일서에서 몇 가지 호칭을 사용한다. "아비들아"(2:13)와 "형제들아"(3:13)와 함께 "나의 자녀들아"를 1회(2:7), "아이들아"를 2회(2:14, 18), "자녀들아"를 6회(2:12, 28; 3:7, 18; 4:4, 21), "사랑하는 자들아"를 6회 사용한다(2:7; 3:2, 21; 4:1, 7, 11). 그는 예수님의 사랑을 누구보다 더 깊이 깨닫고(요 20:2) '사랑의 사도'란 별명을 가진 사도다. 그는 육적으로나(AD 90년경) 영적으로 연로한 자로서 자녀들과 아이들 같은 성도들에게, 그러나 교만한 대부의식이 아니라 형제의식을 가지고 사랑의 태도로 권면하고 있다. 서슬이 시퍼런 눈빛과 딱딱하게 굳은 얼굴로 권면하는 것이 아니라, 부드러우면서도 단호한 사랑의 눈길로 권면하는 것이다.

계속해서 요한은 성도들을 사랑하기 때문에 그들이 적그리스도와 미혹의 영에게 영향을 받지 않도록 경고하고 있다. "영을 다 믿지 말고 오직 영들이 하나님께 속하였나 시험하라"(1절). 꿈이나 환상을 통해 무엇을 보았다든지, 기도하는 중에 앞으로 어떻게 될 것이라든지 하는 식의 말에 쉽게 넘어가는 성도들을 종종 본다. 어떤 사역자가 꿈에 무엇을 보았고 앞으로 어떻게 될 것이라는 식의 말을 할 때 그를 마치 영성이 뛰어난 신령한 종을 대하듯 하는 성도들을 보기도 한다.

진실하고 충성스러운 목회자가 목회하는 교회에 어떤 여성도가 나타나서 중직자들에게 '제가 기도해 보니 이 교회 목회자는 문제가 많습니다' 는 식의 말을 할 때 그것을 그대로 받아들여 교회에 문제가 생기는 경우도 본다. 그런 성도들은 '영을 다 믿는' 성도들이다. 그런 식으로 미혹을 받는 동안에는 아무리 바른 소리를 해도 받아들이지 않는다. '시기가 나서 그렇다, 영성이 모자라는 주제에 무슨 소리냐' 하는 식의 반응을 보인다. 결국 미혹을 받아 단단히 손해를 체험한 후에야 깨닫게 되는 것이다. 그러므로 특수한 영감을 주장하고 신령한 체험을 주장하며 천당을 보았느니 지옥을 보았느니 하는 식의 주장에 현혹될 필요가 없다. "영을 다 믿지 말고 오직 영들이 하나님께 속하였나 시험하라"는 말씀대로 순종해야 한다.

소위 영적인 발언에 쉽게 속아넘어가지 말고 하나님의 말씀에 비추어 분별하는 자세가 필수적이다. 영 분별은 에덴 동산에서부터 필요한 것이었다. 하와가 영을 제대로 분별하였더라면 타락하지 않았을 것이다(창 3장). 모세도 이적과 기사를 보이면서 그것이 말대로 이루어지는 경우에도 다른 신들을 섬기자고 미혹하는 선지자나 꿈꾸는 자의 말을 청종하지 말라는 식의 영 분별의 교훈을 주었다(신 13:1~3). 예수님도 주의 이름으로 예언과 축사(逐邪)와 권능을 행하는 자들 중에도 주님이 도무지 모른다고 할 자들이 있다는 것을 경고하셨다(마 7:22). 바울 사도도 영분별의 은사를 지적했고(고전 12:10), 사단도 "광명의 천사로 가장"한다는 사실을 경고했다(고후 11:14). 요한도 후에 하늘에서 불이 떨어지게 하는 기적을 행하는 자라도 거짓 선지자일 수 있다는 것을 경고했다(계 13:13). 따라서 우리는 베뢰아 사람들처럼 "간절한 마음으로 말씀을 받고 이것이 그러한가 하여 날마다 성경을 상고"하는 자세가 필요하다(행 17:11).

요한이 요한일서를 기록할 당시 이미 "많은 거짓 선지자가 세상에" 나와 있었다. 성령의 영감을 주장하지만 사실상 가짜인 경우가 '많다' 는 사실은 영들을 시험하는 것이 실제적으로 발등에 떨어진 불처럼 시급한 문제였다는 것을 보여 준다. 4:3b에도 "이것이 곧 적그리스도의 영이니라 오리라 한 말을 너희가 들었거니와 이제 벌써 세상에 있느니라"고 했다. 여기서 말하는 적그리스도는 그리스도의 재림 직전에 나타날 '그 적그리스도'(불법의 사람, 살후 2:1~12; 계 13:1~10; 17장)를 말하는 것이 아니라 일반적으로 그리스도를 대적하는 세력으로서의 적그리스도를 말한다. '그 적그리스도' 는 일곱 머리 열 뿔 짐승(계 13, 17장), 즉 '불법의 사람', '멸망의 아들'(살후 2장)로서 바울 당시에는 나타나지 않던 세력으로 재림 직전에 나타나 그리스도의 백성들을 대적할 것이다. 그러나 "주 예수께서 그 입의 기운으로 저를 죽이시고 강림하여 나타나심으로 폐하"실 것이다(살후 2:8).

요한이 요한일서를 집필할 때 재림 직전의 적그리스도는 아직 나타나지 않았으나 일반적으로 그리스도와 그리스도인들을 대적하는 적그리스도는 이미 나타나서 활동하고 있었다는 것이다. 이런 상황에서 "영들이 하나님께 속하였나 시험하라"는 권면은 너무도 실제적인 것이었다. 이런 의미의 적그리스도는 지금도 활동하고 있다. 따라서 우리는 요한 시대와 마찬가지로 지금도 영감이나 영적인 체험을 주장하는 사람들의 주장과 행태를 분별하여야 한다.

요한이 "많은 거짓 선지가 세상에 나왔"다고 했는데, "적그리스도"(3절)의 도래에 대해서는 이미 2:18과 22절에서 언급이 되었다. 2:18~29에서 요한은 예수 그리스도에 대한 이단적 견해를 종말에 나타날 적그리스도 세력의 현현으로 이미 지적했다. 1절에서는 영감이 자기들의 교훈의 기초라고 하는 이단들의 주장 면에서 적그리스도 세력이 거론된 것이다.

"영을 다 믿지 말라"는 것은 교회에서나 세상에서의 영적인 활동이 그 기원이 하나님일 수도 있고 마귀일 수도 있기 때문이다. 즉 여기서 '믿는다'는 것은 '사실로 받아들이다'는 뜻이고, "믿지 말라"는 것은 그 영향력 안에 들어가지 않도록 신중을 기하라는 것이다. "영을 다 믿지 말라"는 것은 '자신이 영적인 인물이라고 하는 자가 진리의 영에 의해 감동받았을 수도 있고 미혹의 영에 감동받았을 수도 있기 때문에 아무나 믿지는 말라'는 것이다.

"많은 거짓 선지자가 세상에 나왔음이라"에서 '세상에 나왔다'는 것은 '세상으로 이탈하여 나갔다'(defected into the world)는 뜻이다. 많은 거짓 선지자들이 처음에는 교회에 속해 있다가 이제는 세상으로 떨어져 나간 것이다(2:18~19). 본문의 '거짓 선지자들'은 가현설(예수님의 인성을 부인하는 이단학설)의 이단인 것 같다(요이 1:7). 그들은 적그리스도와 연결되어 있고 종말과 연결되어 있다. 적그리스도는 그리스도를 대적할 뿐만 아니라 그리스도에 대한 거짓된 교훈으로 신자들을 미혹하는 존재다(마 24:11, 24; 살후 2:3~4; 요이 1:7; 계 20:10). 참된 선지자는 영적인 진리의 대변인이지만 거짓 선지자는 영적인 오류의 대변인이다.

2. 어떤 신앙고백을 하는가?

요한은 영들을 시험하라고 하면서 "하나님의 영은 이것으로 알지니"라고 하여 시험의 기준을 제시한다(2절). 요한은 이미 '의'(2:29; 3:10)와 '사랑'(3:14)을 참된 신자를 알아보는 도덕적인 시금석으로 제시했다. 본문에서는 신학적인 시금석, 즉 예수님에 대한 참된 신앙고백을 제시한다. 예언자들이라고 하는 자들이 진짜인지 가짜인지 이것으로 확인되고(4:1), 그리스도에 대한 충성을 고백하는 자들의 신앙이 이것으로 확립되는 것이다(4:6).

하나님께 속한 영인가 아닌가 하는 시금석 중의 하나는 예수 그리스도에 대한 바른 신앙고백이 있느냐 없느냐 하는 것이다. "예수 그리스도께서 육체로 오신 것을 시인하는 영마다 하나님께 속한 것이요 예수를 시인하지

아니하는 영마다 하나님께 속한 것이 아니니 이것이 곧 적그리스도의 영이
니라"(2~3절).

예수님에 대한 참된 고백은 하나님의 참된 자녀로 사는 것, 성령의 대변
인으로 활동하는 것이다. 정통 교회와 이단 세상, 진리와 오류, 하나님과
적그리스도를 구분하는 시금석이 이것이다. 예수님의 성육신뿐만 아니라
인성까지 부인하는 것, 즉 요한복음 1:1~3, 14절을 부인하는 것이 적그리
스도의 영이다. 여기에 예수님이 메시아라는 것을 부인하는 것이 포함되어
있다. 예수님이 아버지로부터 오신 것(요 3:31; 8:16, 42; 13:3; 17:5)을 부인하고
선재하신 말씀이 성육하신 아들이라는 것을 부인하는 것이다.

3. 어떤 말을 하고 듣는가?

하나님께 속한 영인가 아닌가 하는 것을 분별하는 또 하나의 시금석은
하는 말의 내용과 그것을 누가 듣는가 하는 것이다. "저희는 세상에 속한
고로 세상에 속한 말을 하매 세상이 저희 말을 듣느니라 우리는 하나님께
속하였으니 하나님을 아는 자는 우리의 말을 듣고 하나님께 속하지 아니한
자는 우리의 말을 듣지 아니하나니 진리의 영과 미혹의 영을 이로써 아느
니라"(5~6절).

여기서 "세상"은 하나님을 알지 못하는 사회 속에 정착하겠다는 그릇된
태도(2:15; 3:1)와 육신의 정욕과 안목의 정욕과 이생의 자랑(2:15), 진리에 대
한 허위, 신앙에 대한 불신앙을 특징으로 삼고 사는 세상 사람들이다. 하나
님께 속한 자들은 하나님의 자녀들이고 "세상"에 속한 자들은 마귀의 자녀
들이다(3:1~24). 하나님의 자녀들은 하나님께 속한 진리를 말하고 믿지만 세
상에 속한 마귀의 자녀들은 하나님을 대적하고 비방하는 허위를 말하고 믿
는다.

4. 누가 이기는가?

요한은 신앙고백과 교육내용으로 영이 어디에 속했는지를 분별할 수 있

는 기준을 말하여 성도들을 경고하면서 동시에 용기를 준다. "자녀들아 너희는 하나님께 속하였고 또 저희를 이기었으니 이는 너희 안에 계신 이가 세상에 있는 이보다 크심이라"(4절). 성도들은 예수 그리스도에 대한 바른 신앙고백을 하면서 주님의 말씀, 주님을 알려 주는 참된 선지자들(교사들)의 말씀을 들을 줄 아는 자들이다. 성도들이 바른 신앙고백과 바른 교육내용을 받아들이는 것은 "하나님께 속해" 있기 때문이다. 성도들은 하나님께 속한 자들로서 비록 세상에 "많은 거짓 선지자들"이 나와 있다고 하더라도 두려워할 필요는 없다. 성도들이 거짓 선지자들을 이겼기 때문이다. 성도들은 거짓 선지자들이 예수 그리스도를 대적하는 교육내용으로 미혹해도 그런 미혹을 극복하였다.

요한은 성도들이 이렇게 거짓 선지자들의 미혹에 넘어가지 않은 것을 성도들 편의 '인간 승리'로 보지 않고 인간적인 차원보다 더 깊은 영적인 차원의 승리로 보았다. "너희 안에 계신 이가 세상에 있는 이보다 크심이라." "너희 안에 계신 이"는 성령이시고 "세상에 있는 이"는 마귀다. 성령은 전능하신(almighty) 하나님이시고 마귀는 능한(mighty) 존재기 때문에 성령이 마귀를 이기실 수밖에 없고, 또 실제 이기셨다. 성령께서 마귀를 이기신 것이 성도들이 거짓 선지자들을 이긴 것으로 나타난 것이다.

성도들은 이렇게 성령의 능력으로 거짓 선지자들을 이겼기 때문에 자기들의 힘으로 이긴 것처럼 자랑할 수 없고 자랑해서도 안 된다. 또한 성도들은 자기들 안에 마귀보다 크신 성령이 계시기 때문에 마귀와 거짓 선지자들에 대해 경계심을 가지면서도 두려움을 가질 필요는 없다.

서로 사랑하라(4:7~21)

요한은 "영들을 시험하라"고 권면한 다음 "서로 사랑하자"고 권면한다. 영 분별과 형제 사랑의 관계는 서론에서 잠시 언급한 적이 있지만, 이 사이의 공통 분모는 '하나님께 속한'이란 개념이다. 하나님께 속한 자들은 하나님의 자녀들로 이 세상에 속한 악령들과 거짓 선지자들을 분별하여 미혹을 당하지 말아야 한다. 하나님께 속한 자들은 하나님의 자녀들로, 또한 서로 사랑해야 한다.

요한은 "서로 사랑하자"는 권면을 할 때 '서로 사랑하자면 사랑하는 것이지 무슨 잔소리냐?'며 막무가내로 접근하지 않는다. 요한은 "서로 사랑하자"는 윤리를 전할 때 그 윤리의 당위성을 신학적인 근거를 통해 설명한다. 윤리와 신학이 맞물리는 점이 바로 이것이다. 참된 윤리는 신학에 바탕을 두고 참된 신학은 윤리로 드러난다. 윤리가 없는 신학은 열매가 없고 신학이 없는 윤리는 뿌리가 없다. 요한은 열매로서의 형제사랑을 권면할 때 그 신학적인 뿌리를 보여 준다.

요한은 사랑이 하나님의 본질이라는 면에서(7~8절), 하나님의 그 본질적인 사랑이 독생자를 화목제물로 주신 사건에 나타났다는 면에서(9~11절), 보이지 않는 하나님이 우리 안에 거하신다는 것이 우리의 사랑을 통해서 드러난다는 면에서(12~16절) 형제사랑을 권면한다. 요한은 이어서 사랑이 심판 때의 두려움을 제거한다는 점(17~18절)과 하나님의 사랑을 받은 자는 반드시 형제를 사랑해야 한다는 점(19~21절)을 지적하여 형제 사랑을 독려한다.

1. 사랑의 기원: 사랑은 하나님의 본질(4:7~8)

요한은 "사랑하는 자들아 우리가 서로 사랑하자"고 권면한 다음 바로 이런 근거를 제시한다. "사랑은 하나님께 속한 것이니 사랑하는 자마다 하나님께로 나서 하나님을 알고 사랑하지 아니하는 자는 하나님을 알지 못하나니 이는 하나님은 사랑이심이라"(7~8절). 이것은 다음과 같은 교차법(inclusion)으로 되어 있다.

A 사랑은 하나님께 속한 것이다.

B　따라서 사랑하는 자는 하나님께로 나서 하나님을 안다.

B′ 사랑하지 아니하는 자는 하나님을 알지 못한다.

A′ 왜냐하면 하나님은 사랑이시기 때문이다.

　근거를 A와 A′에 두고 근거의 결과를 B와 B′에 둔 것이다. 우리가 사랑하면 하나님을 알고, 사랑하지 아니하면 하나님을 알지 못한다. 왜냐하면 사랑은 하나님께 속한 것이고, 하나님은 사랑이시기 때문이다. 사랑은 하나님께 속한 것, 즉 하나님의 속성이다. 동시에 하나님은 사랑으로서 사랑의 하나님의 통전적 본질이다. 사랑이 하나님의 속성이요 본질이기 때문에 하나님께 속한 자는 사랑을 하는 것이다. 또 하나님께 속한 자는 사랑을 하면서 사랑을 본질로 지니신 하나님을 알게 된다. 참된 사랑을 한다는 것은 하나님의 속성과 본질(신적 본질이 아니라 성품적 본질)에 동참하는 것이기 때문에 하나님을 알게 된다. 사랑을 하지 않는 것은 하나님의 속성과 본질에 동참하지 않기 때문에 하나님을 모르는 것이 된다.

　우리가 형제를 사랑해야 하는 것은 우리가 하나님께 속한 자들로서 하나님의 속성과 본질에 동참해야 하고, 그렇게 함으로써 하나님을 실존적으로 알게 되기 때문이다. 요한은 하나님을 사랑의 기원으로 제시하여 "하나님께 속한" 우리가 서로 사랑해야 할 것을 권면한다.

2. 사랑의 표현: 나타난 하나님의 사랑(4:9～11)

　하나님의 속성과 본질로서의 사랑이 역사 속에서 나타났다. 요한은 하나님의 사랑이 표현된 것을 이렇게 묘사한다. "하나님의 사랑이 우리에게 이렇게 나타난 바 되었으니 … 사랑은 여기 있으니 … 하나님이 이같이 우리를 사랑하셨은즉 …." '이렇게', '여기', '이같이' 등의 표현은 요한이 요한복음 3:16에서 쓴 '이처럼'과 같은 것이다. "하나님이 세상을 이처럼 사랑하사 독생자를 주셨으니 이는 저를 믿는 자마다 멸망치 않고 영생을 얻게 하려 하심이니라."

하나님의 사랑이 나타난 것을 말할 때 요한은 "우리가 하나님을 사랑한 것이 아니요 오직 하나님이 우리를 사랑"하셨다는 것을 지적한다(10절). 하나님은 자신을 사랑하지 않는 '우리'를 사랑하신 것이다. 하나님은 일방적인 사랑, 사랑할 만한 자격이 없는 사람을 사랑하는 사랑을 하신 것이다. "우리 죄를 위하여"라는 표현을 보면 '우리가 죄인들'이라는 것을 알 수 있다. 하나님은 우리 '죄인들'을 사랑하신 것이다. 로마서 5:6~10에서 바울은 우리가 연약하고 경건치 않고 죄인과 원수 되었을 때 하나님의 사랑이 나타났다고 지적했다. 자격 없는 자를 사랑하신 것이 하나님의 은혜다.

하나님은 이렇게 자격 없는 우리 죄인들을 사랑하시되 자신의 독생자를 주시는 것으로 사랑하셨다. 무자격자를 사랑하시되 최고의 선물인 독생자를 주심으로 사랑하신 것이다. 우리가 누구를 사랑한다고 그를 위해 외아들을 줄 수 있겠는가! 그것도 자격 없는 사람을 사랑하며 외아들을 줄 수 있겠는가!

하나님이 죄인인 우리들을 위하여 외아들을 주시되 양자로 주신 것도 아니고 화목제로 주셨다. 양자로 주시는 것은 외아들을 '산 선물'로 주시는 것이지만 '화목제'로 주신 것은 외아들을 죽게 하셔서 우리를 유익하게 하시는 선물을 주신 것이다. 하나님은 외아들을 우리 죄 때문에 화목제물로 주셨다. 거룩하신 하나님과 죄인들인 우리들간의 관계를 회복하시기 위해서 외아들을 화목제물로 주신 것이다. 우리 죄인들로 하나님과 화목하게 하사 살리시기 위해서 자기 외아들을 화목제로 죽게 하신 것이다. 무자격자를 살리기 위해서 자신의 외아들을 죽게 하는 사랑이 세상에 어디에 있는가.

이것은 상상할 수 없이 큰 사랑이며 최고의 사랑이며 사랑의 영원한 귀감이다. 요한은 하나님의 사랑이 나타난 것을 지적하면서 '이렇게', '여기', '이같이 나타났다'고 감격하지 않을 수 없었다. 하나님의 '이렇게 은혜롭게' 나타난 사랑은 지구촌을 감격과 감사로 울릴 만한 사랑의 천둥이 아니겠는가.

하나님은 우리의 사랑을 받지 않은 상태에서 우리를 주도적으로 사랑하셨지만, 인간은 사랑을 받아 보아야만 사랑할 수 있다. 사랑은 받아 보아야 줄 수 있는 것이 인간의 상정이다. 어머니가 자식을 무조건 사랑한다고 하지만 그것도 자식이라는 생명체를 선물로 받았기 때문에 사랑하는 것이다. 요한은 이런 의미에서 "사랑하는 자들아 하나님이 이같이 우리를 사랑하셨은즉 우리도 서로 사랑하는 것이 마땅하도다"(11절)고 한다. 하나님의 천둥과 같은 은총의 사랑을 받은 우리로서는 서로 사랑하는 것이 너무도 '마땅' 한 것이다. 우리가 그런 사랑을 받고 나서도 사랑하지 않는다면 그런 사랑에 감격하지 않았다는 것이다. 그런 사랑에 감격하지 않았다는 것은 무감각하거나 배은망덕한 것이다. 그런 사랑에 무감각하거나 배은망덕한 것은 '마땅' 한 것이 아니라 '마땅' 히 하지 말아야 할 것이다.

3. 사랑의 체험: 사랑 안에 거한다(4:12~16)
그런데 하나님의 은혜로운 사랑이 이렇게 나타났지만 하나님은 보이지 않는다는 문제가 있다. 하나님이 보이시지 않는데 보이시지 않는 하나님을 어떻게 체험할 수 있는가? 보이시지 않는 하나님은 막연하게 느껴질 수 있는데 이 문제를 해결할 수 있는 길이 무엇인가? 요한은 하나님의 사랑을 체험할 수 있는 길을 여기서 제시한다.

요한은 "우리가 서로 사랑하면" 보이지 않는 하나님의 사랑을 체험한다고 한다. "우리가 서로 사랑하면 (보이지 않는) 하나님이 우리 안에 거하시고 그의 사랑이 우리 안에 온전히 이루느니라"(12절). 우리가 서로 사랑할 때 보이시지 않는 하나님이 우리 안에 사시는 것이 드러나고, 또 그렇게 하여 하나님의 사랑이 우리 안에서 '온전히' 이루어지게 된다. 여기 '온전히' 라는 것은 '완벽하게' 라는 뜻이 아니다. 우리는 하나님이 아니기 때문에 이 세상에서는 어떤 부분에서도 완벽할 수 없다. 다만 완벽을 향해 나아갈 뿐이다. 우리가 서로 사랑하면 하나님의 사랑이 우리 안에 '온전히' 이루어진다는 것은 우리가 열매를 맺게 된다는 뜻이다. 하나님의 사랑은 이미 우리 속에 열매 맺을 수 있는 원동력을 다 지니고 있는데 우리가 서로 사랑하는 것으로 순종하면 그 사랑의 열매가 우리 속에 맺혀지는 것이다.

보이지 않는 하나님을 우리가 체험하는 방법은 우리가 서로 사랑하는 것이다. "하나님께 속한" 자들끼리 서로 사랑하면 보이지 않는 하나님이 우리 안에 체험되어진다. 한번 상상해 보라. 보이지 않는 하나님이 체험되는 공동체가 얼마나 생동적이고 감격적인 공동체일지! 서로 사랑하는 공동체는 하나님이 "우리 안에 거하시는" 공동체, 즉 하나님의 거소로 체험되는 것이다. 우리는 이미 하나님이 거하시는 성전(고전 3:16; 6:19)이지만, 우리가 서로 사랑하면 하나님의 성전인 것이 실존적으로 체험되는 것이다.

예수님은 "너희가 서로 사랑하면 이로써 모든 사람이 너희가 내 제자인 줄 알리라"(요 13:35)고 하셨다. 우리가 서로 사랑하면 세상 사람들이 우리가 예수님의 제자들인지 알게 된다는 말씀이다. 우리가 서로 사랑하면 이렇게 세상 사람들이 우리를 통해서 예수님을 알게 될 뿐 아니라, 우리 공동체 자체가 사랑의 하나님, 보이지 않는 하나님을 체험하게 되는 것이다.

요한은 "하나님이 우리 안에 거하신다"는 개념을 바로 성령으로 연결시킨다. "그의 성령을 우리에게 주시므로 우리가 그 안에 거하고 그가 우리 안에 거하시는 줄을 아느니라"(13절). 그러면 하나님께서 누구에게 성령을 주시는가? "아버지가 아들을 세상의 구주로 보내신 것을 우리가 보았고 또 증거하노니 누구든지 예수를 하나님의 아들이라 시인하면 하나님이 저 안에 거하시고 저도 하나님 안에 거하느니라"(14~15절). 하나님께서 외아들 예수님을 세상에 구주로 보내신 것을 보고 증거하는 사도들의 증거를 따라 예수님을 하나님의 아들로 시인하는 자는 "누구든지" 성령을 받아 "하나님이 저 안에 저도 하나님 안에 거하는" 것을 알게 된다.

이때 성령은 예수님을 하나님의 아들로 믿은 후에 어떤 시점에 받는 것이 아니라 예수님을 하나님의 아들로 시인하기만 하면 누구든지 바로 그 순간에 받는 것이다. 조직신학적인 용어로 표현하면 성령받음과 중생의 시점이 일치하는 것이다. 중생과 회심 이후(post–generation, post–conversion)에 성령을 받는 것이 아니라 중생 및 회심과 동시에 성령을 받는다는 것이다(고전 12:3, 13; 롬 8:9).

그러나 여기서 "하나님이 우리 안에 거하신다"는 개념을 물리적으로 하나님이 우리의 마음 어떤 곳에 거주하신다는 식으로 이해하는 것은 곤란하다. 요한은 '하나님이 내 안에' 라는 개념과 '내가 하나님 안에' 라는 개념을 상호교체적으로 사용한다. "하나님이 저 안에 거하시고 저도 하나님 안에 거하느니라"고 하는데, 이것은 외아들을 주신 하나님과 외아들을 믿는 신자와의 밀접한 관계를 의미한다.

예수님도 성령에 대해 말씀하시면서 성령이 "너희와 함께" 거하신다고 하신 후에 바로 "너희 속에" 거하신다고 하셨다(요 14:17). 이것을 물리적으로 이해하면 '함께'는 '속에' 들어가기 전에 '곁에' 계시는 것이고, '속에'는 '내부에' 계시는 것이다. 이것을 동시에 물리적으로 이해할 수 있는가? 예수님은 성령의 내주 개념을 이런 식으로 표현하실 뿐 아니라 "너희가 내 안에, 내가 너희 안에 있는 것"(요 14:20)으로도 표현하셨고, 성부와 성자가 "저에게 와서 거처를 저와 함께"(요 14:23) 하시는 것으로도 표현하셨다. 성령의 내주를 성자의 내주와 성부 및 성자의 거주로 표현하시면서 '상호 내주' 개념으로 표현하신 것이다. 이것은 물리적으로는 도무지 이해할 수 없는 개념이다. 다만 성령을 통해 하나님과 우리가 밀접한 연합관계를 맺고 있다는 것을 표현한 것이다.

그렇다면 하나님과 우리의 밀접한 연합관계는 어떻게 체험되는가? 바로 우리가 서로 사랑할 때 체험된다. 요한은 이점을 다시 정리하여 이렇게 말한다. "하나님이 우리를 사랑하시는 사랑을 우리가 알고 믿었노니 하나님은 사랑이시라 사랑 안에 거하는 자는 하나님 안에 거하고 하나님도 그 안에 거하시느니라"(16절). 이것은 우리가 서로 사랑하지 않으면 하나님이 우리 속에 내주하시지 않는다는 뜻이 아니다. 다시 말해 우리의 상호사랑이 하나님의 내주 조건은 아니라는 것이다. 그렇게 되면 우리의 사랑이 하나님의 사랑을 앞지르는 것이 되고, 이것은 본문 전체의 맥락과 어긋난다.

이것은 하나님이 속성과 본질에서 사랑이시고, 또 우리가 하나님을 사랑한 것이 아니라 하나님이 우리를 "먼저" 사랑하셨기 때문이다(19절). 우리가 서로 사랑하면 하나님이 우리 안에 거하시고 우리도 하나님 안에 거한다는 것은 우리의 상호사랑이 하나님의 내주 조건이라는 뜻이 아니라, 우리가 하나님과의 밀접한 연합관계를 실존적으로 체험한다는 것이다.

4. 사랑의 승리: 사랑은 두려움을 추방한다(4:17~18)

우리가 서로 사랑하면 보이시지 않는 하나님을 우리 안에서 실존적으로 체험할 뿐 아니라, "심판 날에 담대함을 가지게" 된다(17절). 사랑은 두려움을 이긴다.

우리가 서로 사랑하면 "사랑이 우리에게" '완벽' 하지는 않지만 '온전히' 이루어지게 된다고 하였다. 하나님의 사랑이 우리 속에 그 열매를 맺게 된다는 것이다. 하나님의 사랑이 우리 속에 열매를 맺게 되면 "주의 어떠하심과 같이 우리도 세상에서 그러하"다(17절). 주님께서 완벽한 사랑으로 세상을 사랑하신 것 같이 우리도 주님을 닮아 서로 사랑하게 되는 것이다. 우리가 이렇게 서로 사랑하게 되면 심판 때의 두려움이 없어진다.

그러나 이것은 우리가 서로 사랑하지 않으면 가공스러운 심판을 당한다는 뜻이 아니다. 그렇게 되면 우리가 서로 사랑하는 것이 최후 심판에서 우리가 구원을 받느냐 못 받느냐를 결정하는 것이 되기 때문이다. 또한 이것은 본문 문맥에서 하나님의 속성과 본질이 사랑이시고 하나님이 우리를 최고의 사랑으로 먼저 사랑하셨다는 진리와 정면 충돌한다. 그러므로 그 말씀은 다만 우리가 서로 사랑하면 최후심판에 대한 두려움이 실존적으로 사라진다는 것이다.

요한은 이 점을 사랑과 두려움의 본질적인 관계로 제시한다. "사랑 안에 두려움이 없고 온전한 사랑이 두려움을 내어쫓나니 두려움에는 형벌이 있음이라 두려워하는 자는 사랑 안에서 온전히 이루지 못하였느니라"(18절).

남편을 사랑하면 남편에 대한 두려움이 없다. 사랑은 본질적으로 두려움을 추방한다. 죄수들이 모두 두려워하는 대법원 판사나 검찰총장도 그를 사랑하는 아내는 전혀 두려워하지 않는다. "두려움에는 형벌이 있음이라"는 것은 두려워하면 형벌은 받는다는 뜻이 아니다. 최후심판에 대한 두려움은 본질적으로 혹시 형벌을 받지 않을까 하는 두려움이다. 형벌에 대한 두려움이 실존적으로 있다는 것은 "사랑 안에서 온전히 이루지 못하였"기 때문이다. 우리가 서로 사랑함으로써 하나님의 사랑이 '온전히' 우리 안에 열매 맺게 되면 최후 심판에 대한 두려움이 사라지고 오히려 담대해진다는 것이다.

5. 결론적 호소: 서로 사랑하자(4:19~21)

요한은 위에서 하나님은 속성과 본질이 사랑이시므로 우리가 서로 사랑하자는 것, 하나님의 사랑이 그 외아들을 우리 죄를 위한 화목제로 내어 주신 것으로 나타났으니 서로 사랑하자는 것, 우리가 서로 사랑하면 보이시지 않는 하나님이 우리와 함께 계심이 체험되니 서로 사랑하자는 것, 사랑은 최후심판의 형벌에 대한 두려움을 추방하는 것이니 서로 사랑하자는 것을 지적했다. 요한은 이렇게 "서로 사랑하자"는 윤리적 권면에 대한 신학적인 근거를 제시한 후에 그 모든 것을 요약하여 마지막으로 형제 사랑을 호소한다.

우리가 서로 사랑해야 할 신학적인 근거를 요약하면 하나님이 "먼저 우리를 사랑하셨음"이다(19절). 우리가 서로 사랑하고 서로 사랑할 수 있게 된 것은 하나님이 주도적으로 우리를 사랑하셔서 우리로 하여금 사랑에 녹아지게 하셨기 때문이다. 이렇게 우리의 사랑은 하나님의 사랑에 뿌리박고 있다.

우리의 사랑과 하나님의 사랑이 이렇게 직결되어 있기 때문에 우리가 하나님을 사랑한다고 하면서 형제를 미워한다면 그 사랑은 거짓말이다. "보는 바 그 형제를 사랑치 아니하는 자가 보지 못하는 바 하나님을 사랑할 수가 없"기 때문이다(20절). 이 말씀을 앞서 나온 말씀과 연결하면 그 의미가 분명해진다. 요한은 3:17~18에서 이렇게 말했다. "누가 이 세상 재물을 가지고 형제의 궁핍함을 보고도 도와줄 마음을 막으면 하나님의 사랑이 어찌 그 속에 거할까 보냐 자녀들아 우리가 말과 혀로만 사랑하지 말고 오직 행함과 진실함으로 하자." 말과 혀로만 사랑하는 것은 참된 사랑이 아니다. 물질 문제에 관해서까지 사랑을 실천하지 않는 것은 진실한 사랑이 아니다. 하나님을 사랑한다고 말과 혀로만 말하고 형제의 궁핍함에 눈을 감는다면 하나님을 참으로 사랑하는 것도 아니고, 형제를 참으로 사랑하는 것도 아니다. 보이는 형제를 구체적으로 사랑하지 않는 신자가 보이지 않는 하나님을 사랑한다는 것은 말이 되지 않는다.

요한은 우리가 서로 사랑하는 것을 주님의 계명과 다시 연결한다(21절; 2:23). 주님은 우리가 서로 사랑해야 할 것을 계명으로 주셨다(마 22:39; 요 13:34~35). 우리는 주님의 계명에 따라 하나님을 사랑하고 형제들을 사랑해야 한다. 요한은 형제 사랑의 신학적인 근거를 결국 '주님의 계명'과 연결하여 서로 사랑할 것을 호소한다. 주님께서 우리에게 서로 사랑하라고 하실 때는 아무 근거 없이 하신 것이 아니라 위에서 제시한 것처럼 확실한 신학적인 근거를 가지고 하신 것이다. 주님이 다만 그것을 요한복음에서는 요한일서와 같이 밝히시지 않았다 하더라도 주님의 명령에는 확실한 근거가 있다는 것이다. 우리는 위에서 형제 사랑의 확실한 신학적인 근거를 확인했으니, 이제 주님의 계명에 따라 형제를 사랑해야 하는 것이다.

5 하나님으로부터 말미암는 증거
요한일서 5장의 주해와 적용

하나님의 자녀들은 사랑할 수 있다(5:1~5)

5장 초반부(1~5절)의 문맥은 4:16에서부터 이어지는 형제 사랑에 관한 논술의 연속이다. 4장의 마지막 부분인 21절은 다음과 같은 진술로 끝나고 있다. "우리가 이 계명을 주께 받았나니 하나님을 사랑하는 자는 또한 그 형제를 사랑할지니라." 이 진술은 바로 이어진 5:1에서 구체적으로 설명됨으로써 그 의미가 강화되어 표현되고 있다.

> A. 예수께서 그리스도이심을 믿는 자마다 하나님께로서 난 자니
> B. 또한 내신 이를 사랑하는 자마다 그에게서 난 자를 사랑하느니라(5:1)

5:1은 4:21과 다음과 같은 점에서 서로 병행을 이룬다.

4:21	5:1
하나님	내신 이
하나님을 사랑하는 자	예수께서 그리스도이심을 믿는 자 / 내신 이를 사랑하는 자
그 형제를 사랑할지라	그에게서 난 자를 사랑하느니라

이러한 병행에서 알 수 있는 것은 요한이 4:21에서 언급된 "하나님"과 "형제"라는 말을 "내신 이"와 "하나님께로부터 난 자"로 각각 변경하고 있다는 것이다. "내신 이"와 "난 자"는 워드 플레이(Word Play)로서 하나님과 하나님의 자녀 사이의 유기적 관계를 정립시키고 있다.

위의 비교에서 한 가지 더 발견할 수 있는 것은 하나님을 사랑하는 자가 예수께서 그리스도심을 믿는 자로서 달리 표현되고 있는 것이다. 이러한 변화를 통하여 요한은 5:1에서 하나님을 사랑하는 자를 좀 더 구체적으로 밝히기를 원했다. 다시 말하면 하나님을 사랑하는 자는 바로 예수 그리스도를 믿음으로써 하나님의 자녀가 된 자들이다.

그렇다면 하나님의 자녀가 된 자들은 하나님으로부터 나온 다른 자녀들을 사랑해야 하는 것이 당연하다. 5:2~3은 다시 한 번 하나님을 사랑하는 것과 하나님의 자녀들을 사랑하는 것과의 밀접한 관계를 제시한다.

"우리가 하나님을 사랑하고 그의 계명들을 지킬 때에 이로써 우리가 하나님의 자녀 사랑하는 줄을 아느니라 하나님을 사랑하는 것은 이것이니 우리가 그의 계명들을 지키는 것이라 그의 계명들은 무거운 것이 아니로다"(5:2~3).

위의 본문에서 2절과 3절은 서로 보완적으로 작용한다. 즉 3절은 2절을 보충적으로 설명하고 있는 본문이다. 다시 말하면 2절의 전반부에 "하나님을 사랑하고 그의 계명들을 지킬 때"라는 말을 3절에서는 좀 더 자세하게 풀어 표현하고 있는 것이다. 어떻게 그러한가? 우리가 하나님을 사랑하고 그의 계명들을 지킬 때 그것을 가지고 하나님의 자녀 사랑하는 줄을 안다는 것이다.

이러한 개념은 4:20과 그 논리적 순서에서 상반된 것이다(참조 3:14~15, 17~19).

"누구든지 하나님을 사랑하노라 하고 그 형제를 미워하면 이는 거짓말하는 자니

보는 바 그 형제를 사랑치 아니하는 자가 보지 못하는 바 하나님을 사랑할 수가
없느니라"(4:20).

이 말씀(4:20)의 핵심은 하나님에 대한 사랑은 형제에 대한 사랑을 통해
증명되어야 한다는 것이다. 여기서 형제의 사랑이 선행된다. 그러나 5:2의
말씀은 형제에 대한 사랑은 하나님에 대한 사랑에 근거해야 한다고 말한
다. 여기서는 하나님의 사랑이 선행한다. 이러한 상반된 개념은 서로에게
배타적이지 않고 도리어 상호 보완적이다. 하나님의 사랑과 형제의 사랑,
이것은 서로 유기적 관계를 가지고 '근거' 와 '증거' 의 위치를 주고 받는다.

3절은 바로 이러한 보완적 관계를 다시 형성하고 있다. 다시 말하면 3절
에서 하나님의 계명들을 이 문맥에서 특별히 형제를 사랑하는 것으로 볼
수 있는데(참조 요 13:34~35), 그렇다면 3절은 하나님을 사랑하는 것은 당연히
형제를 사랑하는 것이라는 논리가 성립한다. 하나님에 대한 사랑은 다시
형제를 사랑하는 것으로 증명되어야 한다는 것이다. 2절과 3절이 서로 상
반된 개념을 제시함으로써 배타적이지 않고 상호 보완적으로 이 두 개의
개념을 작용시키고 있다. 따라서 이 두 개의 관계를 다음과 같이 표시할 수
있다.

하나님을 향한 사랑(A) – 근거: 형제 사랑(B) – 증거: 하나님을 향한 사랑(A)

이러한 관계는 형제를 향한 사랑이 단순히 인본주의에 근거한 형제애가
아니라 신적 동기에 의해 유발된 구속적 의미를 갖는다는 것을 명시한다.

3절의 후반부는 하나님의 계명, 다시 말하면 형제를 사랑하는 것이 어려
운 일이 아니라고 주장한다. 그리고 4절은 그 이유에 대해 설명한다.

"대저 하나님께로서 난 자마다 세상을 이기느니라 세상을 이긴 이김은 이것이니
우리의 믿음이니라"(5:4).

여기에서 "대저"는 '왜냐하면'으로 번역하는 것이 정확하다. 하나님의 계명들을 지키는 것이 어려운 일이 아닌데, '왜냐하면' 하나님께로 난 자마다 세상을 이겼기 때문이다. 하나님으로부터 난 자는 1절에 의하면 곧 예수께서 그리스도심을 믿는 자다. 그러므로 이 믿음이 바로 세상을 이기는 이김이다. 5절은 이러한 논리를 반복한다.

"예수께서 하나님의 아들이심을 믿는 자가 아니면 세상을 이기는 자가 누구뇨"(5:5).

4절과 5절에서 세상을 이긴 자를 '예수께서 하나님의 아들이심을 믿는 자'와 '하나님께로서 난 자'로서 소개하고 있다. 이것은 이미 1~3절에서 언급된 바 있다. 그렇다면 1~3절과 4~5절은 서로 밀접한 관계를 가지는데 그것은 하나님을 향한 사랑과 형제를 향한 사랑(1~3절)이 세상을 이긴 이김 (4~5절)과 관련되어 후자에 의해 전자가 가능하다는 원리를 제공하고 있다.

정리 및 적용

본문은 하나님 자녀들간의 사랑의 문제를 다루면서 매우 본질적인 문제에서 출발한다. 그것은 하나님의 자녀들이 동일하게 하나님으로부터 태어났다는 것이다. 이것은 두 가지 중요한 진리를 내포한다. 첫째, 하나님으로부터 동일하게 태어난 자녀라면 서로 사랑할 수밖에 없는 처지임을 의미한다. 이것은 책임과 특권의 문제를 동시에 수반하는 것이다. 둘째, 하나님으로부터 태어난 자라면 당연히 세상을 이기는 자며, 따라서 세상에서 하나님으로부터 요구되는 그 어떤 계명이라도 지킬 수 있다. 따라서 특별히 하나님을 사랑하고 형제를 사랑하라는 계명이 그들에게 무겁게 느껴질 수 없고 도리어 가벼운 것이 될 수밖에 없다.

이 본문은 우리에게 하나님을 사랑하고 형제를 사랑하는 것이 어려운 것이 아니라 오히려 절대적으로 가능한 것으로 제시한다. 하나님으로부터 태어난 것을 믿는다면 우리는 당연히 형제 사랑의 계명을 지킬 수 있다는 확신을 가질 수 있다. 또한 하나님을 사랑하는 것은 형제를 향한 사랑의 기초가 된다. 하나님을 향한 사랑 없이 형제를 사랑하는 것은 인본주의적 형제애에 불과하다. 반면 형제를 향한 사랑은 하나님을 향한 사랑의 증거가 되며, 형제에 대한 사랑 없이 하나님을 향한 사랑은 거짓된 신앙이다.

아들에 대한 참된 증거: 물, 피 그리고 성령(5:6~13)

6절 말씀은 "이는"으로 시작한다. 이 지시 대명사는 바로 앞에서 언급된 하나님의 아들 곧 예수 그리스도를 가리킨다. 그러므로 두 번째 단락은 예수 그리스도가 어떠한 분이신가를 소개하는 것으로 시작하고 있다.

"이는 물과 피로 임하신 자니 곧 예수 그리스도시라 물로만 아니요 물과 피로 임하셨고"(5:6).

여기에서 "물과 피로 임하신 자"는 무엇을 의미하는가? 이에 대해 여러 가지 논증이 있으나 지면 관계상 생략하고 가장 타당하다고 여겨지는 입장을 소개하고자 한다.

여기에서 "물"은 그리스도의 세례 받으심을 의미하며 "피"는 그리스도께서 십자가에서 피 흘려 죽으심을 연상시키는 표현이다. 그리스도의 세례 받으심은 공적 사역의 출발을 나타낸다. 물론 세례 받으시기 전에도 그리스도의 탄생 그 자체가 구속적 성취의 의미를 갖지만 특별히 세례는 그것의 공식적인 성격을 가진다. "피"에 의해 표현되고 있는 십자가에서의 죽으심은 부활, 승천과 함께 그리스도의 사역의 정점을 나타내 주고 있다.

따라서 "물과 피"는 그리스도의 사역 전체를 나타내 주는 표현이라고 할 수 있다. 그러므로 "물"만으로 예수 그리스도의 사역을 설명할 수 없고 반드시 "물과 피"여야 가능한 것이다. 이러한 표현은 가현설을 주장하는 이단들에게 매우 도전적인 것임에 틀림없다.

7절은 성령께서 참되게 증거하시는 분으로 소개되고 있다.

"증거하는 이는 성령이시니 성령은 진리니라"(5:7).

성령께서 그리스도를 증거하는 분으로서 등장하는 것은 새로운 것이 아니다. 이는 요한복음 14~16장의 내용에서도 또한 예수 그리스도의 사역을 설명하고 해석하는 또 다른 보혜사로서 성령이 소개되고 있기 때문이다. 그런데 8절은 이 성령과 함께 6절에서 언급한 바 있는 "물과 피"를 의인화시켜 증거자로 제시한다.

"증거하는 이가 셋이니 성령과 물과 피라 또한 이 셋이 합하여 하나이니라"(5:8).

이러한 의인화는 성령께서 인격을 지니신 분이시고, 이러한 성령과 함께 물과 피가 한 단위로 묶여지므로 함께 의인화된 것으로 이해할 수 있다. 그런데 여기서 왜 "성령"이 "물과 피"와 함께 등장하는가? 성령은 그리스도의 세례에서 나타나시고 그리스도의 죽으심 후에 승천하시자 보냄을 받으셨다. 성령은 그리스도의 세례 시에는 예수 그리스도를 메시아로 위임하시고 오순절에서는 제자들을 그 메시아를 전하는 자들로서 위임하셨다.

결국 "물과 피와 성령"은 세례와 죽음과 성령을 가리키는 것으로서 예수 그리스도를 증거하는 역할을 한다. 그러한 점에서 "물과 피와 성령"은 하나로 모아진다. 즉 하나의 초점에 모아지며 하나의 결과를 갖게 되는 것이다. 이는 예수가 메시아요 하나님의 아들이라는 것에 대한 증거다

7~8절에서 "물과 피와 성령"에 의한 증거는 더 이상 완벽할 수 없다. 그러므로 사람의 증거도 합당하면 받아들이는데 그러한 완벽한 하나님의 신적 증거를 받아들이지 않는 것은 이상한 일일 것이다. 왜냐하면 하나님의 증거는 더 크고, 또 그 증거가 그의 아들에 대한 것이기 때문이다. 이러한

내용을 담고 있는 것이 바로 9절 말씀이다.

"**만일 우리가 사람들의 증거를 받을진대 하나님의 증거는 더욱 크도다 하나님의 증거는 이것이니 그 아들에 관하여 증거하신 것이니라**"(5:9).

하나님의 증거는 그것을 받아들이지 않으면 하나님 자신을 거짓말쟁이로 만들만큼 강력한 것이다(5:10).

11~13절은 바로 증거에 대한 내용을 좀 더 구체적으로 서술한다. 그 내용은 다음 두 가지로 요약할 수 있다. 첫째, 하나님께서 영생을 주셨다. 둘째, 생명이 그의 아들 안에 있다. 그러므로 아들을 가진 자는 생명을 가지고, 아들이 없는 자에게는 생명도 없다. 요한은 이러한 사실을 하나님의 아들의 이름을 믿는 자들이 영생을 가지고 있다는 것을 알도록 하기 위해 기록하고 있다(13절).

정리 및 적용

우리에게 완벽한 증거가 주어졌다. 그것은 바로 세례와 죽으심으로 요약되는 그리스도 자신의 사역이요, 그러한 그리스도를 설명하고 해석하는 성령이시다. 우리에게 너 이상의 증거가 필요한가? 그 증거의 내용으로서 그리스도의 사역에 의한 결과가 주어져 있는데 그것은 바로 우리가 생명을 소유하고 있다는 것이다. 우리는 우리가 이미 생명을 소유하고 있다는 사실을 망각한 채 또 다른 증거를 찾아 나서고 있지는 않는가? 본문은 우리에게 이미 알려진 완벽한 증거에 의존할 것을 요구한다.

생명을 위한 간구(5:14~21)

14~21절은 앞의 내용과 단절된 것처럼 보인다. 그러나 16절에 "생명"

이라는 단어에 의해서 앞의 내용과 연결되고 있다. 우리가 하나님의 뜻대로 무엇을 구하든지 하나님께서는 우리의 구하는 것을 들으시며, 또한 하나님께서 들으신다면 응답하실 것이라는 담대함을 가지고 있으므로 우리가 무엇을 구하든지 또한 그것을 얻은 것으로 알 수 있다(14~15절).

이러한 사실은 16절에서 사망에 이르지 않은 죄를 지은 형제를 위한 기도에 적용된다.

"누구든지 형제가 사망에 이르지 아니한 죄 범하는 것을 보거든 구하라 그러면 사망에 이르지 아니하는 범죄자들을 위하여 저에게 생명을 주시리라 사망에 이르는 죄가 있으니 이에 대하여 나는 구하라 하지 않노라"(5:16).

여기서 사망에 이르는 죄와 사망에 이르지 않는 죄란 무엇인가? 먼저 이에 대한 구약적, 유대적 배경을 살펴보는 것이 필요하다. 구약이나 유대 문헌에서 이러한 구분은 부주의해서 짓는 죄와 고의적인 죄에 의해서 주어진다. 희생 제사는 부주의해서 지은 죄를 위해 주어진다. 그러나 고의적인 죄들은 죄를 지은 자의 죽음에 의해서만 제거된다(레 4:2, 13, 22, 27; 5:15, 17~18; 민 15:27~31; 신 17:2; 시 19:13; 참조 1QS 5:11~12; 8:21~9:2). 요한이 사망에 이르는 죄와 사망에 이르지 않는 죄를 말할 때 바로 이러한 배경을 가지고 있었음이 틀림없다.

그러나 요한이 이러한 구약적 배경을 그대로 사용하고 있는 것은 아니다. 그는 이러한 배경을 요한서신의 수신자들을 위해 기독교적으로 재해석하고 있음이 분명하다. 다시 말해서 요한이 사망에 이르는 죄를 말할 때 그것은 하나님의 자녀로서 그 빛 안에서 살아가는 것과 일치되지 않는 범죄를 암시한 것일 수 있다. 초대 교회에게 요구되는 자세, 즉 죄의 거부, 사랑하라는 새 계명의 순종, 세속화의 거부 그리고 믿음의 유지 등, 이러한 것들을 성취하는 것을 의도적으로 거부하는 것은 빛과 생명의 정반대 곧 어둠과 사망에 이르는 것이 되고 말 것이다. 이러한 종류의 의도적인 죄는 필연적으로 배교에 이르게 되며 교회로부터 떠나게 되고 말 것이다(아마도 21절에 언급되는 우상 숭배와 관련된 죄일 가능성도 있다).

반면에 사망에 이르지 않는 죄는 믿는 자들에게도 역시 일어날 수 있다. 그들은 그리스도를 통한 하나님에 대한 신실한 믿음을 갖고 형제들을 향한 사랑도 갖는다. 그러나 때때로 그 영적 전쟁이 너무나 강렬하여 유혹에 실패할 수 있고 넘어질 수도 있다. 그러한 잘못은 하나님으로부터 의도적으로 돌아서는 것이 아니므로 부주의한 잘못에 불과한 것이다.

그렇다면 여기에서 한 가지 질문이 남는다. 왜 요한은 사망에 이르는 죄가 아닌 경우에는 위하여 기도하라고 하고 사망에 이르는 죄의 경우에는 기도하지 말라고 했을까? 바로 사망에 이르는 죄의 경우 그것을 위해 기도한다는 것은 초점 없는 행위가 될 수 있기 때문이다. 그리고 사망에 이르지 않는 죄의 경우 그것을 범한 사람을 위해 기도해야 하는 이유는 그러한 것이 고착화 되어 사망에 이르는 죄에 빠지게 될 수도 있기 때문에 그렇게 되지 않도록 기도하는 것이 요구된다.

그러나 이러한 상황은 철저하게 요한서신의 상황에서 이해해야 한다. 만일 그것을 일반화 시킨다면 여러 가지 부작용을 일으킬 수도 있다. 아마 요한서신을 받는 수신자들에게는 이러한 구분이 어느 정도 이해될 수 있었겠지만(이것도 본문에서는 분명하게 명시되지 않았지만), 다변화된 사회에 살고 있는 오늘날에는 이러한 구분이 요한일서가 기록될 당시만큼 명확하지 않을 수 있기 때문이다. 그러므로 우리는 어떤 경우를 보고 기도해야 할 죄라든지 기도가 필요 없는 것이라는 등 섣부른 판단을 조심해야 할 것이다.

그러나 그럼에도 불구하고 이 본문은 오늘날 그리스도인들에게 중보 기도에 대한 동기 부여를 제공하고 죄의 문제에 대하여 경계하게 한다.

18절의 말씀은 16절의 말씀을 보완해 주는 역할을 한다.

"하나님께로서 난 자마다 범죄치 아니하는 줄을 우리가 아노라 하나님께로서 나신 자가 저를 지키시매 악한 자가 저를 만지지도 못하느니라"(5:18).

이 본문에서 하나님께로서 난 자라면 사망에 이르지 않는 죄를 지을지 언정 사망에 이르는 죄에는 빠지게 되지 않을 것임을 암시한다. 왜냐하면 하나님께서 지키시므로 악한 자가 저를 만지지도 못하기 때문이다. 이러한 논리는 19~20절에서 계속된다.

"또 아는 것은 우리는 하나님께 속하고 온 세상은 악한 자 안에 처한 것이며 또 아
는 것은 하나님의 아들이 이르러 우리에게 지각을 주사 우리로 참된 자를 알게 하
신 것과 또한 우리가 참된 자 곧 그의 아들 예수 그리스도 안에 있는 것이니 그는
참 하나님이시요 영생이시라"(5:19~ 20).

비록 세상이 악한 자의 통제 안에 있어 믿는 우리를 압박해 오지만 우리 는 하나님께 속해 있으며 하나님의 아들이신 예수께서 지각을 주시므로 우 리로 진리를 알게 하신다. 그리하여 우리가 진리 안에 있으며 또한 예수 그 리스도 안에 있으니 우리는 능히 승리할 수 있다. 이 예수 그리스도는 바로 참 하나님이시며 영원한 생명 그 자체시다.

요한이 마지막으로 경계하는 것은 우리가 자신을 우상으로부터 멀리하 는 것이 필요하다는 것이다(21절). 왜냐하면 우리는 영원한 생명을 주시는 참 하나님을 섬기기 때문이다.

정리 및 적용

5:14~21의 말씀은 기도 응답에 대한 확신으로 시작한다. 이러한 기도 응답에 대한 확신은 물론 이 전 단락인 5:6~13의 본문에 나타난 대로 하나 님께서 영생을 주셨다는 사실에 근거한다. 기도 응답에 대한 확신은 곧 생 명의 회복을 위한 기도에 적용된다. 사망에 이르는 죄는 어쩔 수 없으나 사 망에 이르지 않는 죄에 대해서는 얼마든지 기도를 통해 회복을 구해야 할 것이다. 우리는 하나님께로부터 나서 하나님께 속해 있으며 하나님의 아들 로 말미암아 진리를 알게 되었으므로, 세상이 아무리 악한 자에 의해 통제

될지라도 죄에 빠질 수 없는 자들이다.

이러한 확신은 요한일서에서 일관되게 주장되고 있다. 우리가 위해서 기도해야 할 대상은 누구인가? 물론 우리는 누가 사망에 이르는 죄에 빠져 있고 누구는 그렇지 않은가 하는 판단을 요구받고 있는 것이 아니다. 다만 죄에 빠진 자를 위해 기도하는 일을 요구받고 있다. 우리는 정죄하는 마음을 갖기 전에 먼저 참으로 생명의 회복을 위해 기도해야 할 대상을 찾아 나서야 할 것이다.

6 진리와 사랑 안에 거하는 자들의 삶
요한이서 1장의 주해와 적용

들어가는 말

요한이서는, 요한일서가 장르와 구조 분석에 많은 어려움이 있는 것과는 달리, 요한삼서와 함께 1세기 그레코 – 로만 당시의 짧은 고대 서신서 장르로서 신약성경 서신이다. 몇몇 현대 신약학자들은 세 개의 요한서신들이 한 사람의 동일 인물에 의해 기록되었을 것이라는 사실에 의문을 품고 있지만, 여전히 대다수의 학자들은 전통적인 입장에 서서, 한 저자인 '장로' 요한이 세 개의 서신들을 기록했다고 보는 견해를 따르고 있다.[1]

필자는 후자의 견해와 함께, '장로'로 자신을 소개한 사도 요한(말하자면, '장로' 요한과 '사도' 요한을 동일한 인물로서)이 본 서신의 저자라는 인식을 갖고 본 서신을 풀이하고자 한다. 본 글을 전개하면서, 먼저 이 서신의 적절한 단락 구분과 일반적 특징을 생각해 본 후, 각 절들을 주해하면서, 오늘날 우리 교회와 일상적 삶에 몇 가지 적용을 제시해 보고자 한다.[2]

구조 및 특징

요한이서는 전형적인 그레코-로만 서신의 구조를 외형적으로 갖추고 있는데, 그 단락 구분은 아래와 같이 파악될 수 있다.

A. 문안 인사(1~3절)
B. 중심 메시지(4~11절)
   B1 그리스도인들 상호 간의 계명: 진리와 사랑 안에서의 환대(4~6절)
   B2 적그리스도인들에 대한 경계: 확신과 단호함 가운데서의 배척(7~11절)
C. 작별 인사(12~13절)[3]

요한이서는 요한삼서와 함께 신약성경에서 가장 짧은 서신으로서, 245
개의 헬라어 단어에 의해 11개의 문장들로 구성되어 있다. 본 서신의 내용
적 특징은 요한문서들간의 관계 속에서 언급되어야 할 것과 본 서신 자체
로서 보여 주고 있는 것으로 구분할 수 있을 것이다.

이런 특징들은 아래에서 본문을 다루는 가운데 상호 관련 구절들을 제
공함으로 고려될 수 있을 것이다. 다만 후자와 관련된 것으로 언급할 필요
가 있는 것은 무엇보다 7~10절에 묘사된 '적그리스도인(들)에 대한 적대
감'의 묘사라 할 수 있다. 물론 요한일서에서는 이 '적그리스도' 라는 용어
(요일 2:18, 22; 4:3)와 함께 이들에 대한 잘못된 기독론적 고백(요일 2:22~23;
4:2~3, 15; 5:1, 4, 10~12)과 옳지 못한 삶의 태도(요일 2:15~17; 3:10~12)가 언급
된 것이 사실이지만, 이들에 대한 구체적이고 실질적인 '적대적 태도'를 밝
히고 있는 본 서신은 매우 고무적인 것이라 할 수 있다.[4] 요한일서를 '사랑
의 서신'(the letter of love)으로, 요한이서를 '사랑의 한계에 대한 서신'(the let-
ter of love's limitation)으로 표현된 것도 이런 맥락이다.[5]

그럼에도, 요한이서에 대한 이런 표현이 다소 오해를 불러일으킬 여지
가 있는 것도 사실이다. 말하자면, 내부적 요한 신앙 공동체의 적대자들로
서 적그리스도인들에 대한 요한일서의 가르침은, 수신자들로 하여금 요한
이서의 10~11절에서 나타난 실제적 경계를 결과적으로 고려하게 된다는
것이다(요일 2:19; 5:21). 이것은 요한일서에서 설파한 '사랑의 교제/사귐'이

'미혹의 영'이 아닌 '진리의 영'으로 인도함을 받는 신앙 공동체 회원들 상호간에 집중된 가르침이란 사실도 함께 기억해야 할 것이다.

요한서신들에서 읽을 수 있는 '적대 그룹'(즉, 다른 믿음을—특히 기독론에 있어—소유한 자들)은 '적그리스도의 영'에 의해 미혹되어 '진리와 사랑 안에' 거하지 못하고 결국 이 세상에 속한 자들로 낙인찍힌 자들(요일 4:1~6; 요이 1:7~9; 요삼 1:9~11)인데, 이 그룹에 속해 있는 자들의 일부가 한 때 '같은 (믿음의) 그룹'에 속했던 것으로 암시된다(요일 2:19; 3:10~12; 4:1; 5:16; 요이 1:9~11; 요삼 1:9~10).

요한서신의 수신자들의 종교—사회적 배경이 서로 상호 관련이 있다고 간주할 경우, 다른 두 개의 요한서신들과 함께, 요한이서는 이전의 (유대인들로부터의) 외부적 핍박이나 갈등과는 다소 다른 '공동체 내적 분열'의 시련 가운데, 한편으로 '내적 공동체 회원'들의 신앙과 삶을 확신시키며 동시에 재도전하면서, 또 다른 한편으로는 떨어져 나간 무리들의 잘못된 신앙 고백/교리 그리고 그들의 '믿는 자들'로서의 비윤리적 삶을 날카롭게 지적함으로써, 분리된 신앙 공동체의 '남은 성도들'을 대내외적으로 보호하고 지키는 목회—상담적 목적 안에서 쓰여진 것으로 생각된다.[6]

이런 맥락과 함께 요한이서 안에서 '믿음의 다른 그룹'들과의 관련 속에서 활용되고 있는 몇몇 용어들을 살펴보는 것은 의미가 있다고 본다. 먼저, 본 서신에서 공동체 내적 신앙의 격려와 도전을 위해 쓰인 주요 단어들은 다음과 같다. 즉 1) 명사형으로 '진리'(1, 2, 4절), '은혜와 긍휼과 평강'(2절), '사랑'(6절), '진리와 사랑 안에서'(3절), '기쁨'(12절), '계명'(4, 5, 6절), '(그리스도의) 교훈'(9, 10절), 2) 동사형으로는 '사랑하다'(1, 5절), '알다'(1절), '거하다'(2, 9절), '기뻐하다'(4절), '걷다/행하다/살다'(4, 6절), '가지다/소유하다'(9절), 3) 전치사는 '안에'(1, 3, 4, 6, 7, 9절), 4) 부사구로는 '처음부터'(5~6절) 등이다.

한편, 공동체 밖의 '다른 믿음'을 소유한 외부인들을 향한 용어들 가운데 주목할 필요가 있는 것들은 다음과 같다. '미혹하는 자(들)'(7절—복수와 단수로 각각 쓰임), '적그리스도'(7절), '고백하지 않은 자들'(7절), '지나치게 나간 자'(9절), '거하지 않은 자'(9절), '세상으로 나가다'(7절), '가지지 못하다'(9~10절). '적대자들'은 '내부인들'과 달리, 그 관련된 주요 동사들이 거의 부정어 '메'(μή)와 함께 쓰이고 있다는 사실을 관찰하게 된다. 말하자면, '다른 믿음'을 소유한 적대자들은 요한의 신앙 공동체 자녀들과 달리, 예수를 다르게 고백함으로써 그리스도의 교훈에 거하지 못하게 되며, 결국 예수와 하나님을 소유하지 못하는 자들이라는 지적이다.

물론 신앙 공동체 내부의 자녀들에게도 긍정형과 함께 부정형 명령을 주고 있는데, 후자의 경우는 8절의 자기 성찰에 대한 '잃지 말라' 외에는 모두 '적대자들'과의 관계를 염두에 두는 부정 명령문들이다. 10절의 '받아들이지 말라'와 '인사의 말을 건네지 말라' 등이다. 긍정 명령형은 두 개로 발견되는데, 8절의 '너희 자신을 스스로 점검하라'와 '온전한 상을 얻으라' 다. 공동체 자녀들에게 주어지는 4개의 강한 명령들은, 이것은 부정형이든 긍정형이든, 모두 믿음을 떠나 '다른 믿음'을 소유한 '적대자들'과의 관련(7~11절) 속에서 주어지는 것을 주목하지 않을 수 없다. 이런 면에서 요한이서는 중심 메시지의 포인트가 '적그리스도' 요 '미혹하는 자(들)'인 적대자들의 실상을 바로 알리면서, 그들을 단호히 경계하고 배척하기 위함으로 보인다.

본문 주해

1. 문안 인사(1:1~3)

그 당시 전형적인 서신서의 패턴을 따라 요한이서도 다른 신약의 서신들과 흡사하게 소개되고 있다. 1)누가(the sender), 2)누구에게(the receiver), 3)인사(greetings). 여기서 서신을 쓰고 있는 이는 자기 자신을 요한삼서와 마찬가지로 '그 장로'라고 밝히고 있는데, 이는 이름을 굳이 밝히지 않아도 이 서신을 받는 수신자들과 이미 친분이 있는 자임을 고려하게 된다. 여기서 '장로' 라는 표현은 같은 '진리와 사랑' 안에서 살아가는 가운데 그 신앙의 연륜이 깊어짐에 따라 존경과 권위를 인정받고 있던 지역(가정) 교회들의 지도자(행 20:17; 약 5:14; 딤전 5:17; 딛 1:5 참조)로 볼 수 있다. 이 용어는 사도였던 베드로 자신에게도 적용되는 것으로 보아(벧전 5:1), 사도 요한이 자신의 이름을 밝히지 않은 채, '장로' 로 소개했을 가능성을 높여 준다.[7]

수신자로 소개되는 '택하심을 입은 부녀와 그(여성형)의 자녀(들)에게' 는 적지 않은 논란이 있어 왔지만, 한 고유한 여성 개인과 그녀의 가정이 아닌 한 지역(가정) 교회와 그곳에 속한 모든 믿음의 식구들을 한 여성 개인으로 의인화하여 비유적으로 사용된 것으로 이해된다(벧전 5:13; 고후 11:2; 엡 5:22~23; 계 21:9 참조). 이럴 경우 '부녀' 로 비유되는 교회(요이 1:5, 13도 보라)는 (인간이 아닌) 하나님으로부터 택하심을 받은 신령한 공동체임을 고백하게 된다. 1b절은 계속해서 이 수신자들을 소개하는데, 이 글을 기록하고 있는 장로 자신(강조형)이 진리 안에서 사랑하는 자들일 뿐 아니라, 진리를 알게 된 (지역 신앙 공동체의) 모든 자들이 사랑하는 자들이라고 함으로써, 수신자들을 향한 깊은 애정과 친밀함을 보여 주고 있다.

여기서 주목하게 되는 것은 수신자들을 향한 장로의 사랑이 '진리 안에서' 표현되며, '진리를 알게 된 자들' 이 그들에게 사랑을 전한다고 하는 사실이다. 이것은 '진리와 사랑' 이 서로 불가분리의 상호관계에 있음을 말해 줌으로써, 이 서신의 수신자들도 사랑의 교제를 받고 나눌 수 있는 '진리 가운데' 있음을 (그리고 마땅히 또 있어야 함을) 시사하는 것이라 할 수 있다. 원인과 이유의 접속사(διά디아)로 시작하는 2절은 이런 사실을 더욱 분명하게 밝혀 주고 있다. 즉, 우리가 서로 사랑할 수 있음이 '우리 안에' 거하고 영원히 함께 할 '진리 때문' 이라는 것이다.

그렇다면 여기서 표현된 '진리' 는 무엇인가? 요한문서에서 의미하는 진리는 무엇보다 하나님의 뜻을 이 땅에 계시한 말씀(요 1:1, 14, 17; 17:14, 17~19; 요일 1:1~2)으로서의 예수를 알고/믿고(요 14:6) 그 안에 거하여(요 8:31~36), 예수와 하나님을 소유하는 것(요이 1:9)이라 할 수 있다. 이것은 또한 '진리의 영'이신 성령(요 14:16~17; 15:26; 16:13)에 의해 인도함을 받아 하나님의 원하시는 일, 즉 예수를 믿고(즉, 바로 고백하고 - 요 6:29) 그를 증거하며 그 안에서 서로 하나 됨으로 사랑으로 행하는 것(요 17:20~26; 요일 2:3~6)과 깊은 관련이 있다. 따라서 예수님의 탄생, 사역, 죽으심, 부활, 승천으로 말미암아 예수님을 이 땅에 육신으로 오신 하나님의 아들로 믿는 자들에게는 이제 이 '진리와 성령'(요일 5:7 참조)이 예수 안에서 하나님의 자녀들에게 실제적으로 주어지는 종말론적 선물이다(요 16:7~15; 20:22; 요일 3:24; 4:13; 행 2:38~39 참조).

주지하다시피 요한문서들은 성도들간의 사랑이 매우 강조되어 있는데, 이것은 바로 기독론(예수) 중심의 바른 신앙 고백 안에 있는 자들의 종말론적 삶의 실제(love as reality in an escha-tological life)가 마땅히 이러해야 함을 진술하고 또 명령하는 것이다. 즉, '예수 중심의 바른 신앙 고백'(진리) 안에 거하지 못하면, 서로간의 온전한 사랑은 기대할 수 없으며 또한 온전할 수도 없다(요일 3:23~24; 4:12~21; 5:1~12). 이런 맥락에서 1~3절에 나오는 '진리와 사랑'은 4~6절의 '계명과 진리와 사랑' 뿐만 아니라 9절의 '그리스도의 교훈'과 '하나님과 예수'의 상호 관계를 함께 고려할 수 있어야 한다.

3절에서 표현된 '인사 문구'(greeting terms)의 주된 명사들을, 일반 고대 서신들에서 발견되는 단순한 단어(카이레인, 요이 1:10~11; 약 1:1; 행 15:23 참조)로 끝나는 것이 아닌, 바울의 서신들에서 자주 발견되는 '은혜'(카리스)와 '평강'(에이레네)이라는 유대 - 기독교화된 인사 용어들과 이 사이에 '긍휼'(엘레오스)의 단어가 하나 더 첨가되어 요한서신뿐 아니라 다른 요한문헌들에서도 거의 나타나지 않는 용어들로 되어 있다(딤전 1:2; 딤후 1:2 참조).

여기서 이 세 단어들의 주체는 모두 하나님 아버지(로부터)와 아버지의 아들 예수 그리스도(로부터)임을 보여 주고 있다.[8] 주목해야 할 것은 이 인사 문구가 (주로 동사가 생략된 채) 기원하는 형태로 작성되지 않고 오히려 (이미 성취되고, 앞으로도 그러할) 진술 형태로 쓰여졌다는 점이다. 이와 함께 위로부터 기인하는 이 신령한 은혜, 긍휼, 평강 역시 (수단이든 결과든) '진리와 사랑 안에서 우리와 함께' 있을 것임을 진술함으로써, 다시 한 번 저들의 정체성이 과거와 현재와 미래에 '진리와 사랑 안에서의' 하나 됨이요 사귐임을 강조하고 있는 것이다.

3절에서 발견되는 세 개의 단어들은 하나님의 아들인 예수 그리스도를 믿어 하나님께서 베푸신 구원에 참여하게 된 자들이 종말론적으로 누리는 영적 축복이라 할 수 있다. 말하자면 짧은 인사말을 통해 본 서신의 기록자인 요한은 구원의 반열에 동참한 지역(가정) 교회의 하나님의 자녀들에게 무엇보다 '진리와 사랑 안에서' 의 한 동질성을 인식시키면서 서신의 서두를 열고 있는 셈이다.

2. 중심 메시지(1:4~11)

본 서신의 중심에 차지하고 있는 4~11절은, 한 편으로 지역(가정) 교회의 신앙 공동체 일원들이 내적으로 상호간에 더욱 진리와 사랑의 계명을 힘써 지킬 것과 또 한 편으론 외적으로 회원들 개개인의 신앙을 유혹하고 위협하는 '적그리스도인들' 을 단호히 거절/배척하게 함으로써 한 믿음의 공동체 신앙을 견고히 하기 위한 목적으로 격려와 경계가 함께 나타나고 있다.

기록자는 바로 이 중심 본문을 통해 요한일서에서도 나타났던 두 대조적인 영역과 그 삶의 실제를 매우 간단하고 명료하게 드러내고 있는 셈이다. 말하자면 진리와 거짓, 사랑과 미혹, 교회와 세상, 그리스도와 적그리스도, 하나님의 계명과 사탄의 속임수의 대조가 그것이다.[9]

1) 그리스도인들 상호간의 계명(4~6절): 진리와 사랑 안에서의 환대

요한은 다시 한 번 바울과 유사하게(롬 1:8; 고전 1:4; 빌 1:3~4; 살전 1:2) 먼저 수신자들의 칭찬할 만한 내용을 언급하면서 자신의 큰 기쁨의 이유와 동일시하고 있다(4절 초두). 그것은 바로 믿음의 공동체에 속한 자녀들 가운데 '진리 안에서 살아가는 자들' (직역한다면, '진리 안에서 걸어가고 있는 자들')을 발견했기 때문이다. 여기서 암시되고 있는 것은 '진리(와 사랑)' 안에 거하는 삶(직설법)은 '진리(와 사랑의)'로 나타나고 드러나는 삶(명령법)이어야 한다는 것인데, 이런 면에서 수신자들의 공동체 안에서 '모든 자녀들'은 '진리 안에서 행하는 삶'의 자리에까지 나아가야 할 특권과 의무가 있는 자들이다.

여기서 '진리 안에서 살아가고 있는 자'는 5절과 6절이 말해 주듯이 '같은 믿음을 소유한 성도들을 사랑하고 있는 자'다. 이런 삶이 있는 자녀들이야말로 하나님 아버지께서 처음부터 요구하신 계명, 즉 "그 아들 예수 그리스도의 이름을 믿고 그가 우리에게 주신 계명대로 서로 사랑할 것"(요일 3:23)을 온전히 실천하며 생활하는 자들이다.

5절에 들어서면서, 요한은 매우 명시적으로 본 서신의 주요 목적을 밝히고 있다. "부녀여, 내가 이제 네게 구하노니." 앞에서 언급했듯이 여기서 '부녀'는 하나님을 믿고 있는 수신자들을 비유적으로 표현한 것으로 보인다. 이들 수신자들에게 요한이 간구하는 바는 요한 자신을 포함하는 1인칭 복수(요이 1:2, 3, 4, 6도 참조)로서의 "우리가 서로 사랑하자"다. 왜냐하면, 이것은 요한 자신이 지금 새롭게 제정한 것도 아니요(요일 3:11), 전에 자신의 권위로 명령된 바도 아니며 오히려(알라) 처음부터(아르케스 요 17:24~26 참조) 하나님께로부터 우리에게 오신 예수님께서 명령하여 소유하게 된 계명(요 13:34; 15:12, 17)이기 때문이다.

6절에서 요한은 병행 구문을 통해 '사랑과 계명'의 상호 불가분의 관계가 실천적 순종으로 검증되어 드러나야 함을 보여 주고 있다(요 14:15, 21; 15:10; 요일 2:2~6; 5:2~3). 즉, '이것이 그 사랑이다'와 '이것이 그 계명이다'라는 명제적 진술 다음에 이 각각의 진술을 등위 접속사(하나)와 함께 풀이해 주는 방식이다. 사랑은 '우리가' 하나님의 계명들을 따라 순종함으로 살아가면서 나타나야 되는 것이며, 계명은 '우리가' 사랑 안에서 살아가면서 순종함으로 입증되어야 하는 것이다.[10]

여기서의 강조점은 역시 '하나님 계명으로서의 사랑'은 하나님 자녀들의 관계적 삶 속에서 구체적으로 드러나야 하는 당위성에 있다. 4절의 '진리 안에서 살아가는 자들'도 같은 헬라어 동사의 분사형으로 표현된 것을 주목할 때, 그리고 3절의 '진리와 사랑 안에서'라는 표현을 상기시킬 때, 우리는 '진리와 사랑과 계명'이 서로 깊은 상관 관계 속에서 서로 영향을 끼치는 요한의 주요 신앙적 개념들이라 할 수 있다.

2) 적그리스도인에 대한 경계(1:7~11): 확신과 단호함으로의 배척

요한은 이제 신앙 공동체 자녀들에게 '다른 믿음'에 속한 자들에 대해 마땅히 어떻게 대처해야 하는지를 언급하고 있다. 여기서 한 가지 주의할 것은 6절과 7절이 비록 각각 다른 문장으로 되어 있지만 7절이 원인을 밝혀 주는 접속사(호티)로 시작한다는 점에서, 4~11절이 하나의 통일된 논리 속에 기록되었음을 말해 준다. 즉 4~6절에서 보여 준 요한의 제안과 도전(예, '진리 안에 행하면서 서로 사랑하자')은 7~11절의 본문이 암시해 주는 공동체의 시련이나 어려움을 사전에 방지할 수 있는 처방전이기도 하다.

그렇다면 7절이 언급하는 '많은 미혹자들'은 무엇보다 '진리와 사랑 안에서' 거하는 일에 실패한 자임을 읽을 수 있다. 즉, 이들은 '세상에 나가버려' 세상에 속해 버린 자들이다. 여기서 '세상'은 예수님을 영접하지 않음으로 결국 하나님을 볼 수 없는, 미혹의 영이 주장하는 세상이다(요 1:10; 7:4~7; 8:23; 14:17~19; 15:18~19; 17:14~16; 요일 4:3, 5; 5:19). 바로 그 세상에 속한 자들의 정체성을 요한은, '예수 그리스도께서 (이 땅에) 육체로 임하심'[11]을 고백하지 않는 자들로 풀이하고 있다. 이들이 '미혹자'며 '적그리스도'다.

여기서 정관사와 함께 단수로 사용된 것은, 이들의 기원이 동일한 마귀요(요일 3:8~9) 그의 영 곧 적그리스도/미혹의 영(요일 4:3, 6)에 의한 것임을 시사한다고 본다. 여기서 요한일서 2:19과 요한이서 1:7의 행간이 암시하는 것은, 이 '많은 미혹자들'이 한 때는 같은 신앙 공동체에 속했을 것이라는 사실이다. 나아가서 이들은 (예수에 대해) 현재 '자신들이 소유하게 된 신앙'이 옳은 것임을 주장하고 있는 듯하다. 요한의 공동체와 뚜렷이 구별되는 이들의 '신앙적 차이'가 바로 '육신으로 임한 예수'를 그리스도요 하나님의 아들로 고백하지 못한다는 점이다. 이들이 이렇게 스스로 미혹됨은 '그리스도의 교훈 안에 거하지 못했기' 때문인데, 이것은 또한 그들이 예수님과 사도들로부터 전승된 가르침을 넘어서려고 하는 유혹에 기인한 것이다.

여기서 '그리스도의 교훈'은 그리스도 예수께서 스스로 증거하신 예수님의 인격과 말씀(주격적 소유격으로)이라 할 수 있고, 후에 사도들과 제자들에 의해 선포된 예수 그리스도에 대한 증언/고백(목적격적 소유격으로)이라 할 수 있다. 이제 '그리스도의 교훈' 밖에 있어 이런 미혹에 스스로 빠진 자들은 예수 그리스도를 소유하지 못할 뿐 아니라 그의 아버지 되시는 하나님도 소유하지 못한다고 요한은 단호하게 말한다. 왜냐하면, 아들이 없는 자에게는 그 아들의 아버지가 되시는 하나님도 알 수 없기 때문이다(요일 2:22~23; 5:1, 5, 9~12; 참조 요 1:18; 14:6~7, 9).

이런 자들을 하나님의 자녀들은 어떻게 대처해야 하는가? 요한은 여기서 하나님의 자녀들이 먼저 '자기 스스로를 점검하라'고 명령한다(8a절). 이것은[12] 어려운 수고와 인내를 통해 그들이 이미 얻은 신령한 것들을 잃지 않기 위함이요(부정적 이유), 더 나아가서 하나님의 자녀들이 취하게 될 상(계 11:18; 22:12 참조)을 온전히 얻기 위함(긍정적 이유)이다(8b절).

'그리스도의 교훈'을 소유하지 못하고 고백하지 못하는 자들은, 그들이 스스로를 하나님의 '선지자'로 행사한다 하더라도 결코 미혹되지 말아야 한다. 요한은 여기서 '그리스도의 교훈'을 소유하지 못한 자들이 (의도적으로 또는 조직적으로) 하나님의 자녀들에게 나아올 때 누구든지 그들을 집에 들이지도 말고 인사말을 건네지도 말라고 명령한다(10절). 미혹자들을 받아들이는 일과 그(들)에게 인사말을 건네는 일도 그(들)의 악한 일에 함께 교제를 나누는 것으로 인정되기 때문이다. 여기서 이 미혹자들이 들어가려고 하는 '집'은 함께 예배를 드리던 교회당을 의미할 가능성이 높은데, 이것은 이 서신의 수신자들이 개인이 아닌, 신앙 공동체 구성원들(1절에 대한 해석 참조)이라는 점과 그 당시 공공 예배는 주로 지역 가정집 건물(롬 16:5; 고전 16:19; 골 4:15; 몬 1:2 참조)에서 드려졌다는 것을 고려할 수 있기 때문이다(스토트: 216; 스몰리 333).

3. 작별 인사(1:12~13)

요한이서의 마지막 작별 인사에 나오는 12절은 요한삼서의 13~14절과 매우 흡사하다. '장로' 요한은 파피루스 한 면에 해당되는 글을 이제 마무리 하는 가운데 자신이 아직도 쓸 내용이 많음을 아쉬워 하면서도, 조만간 이 서신의 수신자들을 방문하여 얼굴과 얼굴을(직역하면 'mouth to mouth') 마주 대하고 말할 수 있게 되기를 소망한다. 이로 인해 그들 상호간의 기쁨[13]이 충만하고 온전해지기(참조 요일 1:4; 요 15:11; 16:24)를 기대하고 있다. '서로 간의 기쁨'이 풍성케 되기를 열망한다는 점에서 요한이 그들과 만나 나누고 싶은 말의 중심은 다름 아닌 하나님 아버지와 그 아들 예수 그리스도에 대한 교훈, 그리고 이에 따른 '진리와 사랑' 안에서의 서로간의 사귐(요일 1:1~3)이라는 것을 예측하게 해 준다.

이 서신의 첫 절에서 사용된 '택하심을 받은 부녀(여성 단수형)와 그의 자녀들'이 수신자들의 지역(가정) 신앙 공동체로서의 교회(여성형 단수인 '에클레시아')를 의미한다면, 여기 마지막 절의 '택하심을 받은 너(단수형)의 자매(여성 단수형)의 자녀들' 역시 또 하나의 지역(가정) 신앙 공동체로 간주할 수 있을 것이다. 지리적으로 어디인지 정확히 알 수는 없지만, '장로' 요한은 바로 이 지역(에베소의 어느 한 가정교회)에서 서신을 쓰고 있는 것으로 보이며 이들의 안부를 전함으로 짧은 서신을 종결짓고 있다. 이것은 비록 성도들이 흩어져 있다 할지라도 성도들이 하나님을 한 아버지로 모시고 육신으로 오신 예수를 그의 아들로 믿고 사는(9절 참조) '한 가족의 자녀들'임을 시사해 주는 것이라 할 수 있겠다.

본문 적용

요한이서는 비록 짧게 구성한 텍스트임에도 강해/본문 설교일 경우 대개 1~3절, 4~6절, 7~11절(또는 4~11절), 또는 서신 전체를 하나의 설교 단위 본문으로 구성할 수 있을 것이다. 이 때, 요한이서 구절들간의 상호 관계뿐 아니라, 요한문서들, 특히 요한일서와 요한복음과의 주요 관련 구절들을 함께 살펴보는 것은 필수적이다. 위에서 살핀 주해와 관련하여, 설교적 적용에 고려될 수 있는 몇 가지 사항을 부분적으로 나열하면서 나가는 말을 대신하고자 한다.

1) 신앙 공동체인 교회가 가족/가정의 용어들(부녀, 자녀들, 아버지, 아들, 자매의 자녀)로 사용되고 있음은 오늘의 교회관에 시사하는 바가 적지 않다고 볼 수 있다. 이런 가족적 교회관은 단순한 용어들이나 형식적인 호칭들로 국한되는 것이 아니라, '진리와 사랑 안에서', 한 아버지 하나님과 그 아들 예수 그리스도를 바로 알고 함께 '같은 신앙' 안에서 서로 헌신과 섬김을 실천하며 살아나가고 있을 때(진리를 행함으로) 온전해질 수 있는 신앙 공동체라는 점이다. 이런 '가족 교회관'은 성도들이 믿는 하나님이 한 아버지시며, 우리가 믿는 예수 그리스도가 그분의 유일한 아들이라는 고백이 있기에 제한된 지역을 넘어서서 교회(성도들)와 교회(성도들)의 관계에서도 찾아볼 수 있어야 한다.

2) 거짓 선지자들/미혹하는 자들 또는 적그리스도인들은 예수님과 사도들로부터 고백된 신앙 전승과는 상이한 저들의 기독론적 고백에 있다는 사실과 동시에 이들의 삶의 윤리에서도 나타나고 있다는 점을 주목할 수 있다. 이들의 삶의 태도는 '전승된 신앙을 소유하고 생활하는 자'들을 미혹하는 것이요, 이것은 또한 예수님을 대적하는 일이요 성경의 교훈을 오도하는 자들이기에 결국 악한 일을 도모하는 자들이다.

요한일서에 근거할 경우 이들은 하나 됨의 교제를 파괴하며, 육신의 정욕과 안목의 정욕과 이생의 자랑을 일삼는 비도덕적 사람들이다(요일 1:15~16). 자칭 '하나님을 믿고 예수를 알고 있다'는 이들의 '신앙'은 결과적으로 그들의 삶에서 부정적인 것으로 판명되고 있다. 그렇다면 역으로 우리의 신앙(진리)은 우리의 삶 속에서 사랑과 계명으로 드러나야 할 신앙이어야 할 것이다.

3) 오늘날 종교 다원주의 내지 종교 일치운동에 부응하여 예수님의 인성이나 신성을 바로 고백하지 않고 성경의 하나님을 섬기려 한다면, 이것은 21세기의 케린투스(Cerinthus)들 내지 그노시스인들(Gnosists)이라 하지 않을 수 없다. 내용과 주장에는 차이가 있겠지만, 그때나 지금이나 가장 치명적으로 위협받고 있는 것은 기록된 성경이 증언하는 예수님에 대한 불신이나 의심이지 않은가? 예수님께 대한 성경적 고백을 도외시하거나 무시하는 '사랑 실천' 또는 '진리 전파'는 오늘날 우리가 경계해야 될 미혹의 길, 영적 간음의 길임을 잊지 말아야 할 것이다.

4) 교회의 발전과 부흥을 위해 예배와 교육에 도움이 되는 더 좋고 적절한 프로그램을 고안하고 준비하는 것, 또는 개 교회(특히 대형교회)의 지역적 상황에 맞는 독특한 목회 방침 내지 목표는 바람직한 일이라 할 수 있지만, 이러한 시도나 목표가 전통적 '그리스도의 교훈'과 대치된다든지, 이것을 넘어가게 되는 위험이 혹 있지 않은지 신중하게 (정기적으로) 평가할 필요가 있다.

5) 요한일서와 마찬가지로 요한이서에서도 '하나님의 자녀'들이 겪는 갈등 또는 분쟁의 상대자들은 (과거와 현재에) '믿는 자들'이라는 사실을 생각하지 않을 수 없다. 심지어 그들도 한 때는 '같은 공동체'에 속해 있었던 것으로 간주될 수 있다는 점에서 더욱 그러하다('가인같이 하지 말라' – 요일 3:12; '거짓 선지자들' – 요일 4:1; '적 그리스도' – 요일 2:18, 22; 4:3; 요이 1:7; '지나쳐서 그리스도의 교훈 안에 거하지 아니하는 자' – 요이 1:9; 참조 요일 2:19; 요삼 1:9~10). 서로간의 '적대 관계' 속에서 떨어져 나간 자들을 배척하라고 하는 요한의 명령은 무엇보다 이들이 '그리스도의 교훈'(특히, 예수님의 성육신에 대한 고백)을 떠난 '적 그리스도인'들이라는 점과 이들이 계획적으로 '우리의 믿음'을 무너뜨리고자 하는 자들이라는 점을 민감하게 여겨야 한다.

말하자면, 이 본문이나 이와 유사한 구절들이 '그리스도 안에' 있는 같은 복음의 형제들이나 교회(교파)들에게 적용됨으로, 혹이라도 자신이 속한 교회나 교단의 우월함을 무분별하게 주장하는 어리석음이 없어야 할 것이다. 즉 비본질적인 이유들로 파생된 갈등 안에서 서로간의 질시와 배척을 부추기는 증거 구절로 이 본문이 사용되어지는 일이 없어야 한다.

6) 본 서신이 기록된 1세기 당시의 기독교인들의 대 사회-국가적 처지와 오늘날 특히 한국 남한 사회에서의 우리 기독교인들의 상황이 적지 않은 차이가 있다는 점에 유의해야 한다. 무엇보다 오늘날 우리 기독교인들의 (공적인) 신앙 공동체는 이단 세력들의 공개적인 미혹으로 붕괴될 가능성이 1세기 당시와 비교할 경우 매우 희박하다. 한마디로 '적그리스도인들'에 비해 '그리스도인들의' 숫적 파워가 더 막강하다. 이런 면에서 우리 성도들은 혹 너무 '지나친 배타적 사랑'을 가지고 있지 않은지 점검해 볼 필요가 있다.

이것은 잘못된 '사랑의 양극화' 현상을 낳아 '진리와 계명'을 범한 '내부인들'에게도 '은혜'라는 미명 아래 교회의 정당한 치리를 행사하지 못한다든지, 또는 한편으론 (자기) 교회당 안에 국한된 사랑 내지 (자기) 교단 안에서 제한된 성도들끼리의 사랑의 실천으로만 그치게 되는 경우라 할 수 있다. 오늘날 우리는 (지역) 교회와 교회들이 서로 '진리 안에서' (예수님께 대한 바른 고백 안에서) 사랑의 섬김을 보이는 '가족들로' 새롭게 태어나야 한다. 교회들과 교단들은 자신들의 배타적이고 집단적인 이기주의 사랑을 버리고, '사랑과 진실' 가운데 그리스도께 속한 성도들과 세상 사람들을 겸허한 마음으로 섬겨야 할 것이다.

우리 기독교인들 모두는 자신의 지위와 상황 속에서 자기 주위에 있는 자들에게 날마다 읽혀지고 있는 '살아 있는 편지'들이라 할 수 있다. 말하자면, 우리의 신앙과 신학은 하나님과의 교제뿐 아니라 오늘날의 우리 한국의 역사적 상황과 우리의 일상생활의 삶 속에서 우리가 만나는 다른(그들이 신자든 그렇지 않든 상관없이) 사람들과의 관계들 가운데 쓰여지고 읽혀지는 서신들이다.

목회자로서, 설교자로서, 교회의 지도자로서, 무엇보다 하나님의 성도로서 지금 우리는 어떤 종이와 먹으로 우리의 편지를 쓰고 있는지 스스로를 반추해 보아야 하지 않을까? 우리의 목회와 삶이, 썩어질 이 세상의 종이와 먹이 아닌 썩지 아니할 하나님의 말씀과 성령의 순종함 가운데 쓰여짐으로 오늘의 한국 교계와 사회에 보내어지고 읽혀져야 될 '그리스도의 편지'(고후 3:2~3)로 날마다 새롭게 나타나기를 우리 모두 함께 기도하며 힘써야 할 때인 것 같다.

7 가이오와 형제들을 향한 권면
요한삼서 1장의 주해와 적용

　성경을 지나칠 정도로 세밀하게 문학적으로 분석하는 것은 무의미할 뿐만 아니라 대단히 위험하다. 이런 분석은 자칫 잘못하면 어떤 문학적인 형식에 맞추기 위하여 본문을 임의로 삭제하거나 조작하는 오류를 저지를 수 있기 때문이다.

　성경을 잘 이해하기 위해서는 순리적인 분석을 시도하는 것이 좋다. 순리적인 분석에 기초하여 요한삼서를 살펴볼 때 발신자와 수신자가 명시된 도입(1절)과 방문계획(13~14절)과 기원(15a절)과 문안(15b절)을 담고 있는 결어(13~15절)를 제외하면, 본문은 세 번 나오는 "사랑받은 자여"(개역성경에는 "사랑하는 자여": 2, 5, 11절)라는 호칭을 가지고 다음과 같이 세 부분으로 분해될 수 있다.

　　Ⅰ. 도입(1절)
　　Ⅱ. 본문(2~12절)
　　　1.가이오와 형제들(2~4절)
　　　2. 가이오와 디오드레베(5~10절)
　　　3. 가이오와 데메드리오(11~12절)
　　Ⅲ. 결어(13~15절)

이와 같은 간단한 분석을 가지고 요한삼서의 내용을 자세히 차례대로 살펴보자.

편지의 수신자(1:1)

이 편지의 발신자는 "그 장로"(1a절)다. "장로"는 연령에 관련된 표현이라기보다는 직분과 관련된 표현이 분명하다. 이렇게 이름 없이 직분만을 제시하는 것은 특별한 경우다. 이름 대신 직분만 소개하는 것은 여러 가지 이유를 추측해 볼 수 있게 한다. 즉 아마도 이것은 장로가 이름을 밝히지 않아도 될 정도로 이미 수신자에게 잘 알려진 인물이라는 것을 전제한다. 또는 발신자는 심리적으로 자신의 직분에 대하여 강한 신념을 가지고 있는 사람이었을 것이다. 더 나아가 발신자는 이런 방식을 사용해 수신자에게 깊은 신뢰심을 불러일으키려는 의도를 가지고 있었던 것으로도 생각해 볼수 있다.

이 편지의 수신자는 가이오다(1b절). 가이오는 두 가지 별칭을 달고 있다. 첫째, 그는 "사랑받은" 사람이다. 이런 수동태적인 표현은 가이오가 일반적으로 사람들에게 인정받는 사람이라는 것을 알려 준다. 둘째, 가이오는 장로에게서 사랑을 받는 사람이다. "내가 진리 안에서 사랑하는"(1d절). 가이오는 특별히 장로가 사랑하는 사람이었다. 그런데 가이오에 대한 장로의 사랑은 "진리 안에서" 행해졌다. 이 말에 정관사가 없지만 "참으로"(개역)라고 번역하기에는 너무 아깝다. 여기서 주목해야 할 것은 "안에서"라는 표현이다. 이것은 "때문에" 또는 "관련하여"라고 읽는 것이 좋을 듯 하다. 다시 말하자면 장로는 진리 때문에 혹은 진리와 관련하여 가이오를 사랑한다는 말이다. 이 때문에 장로는 가이오가 진리와 어떤 관계가 있는지 자세히 설명하게 된다.

세 가지 문제(1:2~12)

여기에서 장로는 세 가지 문제를 다룬다. 첫째, 가이오와 형제들의 관련성을 밝혀 주고(2~4절), 둘째, 가이오와 디오드레베의 상반된 태도를 드러내고(5~10절), 셋째, 가이오와 데메드리오의 연결성을 보여 준다(11~12절).

1. 가이오와 형제들(1:2~4)

1) 간구(2절)

장로는 "사랑받은 자로"라는 말과 함께 편지의 본문을 간구로 시작한다. 즉 가이오에게 성공과 건강이 있기를 바라는 것이다. "나는 네가 모든 일에 잘되고 강건하기를 간구하노라"(2a절). 모든 일은 성공과 건강에 다같이 걸리는 말이다. "모든 일"은 모든 상황을 의미한다. 일차적으로는 모든 상황에서 사회적인 성공이나 육체적인 건강을 기원하는 말이라 볼 수 있다.

그러나 이것을 이 정도의 의미에 묶어둘 수는 없을 것이다. 전체적인 문맥을 살펴볼 때 여기에 사용된 성공과 건강은 교훈적인 것과 관련이 있다. 가이오는 진리에 충실한 사람이었다. 그러므로 장로는 이 말로써 가이오가 어떤 상황에서든지 진리에 성공하고 진리에 건강한 사람이 되기를 기원하고 있는 것이다(11절 참조).

이에 더하여 장로는 가이오가 다른 문제에서도 잘되기를 기도한다(2b절). 이 구절에는 해석상 두 가지 문제점이 있다. 첫째, 여기에 사용된 프슈케가 영혼을 가리키는지, 목숨을 가리키는지, 인생을 가리키는지 분명하지 않다. 영혼을 가리킨다면 영혼의 구원을 의미하며, 목숨을 가리킨다면 생명의 연장을 의미하고, 인생을 가리킨다면 생활의 향유를 의미한다. 둘째, 이 구절은 "마치 … 것처럼"이라고 번역할 수도 있지만 "어떻게 … 되어야 할지"라고 번역할 수도 있다. 일반적으로 전자의 해석이 선호되지만 바로 뒤에서 이어지는 3절의 경우 ("네가 진리 안에서 어떻게 행하는지")와 마찬가지로 후자의 해석도 배제할 수는 없다.

아마 장로는 이 구절에서 가이오를 위하여 기도하면서 "나는 네가 모든 일에 잘되고 강건하기를, (다시 말하자면) 네 영혼 (또는 인생)이 어떻게 잘 되어야 할지 간구하노라"고 말하려고 했다고 생각해 볼 수 있다. 그렇다면 장로는 가이오가 진리에 성공하고 진리에 건강하여 진리를 위하여 인생 전체를 사용하는 사람이 되기를 기도한 것이다.

2) 기쁨(3~4절)

장로가 이렇게 기도하는 이유는 무엇인가? 그것은 그에게 기쁨이 있기 때문이다. 초두에 있는 "왜냐하면"은 기도하는 이유를 밝혀 준다. 장로가 가이오를 위하여 기도하는 것은 가이오를 기뻐하기 때문이다. 그런데 장로의 기쁨은 보통 기쁨이 아니다. 그는 "크게" 기뻐한다. 장로의 큰 기쁨은 단순히 감정적인 것이 아니다. 그의 큰 기쁨에는 분명한 사실적인 이유가 있다. 장로의 기쁨은 두 가지 사실에 근거를 둔다. 첫째, 형제들이 왔다는 것과, 둘째, 형제들이 증거했다는 것이다.

① 형제들이 옴(3a절)

"형제들"은 나그네 전도자들을 가리킨다(5절 참조). 이들은 장로의 교회에서 파송을 받은 순회 선교사들이다. 이들의 특징은 아래에서 자세히 설명된다(5~8절). 이 형제들은 다시 장로의 교회로 귀환하여 현지의 소식을 보고하는 일을 하였다. 특히 이들이 보고하는 내용 가운데 중점을 이루는 것은 현지의 성도들의 영적 상태에 관한 것이었다. 따라서 이들은 장로의 교회에서 가이오의 영적 상태에 관하여 증거하였다.

② 형제들이 증거함(3b절)

형제들은 가이오에 대하여 증거하였다. 증거는 보고를 의미한다. 장로는 형제들의 증거의 내용을 두 번 반복해서 진술한다. 한 번은 단순한 명사로 진술하고 ("너의 진리"), 한 번은 문장으로 진술한다("네가 진리 안에서 어떻게 행하는지"). 사실상 이 두 가지는 같은 내용을 가지고 있다. 앞의 명사를 뒤의 문장으로 다시 한 번 설명하고 있는 것이다. 따라서 이것은 강조적인 용법이라고 할 수 있다.

형제들은 단순히 가이오의 진리소유에 관하여 증거한 것이 아니라, 가이오의 진리행위에 관하여 증거한다. 다시 말하자면 장로에게 중요한 것은 가이오가 진리를 소유하고 있다는 것뿐만 아니라 진리 안에서 생활하고 있는 것도 중요하다. 진리를 가지고 있더라도 진리 안에서 살지 않는다면 아무 소용이 없기 때문이다.

이것은 장로에게 어떤 것과도 비교할 수 없는 큰 기쁨이 되었다. "나는 이것들보다 더 큰 기쁨을 가지지 않는다"(4a절). 이것은 비교급의 부정을 통한 최상급의 표현이다. 장로의 최고기쁨은 성도의 바른 생활에서 발견된다. 이것은 모든 목회자에게 동일한 것이다. 이것은 성숙하고 건전한 목회자의 모습이다. "이것들"이 가리키는 것은 바로 이어지는 문장이다. "내가 내 자녀들이 진리 안에서 행한다는 것을 듣는 것"(4b절). 이만큼 장로에게는 성도들의 진리생활이 절대적인 의미를 가지고 있었다.

2. 가이오와 디오드레베(1:5~10)

"사랑받은 자여"라는 말로 새로운 문단이 시작된다. 장로는 진리 안에서 행함이라는 주제어를 따라서 가이오와 디오드레베라는 두 인물을 자세히 비교한다. 가이오는 진리행위에 알맞은 사람이지만, 디오드레베는 진리행위에서 떠난 사람이었다.

1) 가이오(5~8절)
① 가이오의 행위(5절)

장로는 먼저 가이오의 행위를 설명한다. "너는 신실하게 행한다." 이것은 일종의 칭찬이다. 장로는 가이오의 행위를 긍정적으로 평가하며 인정한다. 이것은 아주 짧은 말이지만 가이오의 성품과 그의 행위의 성격을 모조리 설명해 주는 말이다. 가이오는 신실한 사람이다. 그래서 그는 신실하게 행동한다. 만일 그가 신실한 사람이 아니라면 그의 행위도 신실하지 않을 것이다. 따라서 가이오가 신실하게 행한다는 말에는 가이오가 신실한 사람이라는 사실이 전제된다.

장로는 가이오가 특히 어떤 면에서 신실하게 행동하는지 말한다. "네가 형제들 곧 나그네들에게 일한 것은 무엇이든지"(5b절). "형제들" 또는 "나그네들"은 순회 전도자들을 가리킨다. 가이오는 순회 전도자들을 대우할 때 신실하게 행동하였다. 이 신실한 행위는 사랑의 행위였다. 그래서 순회 선교사들은 장로의 교회에서 가이오의 사랑에 대하여 증거하였다(6절). 가이오의 사랑은 일례를 들면 순회 전도자들을 하나님께 합당하게 전송하는 것이었다(6절).

② 형제들의 증거(6절)

순회 전도자들은 장로의 교회에서 가이오의 신실한 행위에 관하여 증거하였다. "그들이 증거하였다"(6a절). 그들의 증거는 일종의 보고를 의미한다. 이 보고는 "교회 앞에서"(6a절) 행해졌다. 이 교회는 장로의 교회이자 순회 전도자들의 파송 교회다. 순회 전도자들은 일정시간이 지나면 파송 교회로 귀환하여 보고를 하였던 것 같다. 여기서 장로의 교회가 추진한 선교는 보고 형식의 선교였다는 것을 짐작할 수 있다. 장로의 교회는 보고제도를 마련함으로써 자연스럽게 순회 전도자들을 통제할 수 있었을 것이다.

순회 전도자들이 가이오에 관하여 보고한 내용이 명사로 진술된다("너의 사랑", 6a절). 이것은 요약적인 진술이다. 명사의 요약적인 표현으로 볼 때 가이오의 신실한 행위는 사랑이었다. 사랑으로부터 신실한 행위가 나온다. 사랑이 없다면 신실한 행위가 나올 수 없다. 신실한 행위의 기초는 사랑이다. 가이오는 순회 전도자들에 대하여 사랑을 가지고 있었기 때문에 그들을 향하여 신실한 행위를 할 수 있었다. 사랑없는 신실한 행위란 사실 위선일 뿐이다.

장로는 사랑에 기초한 가이오의 신실한 행동을 보고받으면서 가이오에게 한 문장으로 된 권면의 말을 한다. "네가 하나님께 합당하게 그들을 전송하면 잘하는 것이 될 것이다"(6b절). 장로는 가이오에게 구체적인 신실한 행위를 권면한다. 즉 그가 가이오에게 요구하는 신실한 행위는 순회 전도자들을 전송하는 것이다.

가이오의 사랑은 순회 전도자들을 전송하는 것과 관련이 있다. 장로는 가이오에게 "네가 잘하는 것이 될 것이다"라고 권면한다. 가이오가 지금 잘하는 것도 중요하지만(5a절), 앞으로 잘하는 것도 중요하다(6b절). 현재적인 신실함이 미래적인 신실함으로 연결되지 않는다면 의미가 없다. 현재의 행위는 미래의 행위에 연결될 때 가치가 있는 것이다. 미래없는 현재가 무슨 소용이 있는가. 장로는 가이오에게서 현재적인 신실함으로 보면서 미래적인 행위를 권면하는 것을 잊지 않는다. 이렇게 장로는 가이오를 현재에서 미래로 이끌어가고 있다.

장로가 가이오에게 희망하는 미래적인 신실한 행위는 순회 전도자들을 전송하는 것이다. "그들을 전송하면"(6b절). 여기에 사용된 전송이라는 말은 여장을 갖추어 주는 것을 의미한다. 장로는 가이오에게 순회 전도자가 여행하기에 필요한 물질을 준비해 줄 것을 당부하고 있는 것이다. 이때 장로는 전송을 위한 표준을 알려 준다. 그것은 "하나님께 합당하게"(6b절) 준비되어야 한다. 이것이 가장 훌륭한 표준이다. 하나님께 합당하게 사는(행하는) 것은 초대 교회의 윤리의 기초였다. 그래서 "하나님께 합당하게"라는 말은 아마도 초대 교회의 신자들에게는 구호와도 같은 것이었다고 추정할 수 있다. 이 때문에 이 말은 그리스도인의 삶을 설명할 때 자주 사용되었다(골 1:10; 살전 2:12; 참조. 빌 1:27; 엡 4:1). 이렇게 장로는 구호와도 같은 말을 사용하여 가이오가 순회 전도자들을 대우할 것을 희망하고 있다.

③ 형제들의 활동(7절)

이어서 장로는 가이오에게 순회 전도자들을 하나님께 합당하게 전송하도록 요구하는 이유를 제시한다. "왜냐하면 그들은 그 이름을 위하여 나가서 이방인들에게서 아무것도 받지 않았기 때문이다." 여기서 장로는 순회 전도자들이 활동하는 모습을 두 가지로 설명한다. 순회 전도자들의 두 가지 활동은 가이오가 그들을 하나님께 합당하게 전송해야 할 이유가 된다.

첫째, 순회 전도자들은 "그 이름을 위하여 나갔다"(7a절). 이것은 순회 전도자들의 적극적인 헌신성을 보여 준다. 이 때문에 가이오는 그들을 지원해야 한다. 순회 전도자들에게서 가장 먼저 눈에 띄는 행동은 "나갔다"는 것이다. 이 말은 활동적인 모습을 의미하기 때문에 순회 전도자들의 적극성을 보여 준다. 그들은 장로가 있는 안전한 교회에 머물러 있는 사람들이 아니었다. 그들은 위험을 무릅쓰고 복음을 전하기 위하여 나갔다. 또한 이것은 순회 전도자들의 개척정신을 보여 준다. 그들은 복음이 한 곳에 정착하는 것에 만족하지 않고 복음의 영역을 넓혀나갔던 것이다.

그러면 순회 전도자들은 무엇을 위하여 이렇게 적극적으로 복음의 영역을 개척하였는가? 이에 대하여 장로는 아주 간단하게 대답한다. 그것은 "그 이름을 위하여"다. 장로가 이 말로 누구의 이름을 가리키는지 분명하지 않다. 문맥상 바로 앞에 언급된 하나님을 가리킬 수도 있고, 관습상 예수 그리스도를 가리킬 수도 있다(요 1:12; 20:31; 요일 2:12; 3:23; 5:13). 둘 중에 어떤 것을 선택해도 문제는 없을 것이다.

여기서 중요한 것은 순회 전도자들이 그들의 행위의 목적을 하나님 또는 예수 그리스도의 이름에 두었다는 점이다. 그들은 이 이름을 위하여 헌신한 사람들이었다. 생사간에 하나님 또는 예수 그리스도의 이름이 전파되는 것을 유일한 목적으로 삼고 헌신하였던 것이다(참조. 롬 14:7f.; 빌 1:20). 이렇게 순회 전도자들은 하나님 또는 예수 그리스도의 이름을 위하여 헌신한 적극적인 전도자들이었기 때문에 장로는 가이오에게 그들을 하나님께 합당하게 전송하라고 부탁했던 것이다.

둘째, 순회 전도자들은 "이방인들로부터 아무것도 받지 않았다"(7b절). 순회 전도자들은 이방인 선교를 위하여 스스로 어려운 길을 걸었다. 그래서 장로는 가이오에게 이들을 후원할 것을 부탁하였다. "이방인들"은 일반적으로 비유대인을 가리키는 통칭이다. 이렇게 볼 때 순회 전도자들이 전도의 대상으로 삼은 것은 이방인들이었다. 한마디로 말해서 순회 전도자들의 헌신적인 사명은 이방인 선교였던 것이다.

여기서 장로의 교회가 순회 전도자들을 통하여 이방인 선교에 주력하였다는 것을 쉽게 알 수 있다. 사실상 이방인 선교는 예수 그리스도 이후 초대 교회가 변함없이 추구한 사역이었다. 따라서 장로의 교회가 이방인 선교에 주력하였다는 것은 초대 교회의 주류에 참여하고 있었다는 것을 의미한다.

그런데 순회 전도자들은 이방인 선교에 힘쓰면서 이방인들로부터 "아무것도 받지 않았다." 순회 전도자들은 전도의 대상인 이방인들에게서 생계를 구하지 않았다. 그렇다면 이들의 선교는 우선 자비량 선교였다는 것을 의미한다. 물론 장로의 교회가 어느 정도 이들을 경제적으로 후원하고 있었을 것으로 생각할 수 있다. 그러나 실제적으로는 순회 전도자들이 스스로 생계를 감당해야 했을 것이다. 그리고 순회 전도자들이 활동영역에 근접한 지역 교회가 이들을 후원할 책임을 가지고 있었다. 장로가 가이오에게 순회 전도자들을 하나님께 합당하게 전송하라고 부탁했던 까닭은 이들이 열악한 경제적인 상황에도 불구하고 이방인 선교에 힘을 쏟았기 때문이었다.

④ 우리의 사역(8절)

결론적으로 장로는 순회 전도자들의 활동을 고려할 때 이들을 영접하는 것은 필연적인 일이라고 말한다. "그러므로 우리가 이러한 자들을 영접하는 것이 마땅하니"(8a절). 장로는 강조적으로 "우리가"를 사용한다. 장로는 순회 전도자들을 지원하는 것이 가이오에게만 요청되는 일이 아니라 장로 자신을 포함하여 모든 신자에게 요청되는 일임을 밝히고 있다. 장로는 순회 전도자를 영접하는 일의 필연성을 보여 주기 위하여 "마땅하다"는 말을 사용한다. 또한 그는 이 말을 사용하여 순회 전도자들을 영접하는 것이 얼마나 중대한 일인지 보여 준다. 게다가 장로는 이 말을 가지고 가이오에게 순회 전도자들을 후원할 것을 격려하며 도전한다. "영접하다"는 말에는 포괄적인 의미가 들어있는 것으로 생각해야 한다. 이것은 단순히 물질을 제공하는 경제적인 후원뿐 아니라 따뜻한 마음과 말씨를 포함하여(10절의 반대적인 의미를 생각할 것) 기도하는 영적인 후원도 의미하는 것으로 보아야 한다. 전도자들을 돕는 것은 성도들이 마땅히 해야 할 일인 것이다.

이제 장로는 순회 전도자들을 영접하는 것이 어떤 결과를 가져오는지 설명한다. "이렇게 하여 우리는 진리를 위한 동역자가 된다"(8b절). 장로는 가이오에게 순회 전도자들을 영접할 때 "진리를 위한 동역자"가 된다고 알려 준다. 모든 사람은 인생을 살아가는 동안 누군가의 또는 무엇인가의 동역자로 살 수밖에 없다. 그리고 사람은 누구의 또는 무엇의 동역자로 사느냐에 따라서 인생의 가치를 결정하게 된다. 위대한 사람의 동역자가 되는 것만도 영광스러운 일인데(롬 16:3; 빌 2:25; 4:3; 골 4:11; 살전 3:2; 몬 1:1, 24), 진리를 위한 동역자가 된다는 것은 얼마나 더 위대하고 영광스러운 일인가!

따라서 장로는 이 단락을 맺는 마지막 말을 이렇게 쓰고 있다. "진리를 위하여"(8절). 신자가 인생을 사는 동안에 진리를 위한 동역자가 되는 것보다 더 위대하고 영광스러운 것이 있을 수 없다. 그러므로 장로는 가이오가 이와 같은 영광에 참여하기를 소원하여 강력하게 권면하였던 것이다.

2) 디오드레베(9~10절)

① 전 편지(9a절)

장로는 틀림없이 가이오와 디오드레베가 있는 교회에 본서 외에 이미 한 편지를 보냈었다. "내가 두어 자를 교회에 썼다"(9a절). 여기에 나오는 교회는 위에 언급한 장로의 교회(6절)와 선명하게 구별되는 또 하나의 교회다. 이 교회에는 다양한 사람들인 속해 있었다. 한편에는 장로에 대하여 우호적인 사람들인 가이오(1절), 데메드리오(12절), 친구들(15절)이 있었고, 다른 한편에는 장로에 대하여 적대적인 사람들인 디오드레베와 그의 추종자들이 있었다(9절). 그런데 장로는 이렇게 양분화된 교회에 이미 한 편지를 보냈던 것이다. 이 편지는 장로의 뜻을 따라 순회 전도자들을 지원하라는 내용을 담고 있었을 것이다. 물론 이 편지는 우리에게 남아 있지 않다. 그러나 디오드레베는 이 편지의 내용을 받아들이지 않았다.

② 디오드레베의 행위(9b절)

장로는 편지를 보내어 순회 전도자들을 지원할 것을 요청하였음에도 불구하고 역행적으로 행동한 디오드레베의 행위를 지적하였다. 장로는 디오드레베를 다음과 같이 한마디로 정의하였다. "그들 중에 으뜸 되기를 좋아하는 디오드레베." 디오드레베는 "으뜸 되기를 좋아하는" 사람이었다. 이것은 단순히 디오드레베의 심리적인 성향을 의미하는 것일 수도 있고, 교회의 성직제도와 관련된 정치적인 야심을 반영하는 것일 수도 있으며, 자신의 노선에 대한 확고한 의지를 표현하는 것일 수도 있다.

실제로 디오드레베가 장로의 선교정책에 동의하지 않았다는 점을 고려할 때 이것은 자신의 노선을 지키려는 디오드레베의 고집스러운 의지를 보여 주는 것으로 생각하는 것이 타당하다. 이렇게 하여 디오드레베는 장로와 심한 갈등을 일으키고 말았다. 이때 여러 사람이 디오드레베에 동조하여 장로에게 대항하였던 것이 틀림없다("그들 중에").

장로는 으뜸 되기를 좋아하는 디오드레베가 "우리를 대접하지 않았다"(9b절)고 지적하였다. 물론 이것은 디오드레베가 장로를 직접 만난 자리에서 대접하지 않았다는 것을 의미하기보다는 장로가 파송한 순회 전도자들을 박대하거나 그들을 도우려는 사람들을 핍박하였다는 것을 의미한다(10절 참조). 그러나 장로는 디오드레베의 이런 행위를 직접적으로 자신을 대적한 것과 조금도 다를 바가 없는 것으로 생각하였다. 따라서 장로는 디오드레베에게 어떤 조치를 할 것을 계획하였다.

③장로의 조치(10a절)

장로는 디오드레베를 직접 대면하여 조치할 것을 계획하였다(14절 참조). "그러므로 내가 가면 그가 행하는 그의 일들을 기억할 것이다"(10a절 참조). "내가 가면"은 실현되지 않을 가정적인 일을 가리키는 것이 아니라 실제로 이루어질 일을 가리킨다. 장로는 실제로 가이오와 디오드레베의 교회를 방문할 준비를 하고 있었던 것이다.

장로가 이 교회를 방문하여 디오드레베에 대하여 행할 조치는 우선 "기억할 것이다"라는 말로 표현된다. 이것은 상당히 약한 말처럼 보이지만 사실상은 중심을 찌르는 말이다. 이것은 문제를 반드시 짚고 넘어가겠다든가 문제를 절대로 그냥 지나치지 않겠다는 뜻을 보여 준다. 이 말 속에는 그만큼 장로의 강한 의지가 들어 있다. 장로가 조치하기로 염두에 두고 있는 것은 디오드레베의 행위다. 장로는 디오드레베의 행위를 이중적으로 말한다. "그가 행하는 그의 일들." 이것은 장로가 디오드레베에게서 지적해야 할 것이 무엇인지 분명하게 알고 있다는 것을 보여 주는 강조적인 표현이다. 장로는 디오드레베에게서 무엇을 책망해야 할지 정확하게 알고 있었다. 그래서 장로는 디오드레베의 행위를 조금 더 자세하게 설명한다.

④디오드레베의 행위(10b절)

장로는 디오드레베의 악한 행위를 세 가지 측면에서 지적하였다. 첫째, 장로에 대한 디오드레베의 태도다. 이것은 언어로 표현된 악한 처사였다. "그는 악한 말로 우리를 험담한다"(10ba절). 디오드레베는 장로에 대하여 악한 말을 사용하는 것을 서슴지 않았다. 여기에 사용된 "악한 말로"가 복수형인 것을 보아서 아마도 디오드레베는 많은 말을 입에서 쏟아냈고, 다양한 종류의 악한 말을 구사한 것으로 추측할 수 있다. 그의 악한 말은 대체적으로 장로를 험담하는 내용을 담고 있었다. "험담하다"는 동사는 신약성경에 단 한 번 사용된 단어다. 같은 어근을 가진 형용사가 신약성경에 오직 한번 더 사용되었는데(딤전 5:13), 이것은 쓸데없는 일에 관여하는 사람의 언어로서 해서는 안 될 말을 하는 것을 가리킨다. 이 말에서 생각해야 할 것은 디오드레베가 단순히 장로의 인격을 중상모략한 것이 아니라 장로의 선교정책을 비난했을 것이라는 것이다.

둘째, 순회 전도자들에 대한 디오드레베의 태도다. 장로는 디오드레베가 이렇게 악한 말로 험담을 늘어놓고도 "이것들로 만족하지 못한다"(10bb절)고 지적하였다. 디오드레베는 장로에게 악한 말로 험담하는 것으로 만족하지 않고 순회 전도자들을 박대하였다. "형제들을 대접하지 않는다"(10bc절). "형제들"은 순회 전도자들을 가리킨다(5절 참조). 디오드레베는 장로에게서 파송받은 순회 전도자들에게 아무런 경제적 지원을 하지 않았다. 이것은 장로의 선교정책을 뿌리로부터 흔드는 행위였다. 순회 전도자들이 근접해 있는 지역 교회들로부터 경제적인 지원을 받지 못한다면 장로의 선교정책은 결단코 성공할 수 없기 때문이다.

셋째, 교우들에 대한 디오드레베의 태도다. "(대접하기를) 원하는 자들을 금하고 교회에서 쫓아낸다"(10bd절). 디오드레베의 악한 행위는 극에 달하였다. 그는 교우들이 순회 선교사들을 지원하는 것을 금지와 추방이라는 두 가지 무기를 가지고 방해하였다. 금지가 어느 정도 소극적인 방식이라면 추방은 상당히 적극적인 방식이다. 아마 이것은 디오드레베가 취한 조치의 시간적인 순서를 말하는 것일 수도 있다. 그는 먼저 금지라는 방식을 택하였고 결국 추방이라는 방식을 도모한 것이 틀림없다. 그렇지 않으면 대상에 따라서 방식을 여러 가지로 취한 것으로 생각해 볼 수도 있다. 디오드레베는 조금 유약한 교우들에 대하여는 회유를 추구하기 위하여 금지 정도의 방식을 택하고, 아주 강력한 교우들에 대하여는 제거를 시도하기 위하여 추방이라는 방식을 택한 것 같다. 아무튼 디오드레베는 이렇게 반대파를 제거함으로써 교회를 장악하려고 하였던 것이다.

장로는 디오드레베의 악행을 낱낱이 지적하였다. 이렇게 하여 장로는 가이오가 디오드레베의 악행을 따르지 않고 장로의 뜻을 따라 계속해서 순회 전도자들을 지원하는 일을 하기를 기대했던 것이다. 그래서 장로의 권면은 다음 단락으로 이어진다.

3. 가이오와 데메드리오(1:11~12)

"사랑받은 자여"라는 말로 마지막 문단이 시작된다. 장로는 이 단락에서 우선 가이오가 디오드레베의 길에 참여하지 않을 것을 권면하고, 새로운 인물인 데메드리오를 소개해 준다.

1) 가이오(11절)

장로는 사랑받은 자인 가이오에게 "악한 것이 아니라 선한 것을 본받으라"(11a절)고 말한다. 여기에 대립적인 개념으로 전개되는 "악한 것"과 "선한 것"은 윤리적인 차원에서 언급되는 것이 아니다. 이것은 앞의 문맥에서부터 살펴볼 때 선교에 참여하느냐 반대하느냐 하는 영적인 문제와 관련된다. 장로가 보기에 선교를 반대하는 것은 한마디로 말해서 악한 것이라고 규정될 만한 것이다. 이 때문에 장로는 이 같은 선과 악이 하나님과의 관계를 결정하게 된다고 강조한다. "선을 행하는 자는 하나님께 속하고 악을 행하는 자는 하나님을 보지 못하였다"(11b절). 이번에도 장로는 "선을 행하는 자"와 "악을 행하는 자"를 대립시킨다. 앞에서와 마찬가지로 이 두 사람도 도덕적인 차원에서 분류되는 것이 아니라 선교와 관련된 영적인 차원에서 구분되는 것이다.

그런데 중요한 것은 이 같은 선과 악이 하나님과의 관계를 결정한다는 사실이다. 선을 행하는 자는 하나님께 속하지만, 악을 행하는 자는 하나님을 보지 못하였다. "하나님께 속한다"는 말은 하나님의 뜻에 종속한다는 의미다. "하나님을 보지 못하였다"는 말은 시각적인 체험을 넘어서(요 1:18) 인격적인 관계를 의미한다(요일 1:1~2; 3:6). 장로는 하나님께 관계되느냐 하나님께 관계되지 않느냐 하는 두 길을 소개함으로써 가이오가 가야 할 길을 제시하고 있다.

2) 데메드리오(12절)

여기에서 장로는 데메드리오라는 새로운 인물을 소개한다. 불행하게도 장로가 데메드리오를 소개하는 이유를 정확하게 알 수 없다. 데메드리오가 장로와 어떤 관계에 있는지, 또한 가이오와 어떤 관계에 있는지, 그리고 디오드레베와는 어떤 관계가 있는지 이 모든 것은 불확실하기만 하다. 장로와의 관계를 추정한다면 혹시 데메드리오는 장로가 파송한 순회 전도자들 가운데 대표적인 한 사람이 아니었을지, 가이오와의 관계를 추정한다면 혹시 데메드리오는 가이오와 연합하여 순회 전도자를 지원한 헌신적인 인물이 아니었을지, 디오드레베와의 관계를 추정한다면 혹시 데메드리오는 디오드레베에게 추방당한 교우 중의 한 사람이 아니었을지 가능성을 열어두어야 한다.

어쨌든 장로는 데메드리오에 관하여 이렇게 설명한다. "데메드리오는 모든 일에도 진리 그 자체에게도 증거를 받았다. 우리도 증거한다. 너도 우리의 증거가 참이라는 것을 안다"(12절 참조). 데메드리오에 대하여 가장 중요한 것은 증거를 받은 사람이라는 것이다. 그는 세 가지 차원에서 증거를 받았다. 첫째, 데메드리오는 "모든 일에 증거를 받았다"(12a절). 여기에서 "모든"은 사실상 인격적인 의미에서 모든 사람(남성복수)을 가리킬 수도 있고, 사물적인 의미에서 모든 일(중성복수)을 가리킬 수도 있다. 그런데 이 단어는 이미 앞에서 사물적인 의미로 사용되었다는 것을 기억할 때(2절), 또한 다음에 이어지는 내용에서 진리와 비교된다는 점을 고려할 때, 모든 사람보다는 모든 일로 이해하는 것이 바르다. 다시 말하자면 데메드리오가 관여한 모든 일이 그를 증거한다는 것이다. 이것은 그가 모든 일에 신실한 사람이었다는 의미다.

둘째, 데메드리오가 "진리 그 자체에게도 증거를 받았다"(12b절)는 것은 마치 순회 전도자들이 가이오의 진리에 대하여 증거한 것(3절)과 같은 의미를 가진다. 데메드리오는 가이오와 마찬가지로 진리 안에서 행하는 사람이었던 것이다(3절).

셋째, 데메드리오는 장로에게도 증거를 받았다. "우리도 증거한다"(12c
절). 가이오가 순회 전도자들에게 증거를 받았다면, 데메드리오는 순회 전
도자를 파송한 장로에게 증거를 받았다. 그만큼 데메드리오는 장로가 보기
에 확실하게 믿을만한 인물이었다. 따라서 장로는 가이오에게도 이 사실을
확인하였다. "너도 우리의 증거가 참이라는 것을 안다"(12d절). 데메드리오
라는 사람은 가이오도 인정하는 훌륭한 신자였다.

이렇게 하여 장로는 가이오의 길이 절대로 외로운 길이 아님을 천명한
다. 장로의 뜻을 따라 선교를 지원하는 일을 할 때 가이오 곁에는 데메드리
오와 같은 인물이 있었다. 그러므로 가이오는 장로의 편지를 통하여 자신
이 외로운 길을 가고 있는 것이 아니라는 사실을 아주 분명하게 확인받게
되었던 것이다. 그러나 가이오의 확신은 여기에서 끝나지 않을 것이다. 장
로는 더욱 큰 확신을 심어 주기 위하여 데메드리오보다 더욱 확실한 인물
로 바로 장로 자신을 제시하였다.

편지가 아니라 방문으로(1:13~15)

이제 장로는 이 편지를 마무리하면서 가이오의 교회를 방문할 계획을
알려 주었다. 장로는 이 편지에 기록한 것 외에도 쓸 말이 많았다. "내가 네
게 쓸 것이 많다"(13a절). 하지만 그는 그 외의 내용을 문필구로 기록하고 싶
지 않았다. "그러나 나는 먹과 붓으로 네게 쓰기를 원하지 않는다"(13b절).
장로는 글이 아니라 말로, 편지가 아니라 방문으로 자신의 의사를 제시하
고 싶었다.

그러므로 장로는 이렇게 말한다. "나는 속히 너를 보기를 소원한다"(14a
절). 장로가 가이오에게 제시하고 싶은 것은 종이가 아니라 얼굴이었다. 장
로는 또 이렇게 말한다. "우리가 입과 입으로 말하게 될 것이다"(14b절). 장
로가 가이오에게 요구하는 것은 눈이 아니라 입이었다. 장로가 가이오의

교회를 방문하려는 까닭은 가이오에게 가장 큰 확신을 제공하기 위함이었다. 만일 장로가 방문한다면 가이오는 선교를 지원하는 타당성에 관하여 어떤 방식으로 확신을 얻는 것보다 더 큰 확신을 얻게 될 것이다.

장로는 편지 끝에서 가이오에게 평강을 기원한다. "평강이 네게 있을지어다"(15a절). 장로는 이런 갈등의 상황에서 가이오에게 필요한 것은 흔들림 없이 길을 가게 만드는 평강이라는 것을 알고 있었다. 그러므로 비록 이 말이 당시에 평상적으로 사용되던 인사말이라 할지라도 글을 쓰는 장로에게나, 글을 읽는 가이오에게 특별하게 여겨졌을 것이 틀림없다. 장로는 편지를 종결하면서 장로의 교우들이 가이오에게 문안하는 것과 가이오를 통하여 가이오의 교우들에게 문안하는 것을 잊지 않는다. "친구들이 네게 문안한다. 너는 친구들에게 이름을 들어 문안하라"(15b절). 장로는 이렇게 자상한 사람이었다.

I

1장

1. C. H. Dodd. *The Johannine Epistles*, The Moffatt New Testament Commentary (London: Hodder And Stoughton, [1946] 1966:xxii).

2. Edwards로부터 인용. Ruth Edwards, *The Johannine Epistles* (Sheffield: Sheffield Academic Press, 1996), p. 36; A. E. Brooke, *A Critical and Exegetical Commentary on the Johannine Epistles* (Edinburgh: T & T Clark, 1912:xxxii).

3. 야고보서도 다소 구조의 짜임새가 느슨한 서신으로 알려져 있다. 그래서 이 서신이 일종의 설교 모음집이 아닌가 하는 평가를 하는 학자들도 있다. 그러나 야고보서의 주제들은 요한 일서의 주제들만큼 반복적으로 나타나지 않는다.

4. 그것은 요한이 문학적 능력과 커뮤니케이션 방법을 지속적으로 계발하여 왔을 것임을 전제 하는 것이다.

5. 대표적인 인물로는 Bultmann과 O'Neill이 있다. Rudolf Bultmann, *The Johannine Epistles* (Philadelphia: Fortress Press, [1973] 1986)과 J. C. O'Neill, *The Puzzle of 1 John: A New Examination of Origins* (London: SPCK, 1966)을 보라. Bultmann은 1:5~2:27을 본래의 본문으로 보았고 그외의 것은 덧붙여진 것으로 간주했다(1986:2~3).

6. 요한일서가 여러 사람의 작품이라거나 요한이 쓴 것을 다른 이가 덧붙인 것으로 볼 수 없는 가장 분명한 근거는 서신서 전반에 걸쳐서 치밀하게 나타나는 병행법(parallelisms) 때문이 다. 한 사람의 독특한 작품으로밖에는 볼 수 없는 이유가 여기에 있다. 이와 관련해서는 본 인의 글, "요한일서의 병행법", 「신약신학 저널」(2001(1)), pp. 7~25을 보라.

7. 그 어떤 글에도 나름대로의 논리적, 문학적 틀이 존재하지 않는 것은 없다. George H. Guthrie, Cohesion Shifts and Stitiches in Philippians, in Porter & Carson(eds), *Discourse Analysis and Other Topics in Biblical Greek* (Sheffield Academic Press, 1995), p. 36~59을 참조하라.

8. 각주 6을 참조하라.

9. 요한일서의 나선형 주제 배열 특성에 주목한 학자들은 Du Rand(1981), Malatesta(1973), Segovia(1982), Stott(1960), Osborne(1991) 등이다.

10. 앞서 인용한 본인의 글, "요한일서의 병행법" 16쪽을 보라.

11. 앞의 글의 해당 부분을 참조하라.

12. 요한일서가 서신(고대 서신)인가 하는 데도 논란이 있다. Hartin과 Francis는 요한일서가 어떤 점에서 서신의 특성(특히 서언과 결어에서)이 있는지를 적절히 밝혀 주고 있다. P. J. Hartin, "Criteria for Koinonia with God," in Robert & Vorster & van der Watt,

Teologie in Konteks (Pretoria: University of Pretoria, 1991), pp. 515~532; F. O. Francis, "The Form and Function of the Opening and Closing Paragraphs of James and 1 John," *Zeitschrift für die Neutestamentliche Wissenschaft* (1970(61)), pp. 110~126. Brown도 5:13~21을 요한일서의 결어로 인정하는 데 동의한다. R. E. Brown, *The Epistles of John* (New York: The Anchor Bible, 1982) pp. 124~125.

13. 고전 수사학의 형식(species)에는 judicial, deliberative, epideictic이 있었다. Judicial은 주로 법정에서 사용하는 형식(그가 옳았는가 잘못했는가?)이고, deliberative는 의회 등에서 정치적인 논쟁을 할 때(어떻게 하는 것이 더 나은가?) 쓰는 형식이며, epideictic은 어떤 집회에서 특정인이나 사건을 기념할 때(칭송하거나 책망할 때) 쓰는 수사 형식이다. 요한일서는 문체(literary style)로 볼 때는 epideictic이면서, 전체적인 틀(형태)과 관련해서 볼 때는 deliberative라 할 수 있다. 이 부분에 대한 교과서적인 책은 George A. Kennedy, *New Testament Interpretation through Rhetorical Criticism* (University of North Carolina Press, 1984)이다.

14. 형식의 틀과 관련해서 B. L. Mack, *Rhetoric and the New Testament* (Minneapolis: Fortress Press, 1990), pp. 41~48을 보라.

15. 이와 유사한 구절들은 2:25, 3:23, 5:3, 5:4, 5:9, 5:11, 5:14 등이다. 이 가운데 '에스틴 하 우테 헤 앙젤리아' (이것이 소식이다)라는 문장은 1:5와 3:11밖에 없다.

16. 대적자는 요한일서에서 요한 그룹과 반대되는 그룹이다. 요한은 이들은 '적그리스도' (2:18, 22; 4:3)라고까지 부르는데 그들은 요한 교회에서 떨어져 나간 그룹이었다(2:19).

17. 세 가지 주제 모두에서 대적자들은 '거짓말하는 자'로 불린다는 점에 주목하라.

18. 설혹 요한 교회에서 분리해 나간 '대적자'들이 신앙의 문제만 가지고 있었다 하더라도, 요한이 윤리와 사랑의 주제에서 그릇된 이들을 그들 대적자들과 동일시하고 있는 점만은 분명하다.

19. 형제 사랑이라는 주제는 개 교회 내의 형제와 형제 사이의 관계에만 해당되는 것이 아닐 것이다. 확대하면 교회와 교회, 교단과 교단의 사랑과 섬김으로 나타날 수 있다. 물론 이웃 사랑으로도 적용할 수 있음은 상식이다(요한이 이웃 사랑을 그다지 강조하지 않은 이유는 대적자들의 그릇된 영향력을 차단하고 요한 교회의 성도들을 바르게 세우기 위한 긴급한 목적을 가지고 이 서신을 썼기 때문인 것으로 보인다).

20. 여기서는 지면 때문에 두 가지만 거론하겠다. 그 외에도 분파(sect)와 '세상'과 관련된 이슈, 저자에 대한 문제, 대적자 관련 이슈 등 여러 가지가 더 있다.

21. V. K. Inman, "Distinctive Johannine Vocabulary and the Interpretation of 1 John 3:9," *Westminster Theological Journal* (1977(40)), pp. 136~144와 앞서 거론된 R. Edwards의 *The Johannine Epistles*, p. 16을 참조하라.

22. '사귐'에 우선순위를 두는 대표적인 학자는 Bultmann(1973), Malatesta(1973), Perkins(1980) 등이고 '영생'에 비중을 더 두는 학자는 Calvin(1551), Westcott(1902), Dodd(1946), Stott(1960), Brown(1982) 등이 있다.

23. 여기서 두 가지를 기억해야 하는데, 첫째, 앞서 '윤리'의 주제에서 첫 단락(A1)과 마지막 단락(A3)이 각각 '사귐'이라는 주제로 시작과 마무리를 하고 있음을 기억하라. 또 '신앙' 이라는 주제는 첫 단락(C1)과 마지막 단락(C4)이 모두 '영생'이라는 단어로 연계되어 있

음을 역시 기억하자. 두 번째로 요한일서는 각 단락을 서로 이어 주는 경첩 구절 또는 연결 어구를 가지고 있다는 점도 기억할 필요가 있다. '사귐'이 1:1~4과 1:5~2:2을, '영생'이 5:4~12과 5:13~21을 이어 주는 연결 어구가 된다.

24. 요한일서의 세 주제(윤리, 사랑, 신앙)가 서로 분리되지 않는다는 점이 저자에 의해 강조됨을 기억하자.

2장

1. Irenaeus, *Adv. Haer.* III,1,1.를 참조하라.
2. Irenaeus, idem. I,26,1.
3. Hippolytus, *Refutatio omnium Haeresium* VII, 33.
4. Epiphanius, Panarion cata haereseoon XXVIII,1,2~7.
5. M. Zerwick, *Biblical Greek* (Rome, 1963), p. 251; S. Greijdanus, "De brieven van de apostelen Petrus en Johannes," *en de brief van Judas* (Amsterdam, 1929), p. 466f을 참조하라.
6. R. Schnackenburg, *Die Johannesbriefe*, 6. Aufl., (Freiburg, 1979), p. 295.
7. Eusebius, *Hist. Eccl.* III, 39, 3~4; Hieronymus, *De vir. ill.*, 18.
8. S. Greijdanus, *Bizondere Canoniek*, II, (Kampen, 1949), p. 348f를 참조하라.
9. 그 외 요한이서 본문 안에서의 논증에 대해서는 Greijdanus, *Biz. Can.*, II, p. 350f.를 보라.
10. S. Greijdanus, *De brieven etc.*, p. 569.
11. I. H. Marshall, *The Epistles of John*, Grand Rapids, 1978, p.70 n. 6.을 참조하라.
12. Zerwick, *Biblical Greek*, p. 241.
13. Zerwick, idem, p. 371.
14. 자세한 설명을 보기 위해서는 조병수, 「신약신학 열두 논문」(합동신학교 출판부, 1999), pp. 191~220; M. de Jonge, *De brieven van Johannes* (Nijkerk, 1968), pp. 264~267; E. Haenchen, "Neuere Literatur zu den Johannesbriefen," *Theology Rundschau*, N.F. 26(1960), pp. 267~291을 참조하라.
15. Adolf von Harnack, "Ueber den Dritten Johannesbrief," *Texte und Untersuchungen* XV/3b, Leipzig, 1897, pp. 1~27.
16. Walter Bauer, *Rechtgläubigkeit und Ketzerei im ältesten Christentum*, 2. Aufl., Tübingen, 1964, pp. 97~98.
17. Ernst Käsemann, "Ketzer und Zeuge: Zum johanneischen Verfasser-problem," *Zeitschrift für Theologie und Kirche* 48(1951), pp. 292~311.
18. Schnackenburg, *Die Johannesbriefe*, p.299f를 참조하라.
19. Jens W. Taeger, "Der konservative Rebell: Zum Widerstand des Diotrephes gegen den Presbyter," *ZNW* 78(1987), pp. 267~287.

4장

1. 요한문서들의 관계성에 관하여 다음을 참고하라. R. A. Culpepper, *An Introduction to the Johannine Writings*, in B. Lindars, et al. (eds.), *The Johannine Literature: With an Introduction* by R. Alan Culpepper (Sheffield: Sheffield Academic Press, 2000), pp. 9~27; G. R. Beasley-Murray, "The Relation of the Fourth Gospel to the Apocalypse," *EQ* 18 (1956), pp.173~186; E. Fiorenza Schüssler, "The Quest for the Johannine School: The Apocalypse and the Fourth Gospel," *NTS* 23 (1977), pp. 402~427; S.S. Smalley, "John"s Revelation and John's Community," *BJRL* 69 (1987), pp. 549~571.

2. 예수께서 사랑하시던 제자가 누구인지에 대해서 16명 이상의 후보자가 거론되어졌으나 논의의 거의 대부분은 신빙성이 없다. 이 문제에 관해서는 James H. Charlesworth, *The Beloved Disciple: Whose Witness Validates the Gospel of John?* (Valley Forge, PA: Trinity Press International, 1995), pp. 127~224를 참고하라.

3. Culpepper, *Johannine Writings*, pp. 13~14를 보라.

4. F. L. Cross, et al. (eds.), *The Oxford Dictionary of the Christian Church* (Oxford: Oxford University Press, 3rd edn, 1997), p. 649; Eusebius, *Ecclesiastical History*, II, 25:6을 보라.

5. *Ecclesiastical History*, VII, 25:2; III, 24:17; III, 25:2~3을 보라.

6. *Letters* 53.8 (J. Migne, Patrologia latina 22.548); R. E. Brown, "The Epistles of John," *AB*, 30 (Garden City, NY: Doubleday, 1982), pp. 14~35를 보라.

7. G. Bornkamm, *TDNT*, VI, pp. 651~683, 특히 pp. 670~671을 보라.

8. R. B. Edwards, *The Johannine Epistles* (Sheffield Academic Press, 1996), pp. 47~56 (김병국 역, 「요한서신」(신약성경가이드 19, 이레서원)을 보라.

9. 요한 문서들이 기록된 장소로는 소 아시아의 에베소에서 요한복음과 요한서신들이 기록되었을 가능성이 가장 유력하고, 요한계시록은 요한의 유배지인 밧모 섬에서 기록되었다는 것이 전통적인 견해다(계 1:9). 유세비우스의 글에 의하면 복음서의 저자인 요한이 밧모 섬의 유배에서 돌아와 아시아에 머물면서 그 지역 교회들을 돌아보았다는 기록이 있다.

10. 요한 공동체를 위하여 다음을 참고하라. R. E. Brown, *The Community of the Beloved Disciple: The Life, Loves, and Hates of an Individual Church in New Testament Times* (New York: Paulist Press, 1979); J. L. Martyn, *History and Theology in the Fourth Gospel* (Nashville, TN: Abingdon, 2nd edn, 1979).

11. R. Bauckham (ed.), *The Gospels for All Christians: Rethinking the Gospel Audiences* (Grand Rapids, MI/Cambridge: Eerdmans, 1998)을 보라.

12. R. Schnackenburg, *The Johannine Epistles: A Commentary* (trans. R. & I. Fuller; Tunbridge Wells: Burns & Oates, 1992), pp. 34~39; Ralph P. Martin, *New Testament Foundations: A Guide for Christian Students*, II (2 vols.; Grand Rapids, MI: Eerdmans; Carlisle: Paternoster, rev edn, 1986), p. 366을 보라.

13. R. Bauckham, *The Theology of the Book of Revelation* (New Testament Theology; Cambridge: Cambridge University Press, 1993), pp. 1~22 (이필찬 역, 「요한계시록 신학」, 한들출판사)을 보라.

14. J. G. van der Watt, *Ethics in First John: A Literary and Socioscientific Perspective*, *CBQ* 61 (1999), pp. 491~511 (조석민역, "문학과 사회과학적 관점에서 본 요한일서의 윤리", 「그말씀」 2001. 7)을 보라.
15. 이 부분의 비교를 위하여 한의신, 「요한 일 · 이 · 삼서」, pp. 30~32 의 도표를 참조하라.
16. 이 숫자들은 헬라어 신약성경, E. Nestle et al. (eds.), *Novum Testamentum Graece* (Stuttgart: Deutsche Bibelgesellschaft, 27th edn, 1993) 을 기준으로 한 것이다.
17. 조병수, "선교교회와 지역교회의 갈등: 요한삼서 연구", 「신학정론」 15. 2 (1997), pp. 454~488 (p. 456); 한의신, 「성서주석: 요한일 · 이 · 삼서」 (서울: 대한기독교서회, 1993), p. 426을 보라. 바로 이런 점에서 계시록에 나타난 일곱 교회의 서신들을 비교해 보는 것이 필요할 것이다.
18. D. E. Aune, *The New Testament in Its Literary Environment* (Library of Early Christianity; Philadelphia: Westminster Press, 1987), pp. 158~225을 보라.

6장

1. H. N. Ridderbos, *De Strekking der bergrede naar Mattues* (Kampen: kok, 1936), pp. 97~100; Idem, *Het evangelie naar Johannes*, II (Kampen: kok, 1992), pp. 169~170.
2. H. N. Ridderbos, *Mattues*, KV I (Kampen: kok, 1952), p. 95.
3. H. N. Ridderbos, *De Strekking der bergrede naar Mattues*, pp. 110~117; Idem, *De Komst van het koninkrijk* (Kampen: kok, 1950), pp. 221~223; 「하나님나라」, 오광만 역 (서울: 도서출판 엠마오, 1988); 「하나님 나라의 도래」, 김형주 역 (서울: 생명의말씀사, 1988).

8장

1. 특별한 언급이 없는 경우 성경 번역은 본 저자의 사역이다.
2. 비슷한 내용이 2:1에도 기록되어 있다. 나의 자녀들아 내가 너희에게 이것을 씀은 너희로 죄를 범하지 않게 하려함이라. 만일 누가 죄를 범하여도 아버지 앞에서 우리에게 대언자가 있으니 곧 의로우신 예수 그리스도시라(개역개정 성경). 하나님의 자녀도 죄를 범할 수 있음을 이 구절은 보여 주고 있다.
3. 여러 가지 의견을 아주 간결하게 소개한 것을 보려면 Daniel L. Akin, *1, 2, 3 John* (Nashville: Broadman & Holman, 2001), 143을 보라.
4. 이러한 주장은 마샬(I. Howard Marshall)에 따르면 웨슬리(John Wesley)에게까지 거슬러 올라간다. 자세한 것 위해서는 I. Howard, Marshall, *The Epistles of John* (Grand Rapids: Eerdmans, 1978), 178~179를 보라.
5. 앞의 책, 179.
6. Robert Smith Candlish, *Commentary on 1 John* (Grand Rapids: Kregel, 1979, 1984), 217.
7. Stephen S. Smalley, *1, 2, 3 John* (Waco: Word Books, 1984), 162~164.

8. 이와 유사하지만 스와들링(Harry C. Swadling)은 조금 다른 의견을 펼친다. 그에 따르면 3:6, 9의 내용은 그 당시 영지주의 이단자들의 구호였으며 정통주의자였던 저자의 의도는 그것을 반박하기 위한 것이었다고 주장한다. 자세한 것을 위해서는 그의 논문, "Sin and Sinlessness in 1 John," *Scottish Journal of Theology 35* (1982), 205~211을 보라.

9. Rudolf Schnackenburg, *The Johannine Epistles* (trans. by Reginald and Ilse Fuller; New York: Crossroad, 1992), 258~259.

10. Smalley, 앞의 책(1984), 164.

11. Marshall, 앞의 책(1978), 182.

12. Rudolf Karl Bultmann, *The Johannine Epistles: A Commentary on the Johannine Epistles* (trans. by R. Philip O'Hara, Lane C. McGaughy & Robert W. Funk; Philadelphia: Fortress, 1973), 51.

13. John Painter, *1, 2, and 3 John* (Collegeville: The Liturgical Press, 2002), 227.

14. Colin G. Kruse는 요한일서 3:6과 3:9에서 현재시제가 진행 중인 행동(ongoing action)을 가리킨다고 주장한다. Colin G. Kruse, *The Letters of John* (Leicester: Apollos, 2000), 120, 124를 보라. 또한 Akin, 앞의 책 (2001), 143~144를 보라.

15. 스토트(John R.W. Stott) 또한 이러한 해석을 받아들이고 있다. 그의 책 *The Letters of John* (Grand Rapids: Eerdmans, 1990), 127, 130을 보라.

16. Brooke Foss Westcott, *The Epistles of St. John* (Grand Rapids: Eerdmans, 1885, 1892, 1966), 107.

17. 70인경의 시제의 용법이 신약의 시제의 용법을 이해하는 데 직접적인 도움을 주지 않을지 모르지만, 적어도 한 단면을 이해하는 데 도움을 주는 것을 부인할 수는 없다. 왜냐하면, 70인경 헬라어가 신약성경 헬라어에 지대한 영향을 미쳤다는 것은 주지의 사실이기 때문이다. 구약의 영향을 잘 보여주는 인용과 관련하여, 요한복음의 인용을 연구한 후에 Maarten J.J. Menken은 요한복음의 저자 요한의 구약성경은 70인경이었다고 결론을 짓는다[*Old Testament Quotations in the Fourth Gospel: Studies in Textual Form* (Kampen: Pharos, 1996), 205]. 누가복음, 특별히 1, 2장에 미친 70인경의 영향에 대한 연구를 위해서는 Chang Wook Jung, *The Original Language of the Lukan Infancy Narrative.* JSNTS 267 (London/New York: T. & T Clark International, 2004)를 보라.

18. 베드로전서 1:23에서 이 분사형은 '지속적으로 머물러 있는' (말씀)을 의미하여 지속성을 나타내 준다.

19. BDAG (2000), 631.

20. 무라오까(Takamitsu Muraoka)교수는 자신의 70인경 헬라어-영어 사전에서 이 단어를 설명하면서 '기다리다' 라는 의미를 제시한다. 그는 이 의미를 위한 예문으로 이사야 5:2를 제시하는 반면에 보다 분명한 예문인 이사야 59:9는 포함시키지 않고 있다. 자세한 것을 위해서는, Takamitsu Muraoka, *A Greek-English Lexicon of the Septuagint: Chiefly of the Pentateuch and the Twelve Prophets* (Louvain/Paris/Dudley, MA; Peeters, 2002), 362를 보라.

21. 이사야 5:11과 쥬딧 15:2에서 이 동사는 '기다리다' 라는 의미를 전달해 준다.

22. Marshall, 앞의 책(1978), 180; Smalley, 앞의 책(1984), 159~160.

23. Daniel B. Wallace, *Greek Grammar: Beyond the Basics* (Grand Rapids: Zondervan, 1996), 524~525.

24. 월리스는 '3:6, 9는 예지적으로(proleptically) 해석되어야만 한다' 고 결론 내린다. 곧 '이미' 와 '아직' 형태의 논증이 이 구절들의 해석에 적용되어야 하며, 이 부분의 보다 넓은 문맥이 종말을 다루고 있는 까닭에 이 부분은 '종말론적 희망의 맥락 안에서' 해석되어야만 한다는 것이다. 따라서 죄를 짓지 않고 지을 수 없는 온전한 상태는 이 세상이 아니라 하늘나라에서 이루어질 소망인 것이다. 앞의 책, 525를 보라.

25. οὕτως δὲ ἁμαρτάνοντες εἰς τοὺς ἀδελφοὺς καὶ τύπτοντες αὐτῶν τὴν συνείδησιν ἀσθενοῦσαν εἰς Χριστὸν ἁμαρτάνετε(고전 8:12). 이와 같이 너희가 형제에게 죄를 지어 그 연약한 양심을 상하게 하는 것이 곧 그리스도에게 죄를 짓는 것이니라 (개역개정 성경). 이 부분은 우상에게 바친 제물을 먹는 문제와 관련된 교훈으로 믿음이 연약한 형제를 배려하지 않고 마음대로 우상에게 바친 제물을 먹음으로 형제를 실족케 하는 그 죄에 대해 말하고 있다. 여기서 어쩌면 형제에게 지속적으로 죄를 짓고 있는 모습을 그릴 수도 있지만, 범죄를 일반화하여 묘사한 것으로 보는 것이 더 타당하게 여겨진다. ποῖον γὰρ κλέος εἰ ἁμαρτάνοντες καὶ κολαφιζόμενοι ὑπομενεῖτε;(벧전 2:20). 죄를 지어 매를 맞고 참으면 무슨 칭찬이 있단 말인가? 이 구절에서 역시 이 동사의 현재분사는 일반적인 범죄에 대해 언급하고 있다.

26. Τοὺς ἁμαρτάνοντας ἐνώπιον πάντων ἔλεφχε, ἵνα καὶ οἱ λοιποὶ φόβον ἔχωσιν(딤전 5:20). As for those who persist in sin, rebuke them in the presence of all, so that the rest also may stand in fear (RSV, NRSV).

  Ἑκουσίως γὰρ ἁμαρτανόντων ἡμῶν μετὰ τὸ λαβεῖν τὴν ἐπίγνωσιν τῆς ἀληθείας, οὐκέτι περὶ ἁμαρτιῶν ἀπολείπεται θυσία(히 10:26). If we deliberately keep on sinning after we have received the knowledge of the truth, no sacrifice for sins is left (NIV). (N)RSV는 디모데 전서의 현재분사를 'persist in sin'으로 번역하고 있고, NIV는 히브리서의 현재분사를 ' deliberately keep on sinning'으로 번역한다.

27. 지각동사와 함께 사용되는 보충하는 분사 용법이 BDF. 416에 설명되어 있다.

28. 이 동사와 함께 쓰인 분사구문이 사용된 구절들은 BDF의 독일어판인 BDR. 416에 일목요연하게 제시되어 있다.

29. Maximilian Zerwick S.J, Biblical Greek (trans. by Joseph Smith S.J.; Rome: Scripta Pontificii Instituti Biblici, 163), 269. 또한 John Nolland, Luke 9:21~18:34 (Dallas: Word Books, 1993), 563을 보라.

30. BDF. 340, 342.

31. Stanley E. Porter, Verbal Aspect in the Greek of the New Testament, with Reference to Tense and Mood (New York: Peter Lang, 1989, 1993), 258.

32. '그의 씨' 는 요한문헌 중에서 오로지 여기서만 사용되고 있으며, 이것이 무엇을 가리키는가에 대해서 여러 가지 의견이 제시되었다. 자세한 논의를 위해서는 Akin, 앞의 책(2001), 148~149와 Kruse, 앞의 책(2000), 124~125를 보라.

33. 현재완료가 단순과거처럼 사용되어서 결국은 둘 사이에 별 차이가 없다는 주장이 제기되어왔다. 이 주장에 대한 자세한 소개와 반론을 위해서는 Porter, 앞의 책(1993), 271~273

을 보라.

34. 몇 개의 믿을 만한 사본들은 요한일서 5:18의 *τηρεῖ αὐτόν*에서 *αὐτόν* 대신에 재귀 대명사인 *ἑαυτόν*을 포함하고 있다. 이럴 경우에 *ὁ γεννηθεὶς ἐκ τοῦ θεοῦ*는 예수 그리스도를 가리키지 않고 '믿는 자'를 가리키며, 이 부분은 '하나님으로부터 낳음을 받은 자는 자신을 지킨다' 는 의미로 해석되어야 한다. 이러한 해석은 KJV과 NKJV이 그대로 반영하고 있다. 브룩(Alan England Brooke)은 이 주장을 소개하면서 그 문제점을 지적한다[*The Johannine Epistles* (Edinburgh: T&T Clark, 1912, 1980), 148~149]. 쉬낙켄부르크(Rudolf Schnackenburg)는 조금 다른 의견을 이와 비슷하지만 독특한 주장을 펼치는데, 그는 이 구절에 미친 셈족어의 영향을 언급하면서 이 구절이 다음과 같이 번역되어야 한다고 주장한다. 'Those who are born of God, them he [God] protects, so that the evil one cannot harm.' 그의 주장은 흥미롭기는 하지만 문법적인 근거가 확고하지 못하다. 자세한 것은 그의 책 The Johannine Epistles (trans. by Reginald and Ilse Fuller; New York: Crossroad, 1992), 253을 보라.

대다수 학자들은 *ὁ γεννηθεὶς ἐκ τοῦ θεοῦ*가 예수 그리스도를 지칭한다고 생각한다. Marshall, 앞의 책(1978), 252; Brooke, 앞의 책(1980), 149; Painter, 앞의 책(2002), 320~324; Hans-Josef Klauck, Der Erste Johannesbrief (Zuerich: Benziger Verlag, 1991), 336~337; Thomas Floyd Johnson, 1, 2, and 3 John (Peabody: Hendrickson, 1993), 138; George Gillanders Findlay, Studies in John's Epistles (Grand Rapids: Kregel, 1989), 436~437. 특별히 하스 등(C. Haas, Marinus de Jonge and J.L. Swellengrebel)은 분명하게 단순과거 시제가 과거의 특정한 사건, 구체적으로 예수 그리스도의 탄생을 가리킨다고 언급한다(A Translator's Handbook on the Letters of John [London: UBS, 1972], 110).

35. D. Edmond Hiebert, *The Epistles of John* (Greenville: Bob Jones University Press, 1991), 265. 또한 Westcott, 앞의 책(1966), 194를 보라.

36. 5:1에서도 이 동사의 완료분사가 사용되어 '그(하나님)으로부터 낳음을 받아 그 결과를 지속하는 자' 라는 의미를 나타내 준다.

37. 가정법 단순과거 수동태가 요한복음 3:3과 3:5, 그리고 9:2에 나타나고 있으며 3:7에는 단순과거 부정사가 사용된다. 신약에서는 가정법이나 부정사의 현재완료가 사용되지 않음으로 이 구절들에서의 용례는 본 연구와 관련해서 특별한 의미를 제시해 주지 않는다.

38. D.A. Carson, *The Gospel According to John* (Grand Rapids: Eerdmans, 1991), 352.

39. Hiebert, 앞의 책(1991), 265~266.

40. '보다' 와 '알다' 를 위한 헬라어 동사들도 완료형을 취하고 있으며 이 시제는 문맥에 잘 어울린다. 단순히 과거에 보았거나 알았던 것이 아니라, 현재 지금까지 그 영향과 결과를 지니고 있는 것을 표현하고 있다. 곧 반복적으로 죄를 짓는 자는 하나님을 보고 알게 된 그 동작의 현재 결과와 영향을 가지고 있지 않다는 의미를 전달해 준다.

참고문헌

Akin, Daniel L. *1, 2, 3 John*. Nashville: Broadman & Holman, 2001.

Bauer, Walter. *A Greek-English Lexicon of the New Testament and Other Christian*

Literature. ed. and rev. by F.W. Danker, W.F. Arndt and F.W. Gingrich; Chicago: University of Chicago Press, 2000.

Blass, Friedrich and Albert Debrunner. *Grammatik des Neutestamentlichen Griechisch.* ed. by Friedrich Rehkopf; Goettingen: Vanderhoeck & Ruprecht, 17th edn., 1990.

Blass, Friedrich and Albert Debrunner. *A Greek Grammar of the New Testament.* trans. and ed. by Robert W. Funk; Chicago: University of Chicago Press, 1961.

Brooke, Alan England. *The Johannine Epistles.* Edinburgh: T & T Clark, 1912, 1980.

Bultmann, Rudolf Karl. *The Johannine Epistles: A Commentary on the Johannine Epistles.* trans. by R.P. O'Hara, L.C. McGaughy & R. Funk; Philadelphia: Fortress, 1973.

Candlish, Robert Smith. *Commentary on 1 John.* Grand Rapids: Kregel, 1979, 1984.

Carson, D.A. *The Gospel According to John.* Grand Rapids: Eerdmans, 1991.

Findlay, George Gillanders. *Studies in John's Epistles.* Kregel: Grand Rapids, 1989.

Haas, C., Marinus de Jonge & J.L. Swellengrebel. *A Translator's Handbook on the Letters of John.* London: UBS, 1972.

Hiebert, D. Edmond. *The Epistles of John.* Greenville: Bob Jones University Press, 1991.

Johnson, Thomas Floyd. *1, 2, and 3 John.* Peabody: Hendrickson, 1993.

Jung, Chang Wook. *The Original Language of the Lukan Infancy Narrative.* JSNTS 267. London/New York: T & T Clark International, 2004.

Klauck, Hans-Josef. *Der Erste Johannesbrief.* Zuerich: Benziger Verlag, 1991.

Kruse, Colin G. *The Letters of John.* Leicester: Apollos/Grand Rapids: Eerdmans, 2000.

Marshall, I. Howard. *The Epistles of John.* Grand Rapids: Eerdmans, 1978.

Menken, Maarten J.J. *Old Testament Quotations in the Fourth Gospel: Studies in Textual Form.* Kampen: Pharos, 1996.

Muraoka, Takamitsu. *A Greek-English Lexicon of the Septuagint: Chiefly of the Pentateuch and the Twelve Prophets.* Louvain/Paris/Dudley, MA; Peeters, 2002.

Nolland, John. *Luke 9:21~18:34.* Dallas: Word Books, 1993.

Painter, John. *1, 2, and 3 John.* Collegeville: The Liturgical Press, 2002.

Porter, Stanley E. *Verbal Aspect in the Greek of the New Testament with Reference to Tense and Mood.* New York: Peter Lang, 1989, 1993.

Schnackenburg, Rudolf. *The Johannine Epistles.* trans. by Reginald and Ilse Fuller; New York: Crossroad, 1992.

Smalley, Stephen S. *1, 2, 3 John.* Waco: Word Books, 1984.

Stott, John R.W. *The Letters of John: An Introduction and Commentary.* Grand Rapids: Eerdmans, 1990.

Swadling, Harry C. 'Sin and Sinlessness in 1 John.' *Scottish Journal of Theology 35*(1982), 205~211.

Wallace, Daniel B. *Greek Grammar: Beyond the Basics.* Grand Rapids: Zondervan, 1996.

Westcott, Brooke Foss. *The Epistles of St. John.* Grand Rapids: Eerdmans, 1885, 1892, 1966.

Zerwick, S.J. Maximilian. *Biblical Greek.* trans. by Joseph Smith S.J.; Rome: Scripta Pontificii

Instituti Biblici, 1963.

9장

1. 우리말 번역은 「요한 공동체의 역사와 신학: 사랑받는 제자 공동체」, 최흥진 옮김(서울: 성광문화사, 1994).
2. 김득중, 「요한의 신학」(서울: 컨콜디아사, 1994), 168.
3. 김득중, 「요한의 신학」, 169.

10장

1. 그리하여서 우리는 '하나님의 자녀' (3:1, 2, 10; 5:2)가 된다. 요한의 저작에는 인간을 '하나님의 아들' 이라고 부르는 경우가 없다. 이 점에서 '하나님의 아들' 은 확실히 성자에게만 해당되는 고유한 의미를 지닌다.
2. 특이하게도 '주' 라는 칭호는 본서에서 한 번도 나타나지 않는다. 개역에는 몇 번 나오지만 (2:27~28; 3:3, 24), 한국어의 특성상 이 호칭을 가미하여서 번역하였을뿐 원문에는 나오지 않는다. 그리고 2:20에 나오는 '거룩한 자' 는 성령님을 지칭한다.
3. 로마서 3:25의 화목 제물은 본문의 화목 제물과 동일한 헬라어가 아니다.
4. '안에 있다' 나 영광의 그리스도를 '볼 것이다' 와 같은 표현들에서 본서가 영지주의의 영향을 받은 신비주의라는 비판은 서양신학의 한계를 노출시킨다. contra W. Bousset, *Kyrios Christos*, p. 164; A. Schweitzer, *Die Mystik des Apostels Paulus*, 340ff. Bousset는 '하나님을 봄을 통한 신격화' 에서 영지주의를 본다. 아쉽게도 이들은 본서에 나오는 종말론적 요소를 거의 무시한다.
5. Irenaeus, *Contra Haereses*, Ⅲ, 11,1, in *Patrologia cursus completus*, *Series Graeca* 7, accurante J. – P. Migne, pp. 879C~880A.
6. Irenaeus, idem, I,26,1, 686A~B.
7. Ignatius, *Ad Trallianos* 9, in *Patrologia cursus completus*, *Series Graeca* 5, accurante J.~P. Migne, p. 789A; Ignatius, *Ad Smyrnaeos* 2, in idem, p. 841B. 폴리갑은 요한일서 4:3을 그대로 인용한다, Polycarpus, *Ad Philippenses* 7, in idem, p. 1012B.

II

1장

1. 본서의 배경연구 1장, 김상훈, "요한일서의 구조 이해와 그 활용"을 참조하라.
2. 요한복음 1:1~18이 요한복음의 서론으로 요한일서 1:1~4과 비교된다. 요한일서는 요한복음의 내용과의 연속성 가운데 독자들에게 분명한 메시지를 전하려는 의도가 특별하다. 그렇지만 저자는 의도를 가지고 용어의 사용에 조금씩 차이를 두었다. 예를 들어, 요한복음의 '태초에'(엔 아르케)를 서신에서는 '태초부터'(아프 아르케스)로 변화를 두고, 또 로고스(말씀)이신 분이 '생명의 로고스' 또는 '생명', '영원한 생명'으로 소개된다. 요한복음에서 '생명'은 로고스 안에 있었다. 한편 요한일서에서는 저자인 제자 요한이 증인의 중심에 있다면 요한복음에서는 세례 요한으로 제시된 점 등이 다르다 할 수 있다. 이와 관련해서는 R. E. Brown의 *The Eipstles of John* (New York: The Anchor Bible), 1982, pp. 176~187과 S. S. Smalley의 *1, 2, 3 John* (Waco, Texas: Word Books), 1984, pp. 4~7, 9~10을 참조하라.
3. Dodd와 Houlden, 그리고 Smalley 등 요한 신학자들은 1:1~4 부분을 다소 거친 부분으로 이해했다. 그것은 이 부분의 아름다운 병행 구조를 간과했기 때문이다. 구조 배열에 가장 관심을 기울였던 Malatesta도 이 부분을 제대로 보지 못했다. E. Malatesta, *The Epistles of St John: Greek Text and English Translation Schematically Arranged* (Rome: Biblical Institute Press, 1973), pp. 6~7.
4. 요한일서 1:1을 원문의 관계사를 살려 번역하면 다음과 같다. "태초에 있던 분(것) 우리가 들은 분(것), 우리의 눈으로 본 분(것), 눈으로 보고 우리의 손으로 만진 분(것), 생명의 말씀에 대해서." 여기서 '분(것)'이라고 번역한 '호'는 관계대명사 중성으로 처음 것은 주격으로, 뒤의 세 개는 목적격으로 쓰였다. '말씀'(로고스)이 남성이고 요한일서 1:2의 '생명'(조에)이 여성이므로 관계사를 중성으로 사용해서 '말씀'과 '생명'을 그 안에 포함시키려는 의도로 보인다(예수 그리스도의 인격만 가리키는 것이 아니라, 그분에 대한 소식이나 그분의 말씀을 포함하려는 의도도 있을 수 있겠다). 그래서 요한일서 1:2의 뒷 부분에도 '생명의 말씀을'(목적격 사용)이라고 하지 않고, '생명의 말씀에 대해서(전치사 페리 사용)'라고 썼을 것이다.
5. 1:1에서 감각 동사 '아쿠오', '호라오'는 완료로, '테아오마이', '프셀라파오'는 부정과거로 각각 쓰였다. 그러나 여기서는 시제간 차이는 의미의 차이보다는 스타일 변화에 역점을 둔 것으로 보는 것이 좋겠다. J. P. Louw, "Verbal Aspect in the First Letter of John," *Neotestamentica* 9, 1975: pp. 98~104를 보라.
6. 이것은 전반부가 '우리'의 체험을 강조한 네 개의 어구로 구성되어 있고 후반부는 체험은 하나의 어구를 사용한 반면, 그 부분에 그의 나타나심과 우리의 증거(전달)와 관련된 어구로 대체된 것으로도 알 수 있다.
7. 1:3의 '우리의 사귐'은 '헤 코이노니아 헤 헤메테라'로 '우리의'라는 부분이 무척 강조되고 있다. 다시 말해서, 그 어떤 사귐과는 무척 다른 '우리의' 사귐이라는 식의 강조법인 셈

이다.

8. 아버지와의 사귐일 뿐 아니라 그의 아들 예수 그리스도와의 사귐임을 각기 강조하기 위해 전치사 meta가 아버지와 아들 앞에 각각 사용된다.

9. 요한일서의 생략법이 병행법 생성에 어떻게 기여하는지에 대해서는 김상훈, "요한일서의 병행법", 「신약신학 저널」, 2001, pp. 7~25를 보라.

10. '기쁨의 충만'은 요한적인 표현의 전형이다. 요한복음 3:29; 15:11; 16:24; 요한일서 1:4; 요한이서 1:12을 보라.

11. 설혹 여기서의 '우리'를 저자 또는 저자 그룹만의 '우리'로 봐도 큰 문제는 없다. 전달하지 않고는 견딜 수 없다는 간절한 심경을 피력한 것으로 이해하면 된다.

12. '사귐'을 강조하는 1:3은 '영생'을 부각시킨 5:13과 함께 요한서신의 목적절로 유명하다. 어느 것이 더 중요한 핵심 요절인가 단정짓는 것보다 본문에서 양괄적인 주제 요절이 되고 있다고 보는 것이 옳다. 좀 더 자세한 논의를 위해서는 김상훈, "요한일서에서의 코이노니아 – 조에의 상관적 이해를 위한 의미론적 연구", 「성경원문연구」(1999. 8), pp. 80~93을 보라.

13. 오늘날의 '우리'를 현재의 전통 교회로 직접적으로 대치해서 말하는 것은 조심해야 할 것이다. 오히려 신약성경을 우리에게 전해 준 사도 그룹으로 그대로 두어도 좋다. 이렇게 되면 신약성경의 저자들이 '우리'가 된다. 그래서 현대의 우리로 늘 성경 속의 '우리'(저자)가 전해 준 신실한 믿음과 바른 고백을 떠나지 않도록 해야 한다.

14. 본인의 글, 배경연구 1장 "요한일서의 구조 이해와 그 활용"을 참조하라. 1:5~3:10이 A – B – A – C – A로 A 부분(빛/윤리)이 중심이 되고 있고 B(형제 사랑)나 C(그리스도 신앙)는 A와 연관해서 하나씩 등장한다.

15. 이 부분의 연속된 병행법을 찾는 일은 대체로 쉽다. 그럼에도 1:5~7과 1: 8~2:2로 단락을 구분한 Smalley와 같이 주의 깊게 보지 못한 이들이 있다(Smalley의 앞의 책, p. 18, 28을 보라). O'Neill과 Bultmann도 이 부분을 오해해 2:1b~2을 후대에 첨가된 것으로 보았다. J. C. O'Neill, *The Puzzle of 1 John: A New Examination of Origins* (London: SPCK), 1966: pp. 13~15와 R. Bultmann, *The Johannine Epistles* (Philadelphia: Fortress Press), [1973] 1986, p. 23을 보라. 한편 Brown은 이 구조를 제대로 파악한 학자다(그의 앞의 책, pp. 236~241을 보라).

16. Longacre는 이 부분을 다음과 같이 단순화했다. '만일 우리가 X하면 그것은 나쁠 것이다. 만일 우리가 Y하면 그것은 좋을 것이다.' 여기서 X와 Y는 반대되는 개념이다. R. E. Longacre, 'Towards an Exegesis of 1 John Based on the Discourse Analysis of the Greek Text', in Black, D. A. & Barnwell, K. (eds), *Linguistics and New Testament Interpretation: Essays on Discourse Analysis* (Nashville: Boardman Press), 1992, p. 72.

17. '어두운 가운데 행하면서 하나님과 사귐이 있다 한다'로 바꿔도 좋을 것이다.

18. 현재 아무런 죄도 없는 상태라는 것을 뜻한다.

19. 이제까지 아무런 죄도 짓지 않았다(완료형 시제).

20. 요한문헌에서는 빛과 의, 어두움과 불의(죄, 거짓)는 서로 유사한 의미론적 범주에 들어 있는 용어들이다. R. A. Culpepper, *Anatomy of the Fourth Gospel: A Study in Literary Design* (Philadelphia: Fortress Press), 1983, pp. 190~192를 참고하라.

21. Dodd 등은 이 같은 주장의 배후에 초기 영지주의적 이원론이 있다고 생각한다. C. H. *Dodd The Johannine Epistle* (London: Hodder and Stoughton, 1966), p. 21을 보라. 그들은 이원론적 사고 때문에 마음(영)으로 하나님을 믿으면 육체의 범죄는 아무것도 아니라 생각했고 이런 점에서 특별한 신(神)지식이 있는 자신들은 죄가 없는 '영지' (靈知)적 존재라 생각했던 것으로 보인다.
22. 1:7b의 동사 '깨끗하게 하다' (카타리조)가 현재형으로 쓰여서 이 사건이 빛 가운데 행하는 삶의 대가로 (계속) 주어진다는 뜻으로 이해하게 한다.
23. '사하다' (아피에미)와 '깨끗하게 하다' (카타리조)는 동의어로 반복적인 효과를 위해 사용된다. 이는 '죄책으로부터의 구원과 죄의 오염으로부터의 정화'의 의미를 가진다. W. E. Vine, *The Epistles of John: Light, Love, Life* (Cape Town: Oliphants Ltd, 1978), p. 16.

3장

1. I. Howard Marshall, *The Epistles of John*, NICNT (Grand Rapids: Eerdmans, 1978), pp. 22~27.
2. R. Schnackenburg, *Die Johannesbriefe*, HTKNT (Freiburg: Herder, 1975), pp. 10~11. 그렇지만 요한일서에 대한 그의 소단원 분류는 그리 통찰력있는 것은 되지 못한다.
3. C. H. Dodd는 29절에서 새 단락을 시작하고 있고, A. E. Brooke는 28절과 29절을 '전환절'이라고 부른다. 더 자세한 논의를 위해서는 Dodd, *The Johannine Epistle*, MNTC (London: Hodder & Stoughton, 1946)과 Brooke의 *A Critical and Exegetical Commen-tary on the Johannine Epistles*, ICC (Edinburgh: T. & T. Clark, 1912)를 참고하라.
4. S. Greijdanus, *De Brieven van de apostelen Petrus en Johannes, en de brief van Judas* (Amsterdam, 1929), p. 466~468.

6장

1. 룩 존슨은 요한서신들의 밀접한 상호 관계에 대해 흥미 있는, 하지만 근거가 제한적인 한 견해를 피력하였는데, 그것은 동일한 '장로'로부터, 같은 시기에 같은 수신자들에게 이 3개의 서신들이 데메드리오에 의해(요삼 1:12) 한 묶음으로 전달되었을 것(a three-letter packet from the elder)이라는 가정이다. 말하자면, 요한삼서는 장로가 가이오(요삼 1:1)를 추천하는 편지로서, 요한이서는 (편지 형식이 약한 한 편의 설교문으로서 기록되었다고 보아지는) 요한일서를 읽기 전에 먼저 읽어야 할 '커버 서신서' (cover letter)로서 기록되었을 것이라는 추측이다. L. T. Johnson, *The Writings of the New Testament: An Interpretation* (London: SCM Press, 1986), pp. 503~510을 보라.
2. 요한이서를 포함한 요한서신들에 대한 일반적 배경과 개론적 소개는 배경연구를 참조하라.
3. 어떤 학자들은 '결론적 문구' (concluding formula)로서 마지막 13절만을 포함시키고 있다. 예를 들어, 레이몬드 브라운(R. E. Brown)의 *An Introduction to the New Testament* (New

York: Doubleday, 1997), p. 396을 보라.

4. 이런 '적대적 태도'는 요한삼서에서 '장로'와 교회적 갈등 관계로 나타나는 디오드레베가 '장로'와 함께 속한 자들에게 보여 주는 태도(요삼 9~10)와 유사하다는 점에서 더욱 주목 할 만하다.

5. 김득중, 「신약성서개론」(서울: 컨콜디아사, 1996), p. 281.

6. Johnson, *The Writings of the New Testament*, pp. 501~503을 비교하면서 참조해 보라.

7. 파파이어스(Pipias)는 예수의 사도들인 빌립, 도마, 야고보, 요한 그리고 마태를 '장로들'로 말하고 있다(Eusebius, *Ecclesiastical History* 3.39.4). Brown, *An Introduction to the New Testament*, p. 398에서 재인용.

8. 여기서도 하나님과 예수에 대해 쓰여진 수식어들은 요한적이라기보다는 바울적인데, 이런 면에서 에드워즈는 본 서신의 기록자가 자신의 신학적 무게를 싣기 위해 다소 위엄있는 '사도적' 인사말(rather grand 'apostolic' greeting)을 3절에 도입한 것으로 본다. R. B. Edwards, *The Johannine Epistles* (New Testament Gudies; Sheffield: Sheffield Academic Press, 1996), p. 26과 S. S. Smalley, *1, 2, 3 John* (WBC 51; Waco, Texas: Word Books, 1984), p. 321을 보라.

9. J. R. W. Stott, *The Letters of John* (Grand Rapids: Eerdmans, 1988, revised edn.), p. 208.

10. 6절 끝에 '그(여성형) 안에서'(개역성경은 "그 가운데서")로 직역되는 '엔 아우테' 문법 적으로 둘 다 여성형인 '계명'과 '사랑'을 의미할 수 있지만, 병행 구문의 문맥상, '사랑 안에서'로 보는 것이 더욱 자연스럽다.

11. 여기서 표현된 분사 '에르코메논'이 완료형이 아닌 현재형이라는 점에서 문법적으로는 '육신으로 임할 예수님의 재림'으로 보아야 하겠으나, 본문의 문맥상 이것보다는 그분의 성육신 사건의 '역사적 사실을 진리'로 받아들이는 요한의 의도에서 이 현재분사를 이해 하는 것이 더 합당한 것으로 보인다(요 6:14; 11:27의 현재분사를 참조하라). 예수님의 성 육신에 대해 요한일서 4:2에서는 완료형 분사가, 요한일서 5:6에서는 부정형 분사가 활용 되었다. Stott, *The Letters of John*, pp. 211~212과 Smalley, *1, 2, 3 John*, pp. 329~330 를 보라.

12. 10절에서 사용된 동사들은 고대 사본들에 따라 1인칭 복수형과 2인칭 복수형으로 각각 다 르게 증거되고 있는데, 특히 동사의 경우는 그 우열을 가리기가 쉽지 않다. 영어성경 RSV 와 NIV는 2인칭 복수형(you have worked for)으로, NRSV와 NASB는 한글 개역성경 및 표 준새번역과 동일한 1인칭 복수형(we have worked for/accomplished)으로 번역하였다.

13. 사본들의 엇갈림이 있기는 하지만, 개역성경에 '너희 기쁨'으로 되어 있는 것과 달리 Nestle – Aland 판과 UBS 판의 헬라어 성경 본문은 '우리의 기쁨'(카라 헤몬)으로 되어 있다.

원어 일람표(히브리어/헬라어)

300

P. 295
오이코스 οἶκος

P. 298
엔 아르케 ἐν ἀρχῇ
아프 아르케스 ἀπ' ἀρχῆς

P. 299
호 ὅ
로고스 λόγος
조에 ζωή
페리 περί
아쿠오 ἀκούω
호라오 ὁράω
테아오마이 θεάομαι
프셀라파오 ψηλαφάω

헤 코이노니아 헤 헤메테라
ἡ κοινωνία ἡ ἡμετέρα
메타 μετά

P. 300
카타리조 καθαρίζω
아피에미 ἀθίημι

P. 301
엔 아우테 ἐν αὐτῇ
에르코메논 ἐρχόμενον

P. 302
카라 헤몬 χαρὰ ἡμῶν

* θ는 원칙적으로 'ㅆ'로 음역했으나, 필자가 'ㅌ' 혹은 'ㄸ'를 선호한 경우 필자의 의견을 존중했습니다.
* υ는 원칙적으로 'ㅟ'로 음역했으나, 필자가 'ㅜ'를 선호한 경우 필자의 의견을 존중했습니다.